Manea Mănescu

Ökonomische Kybernetik

Manea Mănescu

Ökonomische Kybernetik und Anwendung in der Volkswirtschaft

In deutscher Sprache herausgegeben
von
Hartmut Schultze

Mit 35 Abbildungen und 6 Tabellen

AKADEMIE-VERLAG · BERLIN
1983

Manea Mănescu
Cibernetica Economică
EDITURA ACADEMIEI REPUBLICII SOCIALISTE ROMANIA, Bucuresti, 1979
Verfasser: Manea Mănescu, Mitglied der Akademie der Wissenschaften
der Sozialistischen Republik Rumänien
Herausgeber: Dozent Dr. sc. Hartmut Schultze, Berlin

Erschienen im Akademie-Verlag, DDR - 1086 Berlin, Leipziger Straße 3—4

Lizenznummer: 202 · 100/539/83
Gesamtherstellung: VEB Druckhaus „Maxim Gorki", 7400 Altenburg
Einbandgestaltung: Karl Salzbrunn
Bestellnummer: 762 819 6 (6583) · LSV 0395
Printed in GDR
DDR 38,— M

Inhaltsverzeichnis

Vorwort des deutschen Bearbeiters

Professor MANESCU, Mitglied der Akademie der Wissenschaften der Sozialistischen Republik Rumänien, hat sein Buch der Theorie und Anwendung der ökonomischen Kybernetik auf der Ebene der Volkswirtschaft gewidmet. Er konnte dabei aus einem reichen Erfahrungsschatz als Hochschullehrer für Ökonomische Kybernetik sowie aus seiner früheren Tätigkeit als Premierminister der Sozialistischen Republik Rumänien schöpfen. Unser im Akademie-Verlag erschienenes Buch „Kybernetik zur Steuerung ökonomischer Prozesse" [66] war der unmittelbare Anlaß zu interessanten fachlichen Kontakten zwischen den Wissenschaftlern seines und unseres Landes. Um die Erfahrungen der rumänischen Kybernetikforschung für die Ökonomie dem deutschen Leserkreis zugänglich zu machen, wurde die vorliegende Übersetzung herausgegeben.

Im ersten Teil des Buches werden Ausführungen zur Bedeutung der Kybernetik für die Leitung und Planung sowie zur Methodologie der Anwendung mathematischer und kybernetischer Methoden und Verfahren sowie der EDV gemacht. Dabei werden originelle, im deutschen Sprachgebrauch bisher nicht benutzte Begriffsbildungen, wie Wirtschaftsraum, Wirtschaftszeit, Logistik und Quantenökonomie eingeführt und genutzt.

Der zweite Teil des Buches beinhaltet die Anwendung der im ersten Teil vorgestellten Methoden und Verfahren bei der Widerspiegelung der sozialistischen rumänischen Volkswirtschaft durch ein System von Modellen. Es ist ein in sich geschlossenes System von Modellen, das sich im Prinzip in jeder sozialistischen Volkswirtschaft in unterschiedlicher Ausprägung wiederfindet.

Bei der Bearbeitung der Übersetzung wurde davon ausgegangen, daß es in jeder sozialistischen Volkswirtschaft Besonderheiten gibt, die aus der historischen Entwicklung, den klimatischen und geographischen Gegebenheiten u. a. resultieren und dementsprechend nicht generell verallgemeinert werden können. Unter diesem Gesichtspunkt erfolgten mit Zustimmung des Autors Kürzungen, wobei jedoch das mathematische und kybernetische Gedankengut voll wiedergegeben wurde.

Zusammengefaßt kann gesagt werden, daß im Buch musterhaft die Vorgehensweise bei der Untersuchung der Volkswirtschaft demonstriert wird. Mathematische und kybernetische Methoden und Verfahren werden auf hoher Abstraktionsstufe behandelt. Ihre Anwendung ist in der Praxis im allgemeinen mit Schwierigkeiten verbunden, die sowohl in der dazu notwendigen Datenbasis als auch in der Spezifik der einzelnen Methoden begründet sind.

Abschließend sei es mir gestattet, den Herren Prof. Dr. LAUENROTH und Prof. Dr. G. SCHULZE für ihre Unterstützung bei der Herausgabe und Bearbeitung zu danken. Mein Dank gilt weiterhin dem Akademie-Verlag für die Herausgabe dieses Buches.

HARTMUT SCHULTZE

Vorwort des Autors zur deutschen Ausgabe

Die Kybernetik als auch andere Bereiche der menschlichen Erkenntnis sind ein objektives Ergebnis der Entwicklung sowie der Komplexität und Kompliziertheit der gesellschaftlichen Praxis.

Die Kybernetik erlaubt eine dialektische Verbindung der Analyse des Diachronismus und Synchronismus von Systemen in Natur und Gesellschaft und schafft damit einen neuen Rahmen für das Erkennen wie für das zukunftsorientierte Denken der Menschen. Die Anwendungen der Kybernetik stehen in engem Zusammenhang mit der wissenschaftlich-technischen Revolution, der Automatisierung und Optimierung von Produktionsprozessen sowie der Vervollkommnung der wissenschaftlichen Methoden der Leitung und Planung der gesellschaftlichen Entwicklung.

Unter den Bedingungen und Erfordernissen der gesellschaftlichen Praxis hat sich ein neuer Zweig der Kybernetik, die ÖKONOMISCHE KYBERNETIK als Wissenschaft von der Steuerung, Informationsverarbeitung, Algorithmierung und Entscheidungsfindung in ökonomischen Systemen herausgebildet. Die ökonomische Kybernetik erforscht durch Analyse der dialektischen Begriffe der Kopplung, Steuerung, Kontrolle und Entscheidung in ihren konkreten Erscheinungsformen die dynamischen Eigenschaften der ökonomischen Systeme und schafft Modelle für ein optimales Wirtschaftswachstum. Ein glänzendes Beispiel für das Systemherangehen bei der Modellierung ökonomischer Erscheinungen sind die im „Kapital“ von Karl Marx dargestellten Schemata der erweiterten Reproduktion. Sie bilden noch heute die Grundlage für viele ökonomisch-kybernetische Wachstumsmodelle.

Mit Hilfe der kybernetischen Betrachtungsweise und im Zusammenhang mit der Nutzung ökonomisch-mathematischer Modelle ist es möglich, Leitung und Planung zu vervollkommnen, Entscheidungen wissenschaftlich zu begründen, die Produktion effektiver zu gestalten und Prognosen und Pläne für die künftige gesellschaftliche Entwicklung abzuleiten.

Unter diesem Gesichtspunkt habe ich das Buch „Ökonomische Kybernetik“ für Studenten der Ökonomie und Ökonomen geschrieben, die sich mit dem Aufbau und der Nutzung kybernetischer Modelle für ein optimales Wirtschaftswachstum beschäftigen.

Mit dem Erscheinen des Buches in deutscher Sprache möchte ich die Bedeutung von wissenschaftlichen Begegnungen zwischen den ökonomischen Kybernetikern der Sozialistischen Republik Rumänien und der Deutschen Deomkratischen Republik unterstreichen und zur Entwicklung der Freundschaft zwischen unseren Ländern und Völkern beigetragen haben.

Akademiemitglied Professor Manea Mănescu

I. Theoretische Grundlagen der ökonomischen Kybernetik

1. Die Kybernetik bei der wissenschaftlichen Leitung der wirtschaftlichen und gesellschaftlichen Entwicklung

Die Notwendigkeit, Erscheinungen in Natur und Gesellschaft zu verstehen und zu beherrschen, erfordert, daß sich der Mensch ständig mit ihnen auseinandersetzt.

Die Geschichte zeigt, daß es dem Menschen immer besser gelingt, Erscheinungen und Prozesse tiefgehender und umfassender zu analysieren und zu deuten. Dadurch wird es möglich, künftige Entwicklungen vorauszusehen und bewußt auf den Ablauf von Prozessen in Natur und Gesellschaft Einfluß zu nehmen. Die im 20. Jahrhundert erbrachten wissenschaftlichen Leistungen bestätigen dies, so die Forschungen auf den Gebieten der Kernenergie, der Genetik, der Raumforschung, der Chemie, der Automatisierung und Informationsverarbeitung sowie der Produktionssteuerung.

Dynamik und Struktur der heutigen Gesellschaft, der materiellen Produktion und der Technologien werden wesentlich beeinflußt von Wissenschaft und Technik sowie ihrem Zusammenwirken im volkswirtschaftlichen Reproduktionsprozeß.

1.1. Die Bedeutung der Kybernetik für den Fortschritt der Gesellschaft

1.1.1. Kybernetik und wissenschaftlich-technische Revolution

Die wissenschaftlich-technische Revolution führt zu radikalen Veränderungen in der Entwicklung der Produktivkräfte. Sie vollzieht sich auf dem Hintergrund großer gesellschaftlicher Wandlungen in der Welt und ist gekennzeichnet durch immer enger werdende Beziehungen zwischen Produktion und Wissenschaft. Diese Wechselbeziehungen zwischen Produktion und Wissenschaft werden zu einer wichtigen Triebkraft für die Entwicklung der Produktivkräfte und das Wachstum der Volkswirtschaft. Damit hat sich die Voraussage des dialektischen und historischen Materialismus von der Umwandlung der Wissenschaft in eine unmittelbare Produktivkraft in der Praxis bewiesen. Die Gestaltung der Wechselbeziehungen Wissenschaft und Produktion stellen gegenwärtig einen entscheidenden Faktor für den Fortschritt der Gesellschaft dar.

Durch die Kybernetik wurde der Bestand von Methoden und Verfahren zur Analyse und Synthese von Prozessen und Erscheinungen in Natur und Gesellschaft bereichert. Die Anwendungsmöglichkeiten der Kybernetik stehen im engen Zusammenhang zur wissenschaftlich-technischen Revolution, zur Automatisierung und Optimierung von Produktionsabläufen, zur Steigerung der Produktivität der gesellschaftlichen Arbeit, zur hochwirksamen Leitung und Organisation der Wirtschaft und zur vielseitigen Entwicklung der gesamten Gesellschaft.

Unter dem Blickwinkel der gesellschaftlichen Praxis betrachtet, liefert die Kybernetik als Grundbestandteil der Leitungswissenschaft Methoden, Verfahren und Modelle, die eine hohe Leistungsfähigkeit und Effektivität bei der Einwirkung des Menschen auf die sich in Natur und Gesellschaft vollziehenden Prozesse besitzen.

Die praktischen Ergebnisse, die durch Anwendung der Methoden, Verfahren und Modelle der Kybernetik erzielt werden, hängen wesentlich von der philosophischen Einstellung des Wissenschaftlers, von seinem ideologischen, politischen und klassenbezogenen Standpunkt sowie von der Art und Weise ab, wie er die Anwendung und Nutzung der Ergebnisse der kybernetischen Wissenschaft auffaßt.

Daher muß die Anwendung der Methoden der kybernetischen Wissenschaft, insbesondere bei der Untersuchung wirtschaftlicher und gesellschaftlicher Vorgänge und Erscheinungen, auf einer gründlichen Analyse beruhen, die sich aus den Methoden des dialektischen und historischen Materialismus ergibt und auch qualitative, politische, gesellschaftliche und wirtschaftliche Gesichtspunkte berücksichtigt.

1.1.2. Die Kybernetik als eine interdisziplinäre Wissenschaft

Die Analyse der Gesetzmäßigkeiten der Entwicklung der wissenschaftlichen Forschung macht sichtbar, daß sich Bereiche der wissenschaftlichen Forschung herausbilden und entwickeln, die sich von der Gesamtheit der herkömmlichen Wissenschaften abheben. Der dialektische Prozeß der Auffächerung der Wissenschaften hat dazu geführt, daß zahlreiche neue Forschungsbereiche in Erscheinung treten. Es ist kennzeichnend für diesen Prozeß, daß viele dieser neuen Disziplinen (Biophysik, Biochemie u. a.) durch Überschneidung der Wirkungsbereiche einiger klassischer Wissenschaftszweige (Physik, Chemie, Biologie u. a.) entstanden sind.

Die schnelle Entwicklung der modernen Wissenschaft macht sichtbar, daß es gemeinsame Bewegungsgesetze für die Erscheinungen und Prozesse in Natur und Gesellschaft gibt. Auf dieser Grundlage haben sich neue wissenschaftliche Disziplinen herausgebildet und entwickelt.

In diesem Zusammenhang kann die Herausbildung des neuen Wissenschaftszweiges KYBERNETIK im fünften Jahrzehnt unseres Jahrhunderts gesehen werden. In der Kybernetik werden Probleme der Steuerung, Informationsverarbeitung, Algorithmierung und Entscheidungsfindung in komplexen dynamischen Systemen nach einer einheitlichen Konzeption untersucht.

Vom gnoseologischen Standpunkt aus gesehen ist die Kybernetik entstanden, weil es zu einer objektiven Notwendigkeit wurde, die komplexen Mechanismen der Leitung und Steuerung von Systemen in Natur und Gesellschaft besser beherrschen zu können.

Ohne die bahnbrechende Rolle von N. Wiener, C. Shannon, A. N. Kolmogorow und anderen Wissenschaftlern schmälern zu wollen, muß betont werden, daß die Kybernetik objektiv durch eine jahrhundertelange Entwicklung des gesamten menschlichen Wissens entstanden ist.

In enger Beziehung zu den Bedürfnissen der Praxis waren Wissenschaftler und Techniker gezwungen, wichtige Probleme, die die Gesetze der Steuerung, der Kontrolle, der Regelung und der Selbstregelung betrafen, gemeinsam zu lösen.

So mußte in der Physiologie beispielsweise eine Reihe von Problemen gelöst werden, die die Mechanismen der höheren Nerventätigkeit, der Regelung und der Selbstregelung betrafen. Die Automatisierungstechnik, die durch den industriellen Fortschritt einen gewaltigen Aufschwung erfahren hat, mußte immer leistungsfähigere, automatische Systeme entwickeln. In enger Verbindung mit den Bedürfnissen der Praxis entstanden neue Gebiete in der Mathematik. Es entstanden die Variationsrechnung, die es ermöglicht, dynamische Systeme zu optimieren, die Wahrscheinlichkeitsrechnung und die Theorie der stochastischen Prozesse, die die Beschreibung zufallsabhängiger Prozesse erleichtert. Des weiteren bildeten sich die Ökonometrie, die mathematische Optimierung, die Spieltheorie, die Operationsforschung, die Graphentheorie, die Algorithmentheorie usw. Dennoch wurden die in der Mathematik erzielten Ergebnisse von den anderen Wissenschaften, insbesondere in der praktischen Tätigkeit sowie in Produktion und Technologie, nur vereinzelt wirksam genutzt.

Die bei der Behandlung von Problemen der Leitung, Steuerung, Regelung, Selbstregelung sowie der Informationsübertragung in lebenden Organismen, in technischen Systemen und in der Gesellschaft gesammelten Erfahrungen wurden in der Kybernetik nach einheitlichen Konzeptionen zusammengefaßt.

Durch die Übernahme und Verallgemeinerung zahlreicher Ergebnisse, die in unterschiedlichen Bereichen erzielt wurden, konnten in der Kybernetik neue Verfahren und Methoden zur Erforschung und Beherrschung von Erscheinungen und Prozessen in Natur und Gesellschaft entwickelt werden.

Wie im folgenden zum Werdegang der Kybernetik gezeigt wird, bilden die Leistungen in der Physiologie beim Erkennen der Regelungs- und Selbstregelungsmechanismen in lebenden Organismen, in der Technik beim Erkennen der Funktionsgesetze technischer Anlagen usw. eine Quelle für das Entstehen der Kybernetik. Gleichzeitig werden in der Kybernetik zahlreiche in der Mathematik erzielte Ergebnisse genutzt, insbesondere zur Untersuchung dynamischer Systeme und stochastischer Prozesse.

Zur Entwicklung der Kybernetik haben immer wieder neue Bereiche des Wissens und der Praxis beigetragen, von der Biologie bis zu den Gesellschaftswissenschaften, von den technischen Wissenschaften bis zur Kunst und Kultur.

Der Synthesecharakter der Kybernetik findet darin seinen Ausdruck, daß untersuchte dynamische Erscheinungen und Prozesse in Natur, Technik und Gesellschaft nach einer einheitlichen Konzeption mit großer Allgemeingültigkeit und hohem praktischen Wert, unter Gesichtspunkten der Steuerung und Regelung, des Prinzips der Rückkoppelung, der Informationsübertragung, des Prinzips der Entropie u. a. behandelt werden können.

Im Zusammenhang mit der Bedeutung der Wissenschaft als entscheidendem Faktor für den gesellschaftlichen Fortschritt ist die Kybernetik eine Grundlagenwissenschaft für die Entwicklung der gesellschaftlichen Haupttätigkeit, der materiellen Produktion.

1.2. Die ökonomische Kybernetik als Mittel zur Vervollkommnung von Planung und Leitung

Die ständig zunehmende Komplexität des gesellschaftlichen Lebens, die schnelle Entwicklung der Produktivkräfte und die Notwendigkeit einer planmäßig proportionalen und effektiven Entwicklung der Volkswirtschaft erfordern, daß man den Wirtschaftsmechanismus und die ihm innewohnenden Funktions- und Entwicklungsgesetze gründlich und genau kennt.

Infolge der gesellschaftlichen Arbeitsteilung, einer umfassenden Beteiligung an der Weltwirtschaft und der Einführung des technischen Fortschritts im großen Maßstab bildet die moderne Wirtschaft ein besonders komplexes System. Es besteht aus einer Vielzahl von Teilen, die durch zahlreiche Arbeitskräfte-, Material-, Energie-, Informations- und Finanzströme miteinander verbunden sind.

Damit jeder Bestandteil des Systems der Volkswirtschaft seine Aufgaben unter normalen Bedingungen erfüllen kann, müssen Rohstoffe, Werkstoffe, Anlagen, Werkzeugmaschinen, Energie und andere benötigte Produktionsmittel zirkulieren.

Zwischen den Bestandteilen des Systems der Volkswirtschaft bilden sich also komplexe Direkt- und Rückverbindungen heraus, die die Aufgabe haben, eine gute Arbeitsweise des gesamten Wirtschaftsorganismus zu gewährleisten.

Die Notwendigkeit eines planmäßig proportionalen Wachstums der Wirtschaftszweige und der Betriebe der materiellen Produktion in volkswirtschaftlicher und territorialer Hinsicht sowie die Sicherung der vielfältigen arbeitskräfte- und materialbedingten, energiewirtschaftlichen, informationellen und finanziellen Verbindungen verleihen dem Gesamtsystem der Volkswirtschaft ein außerordentlich dynamisches und komplexes Gepräge. Unter diesen Bedingungen erfordert die Lösung der Probleme eines optimalen und proportionalen Wachstums der Wirtschaft auch die Nutzung von Methoden und Verfahren der Kybernetik.

Gestützt auf den dialektrischen und historischen Materialismus und auf den wissenschaftlichen Sozialismus hat die ÖKONOMISCHE KYBERNETIK als wichtiger Zweig der Kybernetik Begriffe, Modelle sowie qualitativ-quantitative Methoden und Verfahren zur Erforschung der Wirkungsweise der Gesetze für ein optimales und proportionales Wachstum der Bestandteile des Systems der Volkswirtschaft entwickelt und begründet. Die ökonomische Kybernetik bringt auch gleichzeitig den Dialog zwischen Mikro- und Makrosystemen zustande und ermöglicht somit ein besseres Erkennen und Beherrschen des gesamten Wirtschaftsmechanismus. Die praktische Anwendung der Methoden und Verfahren der ökonomischen Kybernetik ermöglicht die Quantifizierung der Steuerungsparameter, die Analyse und die Untersuchung der Anatomie nationaler Modelle der Wirtschafts- und Gesellschaftsentwicklung, der Struktur und Stabilität von Wirtschaftsprozessen, erschließt neue Möglichkeiten der Arbeitsproduktivitäts- und Effektivitätserhöhung.

Die Nutzung von Erkenntnissen der Kybernetik in allen Wirtschaftsbereichen wurde objektiv von der Notwendigkeit bestimmt, die Wirtschaftsabläufe möglichst optimal zu steuern und auch die Leitungs- und Organisationsprozesse mit den Möglichkeiten, die die Anwendung moderner Wissenschaften bieten, in Übereinstimmung zu bringen.

Die Anwendung von Verfahren der ökonomischen Kybernetik trägt dazu bei, Lösungen zur Steigerung der Arbeitsproduktivität und der gesamten ökonomischen Effektivität, zur Erleichterung der menschlichen Arbeit und der Erhöhung des Lebensstandards der Bevölkerung zu finden.

Die Nützlichkeit der kybernetischen Vorgehensweise bei der Behandlung wirtschaftlicher Erscheinungen und Prozesse, bei der Organisation und Leitung von Wirtschaftssystemen, bei der Herstellung einer Symbiose zwischen Mikro- und Makroökonomie, ist eine offensichtliche Tatsache, die sich durch die in der Wirtschaftspraxis erzielten konkreten Leistungen voll bestätigt hat.

1.3. Die Systembetrachtung als Grundmethode der ökonomischen Kybernetik

Die Wirtschaft ist ein dynamisches System von besonderer Komplexität. Es besteht aus einer Vielzahl von Teilen, zwischen denen zahlreiche Kopplungen existieren, die Arbeitskräfte-, Material-, Energie-, Informations- und Finanzströme beinhalten.

Die Notwendigkeit einer zentralen Leitung auf der Grundlage des Planes für die gesamte Volkswirtschaft mit dem Ziel, ein optimales, ausgewogenes und proportionales Wirtschaftswachstum zu sichern, bedingt, daß man die in der Wirtschaft auftretenden Erscheinungen und Prozesse sowie den gesamten Wirtschaftsmechanismus nach einer Gesamtkonzeption behandelt.

Die ökonomische Kybernetik behandelt die in der Volkswirtschaft auftretenden Erscheinungen und Prozesse entsprechend ihrem Systemcharakter.

Bei der Analyse der im Gesamtsystem der Volkswirtschaft auftretenden Erscheinungen und Prozesse geht die ökonomische Kybernetik — unter konsequenter Anwendung des dialektischen und historischen Materialismus und des wissenschaftlichen Sozialismus — von der These aus, wonach die qualitative Seite sowie die politischen, ideologischen und sozialökonomischen Wesenszüge des Wirtschaftsmechanismus den unbedingten Vorrang haben.

Die konsequente Berücksichtigung des Systemcharakters bei der Analyse der im System der Volkswirtschaft ablaufenden Prozesse sowie bei der Untersuchung ihrer Entwicklung ermöglicht es, die Wechselwirkungen der Bestandteile des Wirtschaftsmechanismus sowie die Regelungs- und Selbstregelungsgesetze der Systeme und Teilsysteme sichtbar zu machen und gleichzeitig Bedingungen nachzuweisen, die ein optimales, ausgewogenes und proportionales Wachstum der Gesamtwirtschaft gewährleisten. Diese Vorgehensweise ist eine spezifische Form der Anwendung der materialistischen Dialektik auf die Erforschung wirtschaftlicher Erscheinungen und Prozesse.

Schon vor langer Zeit haben bedeutende Wirtschaftswissenschaftler, wie zum Beispiel der Physiokrat FR. QUESNAY in seinem „Tableau économique" und die Begründer der klassischen englischen Ökonomie, WILLIAM PETTY, ADAM SMITH und DAVID RICARDO, die Auffassung vertreten, die Wirtschaft sei ein einheitliches Ganzes, bestehend aus Bereichen, die sich wechselseitig bedingen.

KARL MARX analysierte vom Standpunkt des dialektischen und historischen Materialismus aus die verschiedenen Phasen der Reproduktion und kritisierte diejenigen, denen es nicht gelang, alle Folgeerscheinungen der wechselseitigen Verbindungen zu erkennen. Dazu sagt er: „Das Resultat, wozu wir gelangen, ist nicht, daß Produktion, Distribution, Austausch, Konsumtion identisch sind, sondern daß sie alle Glieder einer Totalität bilden, Unterschiede innerhalb einer Einheit".[1])

Die Gesellschaft wird von ihm als ein komplexes System aufgefaßt, bestehend aus zahlreichen Strukturen, innerhalb derer die wirtschaftlichen entscheidend sind.

2. Der Begriff des ökonomisch-kybernetischen Systems

Ein wichtiges Ergebnis innerhalb der ökonomischen Kybernetik war im Zusammenhang mit der Erforschung von Bedingungen für ein optimales, ausgewogenes und proportionales Wachstum die Begründung des Begriffes „ökonomisch-kybernetisches Sy-

---

[1]) K. MARX: Grundrisse der Kritik der Politischen Ökonomie. (Rohentwurf 1857—1858) Dietz Verlag Berlin, 1974, S. 20

stem". Ökonomisch-kybernetische Systeme, qualitativ unterschieden von anderen Systemklassen, enthalten als wesentliches Element den bewußt handelnden Menschen, der Steuerungs-, Entscheidungs- und Kontrollfunktionen ausübt. Das Ziel bei der Ausübung dieser Funktionen besteht in der Sicherung eines optimalen Wachstum bezüglich des Gesamtziels, wobei sowohl innere als auch äußere Einflußfaktoren berücksichtigt werden müssen. Je weiter man auf der Stufenleiter der ökonomisch-kybernetischen Systeme von der Mikro- zur Makroökonomie fortschreitet, um so mehr wächst der Komplexitätsgrad der Steuer-, Kontroll- und Entscheidungstätigkeiten.

Der Mensch als wesentliches Element für die optimale Arbeitsweise ökonomischer Systeme verleiht diesem den Charakter der Dynamik, der Schnelligkeit und der Vervollkommnungsfähigkeit. Sie spiegelt sich im Plan als Synthese des schöpferischen Denkens der werktätigen Massen als Produzent materieller Güter wider.

Die ökonomische Kybernetik wird zu einer Wissenschaft von der Leitung und Steuerung komplexer, dynamischer und ständig vervollkommnungsfähiger ökonomisch-kybernetischer Systeme, in denen der Mensch als Entscheidender und Ausführender den Hauptplatz einnimmt.

Die ökonomisch-kybernetischen Systeme sind große Komplexe koordinierter Elemente, die sich innerhalb eines komplexeren Gebildes wechselseitig bedingen und die in logischer Weise ein einheitliches Ganzes bilden.

Gemäß dieser Betrachtungsweise sind ein Betriebsteil, ein Produktionsbetrieb, eine Forschungs- und Projektierungseinrichtung, ein Ministerium, ein Wirtschaftszweig, die ganze Volkswirtschaft ökonomisch-kybernetische Systeme, die auf Grund der im Plan festgelegten Führungsgrößen geleitet werden. Sie haben Ebenen mit unterschiedlicher Komplexität.

Es ist charakteristisch für die Elemente, die ein System bilden, daß sie sich als Teile im Verhältnis zu diesem System und als Systeme im Verhältnis zu ihrer eigenen Struktur verhalten. Jedes Element eines ökonomisch-kybernetischen Systems kann seinerseits wieder als ein System aufgefaßt werden. Es muß hervorgehoben werden, daß die Unterscheidung der Begriffe „System", „Teilsystem" und „Element" etwas Relatives ist, da sie vom Zweck der auszuführenden Analyse abhängt. Diese Begriffe müssen dialektisch verstanden werden, ausgehend von der These von der Einheit der Welt, gemäß der alle Systeme Ganzheiten sind, die aus anderen Systemen bestehen. Diese sind hierarchisch angeordnet und bedingen einander wechselseitig nach dem Prinzip des materialistisch-dialektischen Determinismus.

Es muß hervorgehoben werden, daß die Eigenschaften eines Systems nicht voll und ganz in seinen Elementen wiederzufinden sind. So verhält sich die Volkswirtschaft, betrachtet als komplexes ökonomisch-kybernetisches System, als ein einheitliches und homogenes Ganzes und ist nicht einfach nur die Summe ihrer Wirtschaftszweige und Betriebsgruppierungen. Das System „Volkswirtschaft" besitzt viele Eigenschaften, die in seinen Bestandteilen nicht wiederzufinden sind.

In ökonomisch-kybernetischen Systemen sowie ihren Bestandteilen vollziehen sich viele Tätigkeiten (Produktion, Forschung, Projektierung, Aus- und Weiterbildung von Arbeitskräften, Prognose, Planung u. a.), die der bestmöglichen Erfüllung der sich aus dem Volkswirtschaftsplan ergebenden Aufgaben dienen.

Die sich innerhalb eines ökonomisch-kybernetischen Systems gemäß dem Plan ablaufenden Prozesse werden von vielfältigen Arbeitskräfte-, Rohstoff-, Material-, Energie-, Grundmittel-, Informations- und Finanzströmen bestimmt und bestimmen ihrerseits auch diese wiederum.

Die Gesamtheit der in das ökonomisch-kybernetische System eingehenden Ströme bildet den Eingangsvektor. Die Ergebnisse der im ökonomisch-kybernetischen System ablaufenden Prozesse vergegenständlichen sich in ähnlichen Strömen. Die Gesamtheit dieser Ströme bildet den Ausgangsvektor.

Wenn $\boldsymbol{x}$ der Eingangsvektor und $\boldsymbol{y}$ der Ausgangsvektor eines ökonomisch-kybernetischen Systems sind, so nennen wir das geordnete Paar

$$(\boldsymbol{x}, \boldsymbol{y}) \in X \times Y$$

die Systemtätigkeit. Mit X wurde die Menge aller Systemeingangsvektoren und mit Y die Menge aller Systemausgangsvektoren bezeichnet.

Wenn eine Abhängigkeit zwischen X und Y in der Form

$$\mathrm{T}: X \rightarrow Y$$

existiert, so nennen wir T den Operator der Systemtätigkeit.

Falls zu den Mengen X und Y euklidische Vektorräume gebildet werden können und das geordnete Paar $(\boldsymbol{x}, \boldsymbol{y})$ einen Prozeß des ökonomisch-kybernetischen Systems beschreibt, so mißt die Kennziffer

$$Z(\boldsymbol{x}, \boldsymbol{y}) = \frac{\|\boldsymbol{y}\|}{\|\boldsymbol{x}\|}$$

die Effektivität der Tätigkeit $(\boldsymbol{x}, \boldsymbol{y})$, wobei $\|\boldsymbol{y}\|$ bzw. $\|\boldsymbol{x}\|$ die Norm der Vektoren $\boldsymbol{y}$ bzw. $\boldsymbol{x}$ bedeuten.

Die Festlegung der Normen für die beiden Vektorräume bzw. die Bestimmung der Normen für die Eingangs- und Ausgangsvektoren hat eine besondere Bedeutung bei der ökonomisch-mathematischen Modellierung. So muß die Norm für den Raum der Vektoren der Eingangsgrößen die Strategie der effektiven Nutzung der materiellen und menschlichen Hilfsquellen und der ständigen Senkung des Rohstoff-, Material-, Energie- und Brennstoffverbrauches wiedergeben.

Gleichzeitig muß die Norm für den Raum der Vektoren der Ausgangsgrößen die allgemeine Strategie der wirtschaftlichen und gesellschaftlichen Entwicklung des Landes sowie der ständigen Vergrößerung des Nationalreichtums und auf dieser Grundlage der Anhebung des materiellen und kulturellen Lebensstandards der Bevölkerung wiedergeben.

Bei konsequenter Betrachtungsweise unter dem Systemgesichtspunkt, dem das methodologische Instrumentarium und der begriffliche Apparat des dialektischen und historischen Materialismus zugrunde liegen, erforscht die ökonomische Kybernetik die ökonomisch-kybernetischen Systeme auf der Grundlage einer makroökonomischen Gesamtanalyse. Sie ermöglicht es, die Stellung und Funktion eines jeden Systems und Teilsystems innerhalb des gesamten Wirtschaftsmechanismus zu ermitteln. Auf dieser Grundlage geht man dann zum „Dialog" zwischen Makro- und Mikroökonomie und zur Untersuchung mikroökonomischer Systeme über, wodurch die Symbiose zwischen der kybernetischen Analyse makroökonomischer und mikroökonomischer Systeme zustandekommt.

Die dialektische Auffassung des zwischen Makro- und Mikrosystemen bestehenden ständigen Dialogs hat sich als besonders leistungsfähig erwiesen, und zwar dann, wenn wesentliche Elemente für wissenschaftlich begründete Leitungsentscheidungen zu ermitteln waren.

Die beiderseitig abgestimmten Analysen von Makro- und Mikrosystemen gewährleisten die Klärung von Koordinierungs-, Synchronisations- und Hierarchiebeziehungen. Dadurch wird es möglich, die funktionellen Beziehungen und die strukturellen Verhältnisse innerhalb der Volkswirtschaft wirksam zu untersuchen.

2.1. Kopplung und Rückkopplung

Der Begriff der Kopplung und das objektive Gesetz der Rückkopplung sind grundlegend für das Verständnis der im System der Volkswirtschaft ablaufenden Erscheinungen und Prozesse. Die ökonomische Kybernetik untersucht die Eigenschaften ökonomisch-kybernetischer Systeme. Eine zentrale Stellung nimmt hierbei die Analyse des Begriffs der Kopplung ein. Er bringt die Beziehungen zum Ausdruck, durch die die Bestandteile des Systems verknüpft sind bzw. sich wechselseitig bedingen.

Der Komplex von Kopplungen, der sich zwischen den Bestandteilen eines ökonomisch-kybernetischen Systems herausbildet, ist das, was ihm den einheitlichen und homogenen Charakter verleiht. In dem Augenblick, in dem bei einem System der Komplex von Wechselbeziehungen zwischen seinen Bestandteilen verschwände, würde es sich in eine Masse amorpher Elemente verwandeln, die nicht mehr die Form eines einheitlichen Ganzen hätte.

Für die Beschreibung der wichtigen Elemente eines ökonomisch-kybernetischen Systems besitzt der Begriff der Rückkopplung eine bedeutende Rolle.

Die Erscheinung der Rückkopplung hat allgemeinen Charakter und findet sich in allen kybernetisch-ökonomischen Systemen sowohl in den Elementen als auch zwischen den Elementen. Die Rückkopplung ist während des Verlaufs der gesamten Menschheitsgeschichte wirksam gewesen. Mit wachsender Komplexität des Wirtschaftslebens und infolge der verstärkten gesellschaftlichen Arbeitsteilung sowie der umfassenden Nutzung der Ergebnisse von Wissenschaft und Technik erweitert sich auch die Wirkung des Gesetzes der Rückkopplung. Das Gesetz der Rückkopplung erlangt auch im Gesamtsystem der Weltwirtschaft einen immer größeren Wirkungsbereich, und zwar infolge einer verstärkten internationalen Arbeitsteilung.

Eine besonders wichtige Rolle spielen Rückkopplungen im komplexen Prozeß der Leitung von Systemen, weil auf ihrer Grundlage drei wichtige Leitungsvorgänge verwirklicht werden, nämlich die Steuerung, die Kontrolle und die Entscheidung.

Daher hat in der sozialistischen Wirtschaft die Kenntnis der Art und Weise, wie sich das Gesetz der Rückkopplung äußert, eine besondere Bedeutung für die Leitung der im System der Volkswirtschaft ablaufenden Prozesse. Insbesondere, weil es in der sozialistischen Gesellschaft darum geht, den Nationalreichtum zu vergrößern und auf dieser Grundlage den Volkswohlstand zu erhöhen.

Die Erscheinung der Rückkopplung äußert sich in einem ökonomisch-kybernetischen System durch die wechselseitigen Bedingtheiten, die zwischen den Ausgangs- und den Eingangsgrößen auftreten. Diese treten entweder unmittelbar oder vermittelt durch andere ökonomisch-kybernetische Systeme auf.

Offensichtlich können diese beiden Formen der Rückkopplung aber auch gleichzeitig erscheinen (Abb. 2.1.).

Eine besonders wichtige Rolle spielt das Gesetz der Rückkopplung im komplexen Prozeß der Leitung. Auf Grund der Analyse der Ausgangsgrößen eines jeden ökonomisch-kybernetischen Systems und Teilsystems prüft das Entscheidungsorgan, auf welche Weise die gestellten Aufgaben erfüllt worden sind. Falls Abweichungen auftreten, leitet es Maßnahmen ein, so daß das System auf den vom Volkswirtschaftsplan vorgezeichneten Weg zurückgeführt wird.

Im folgenden soll das Gesetz der Rückkopplung mathematisch dargestellt werden. Das Entscheidungsorgan analysiert den Ausgangsvektor $\boldsymbol{y}$ des ökonomisch-kybernetischen Systems und vergleicht ihn mit den im Plan vorgesehenen Aufgaben, das heißt

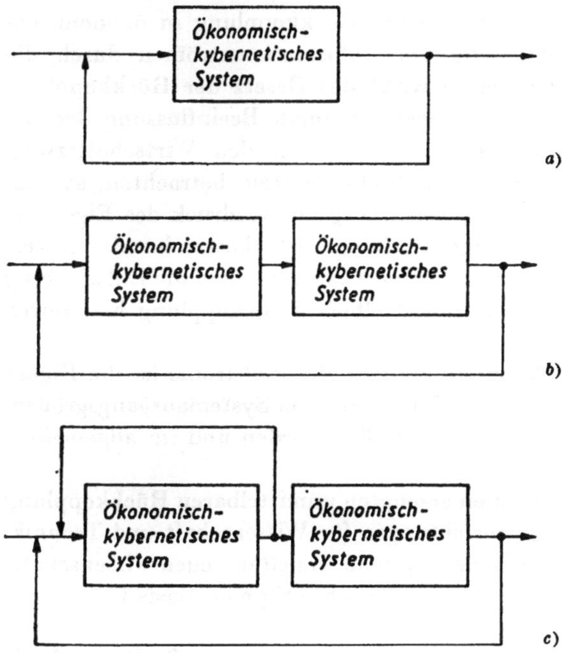

Abb. 2.1. Kybernetische Grundstrukturen
a) einfache Rückkopplung,
b) vermittelte Rückkopplung,
c) Kombination von a) und b)

mit dem Vektor $\tilde{\boldsymbol{y}}$. Falls zwischen beiden Vektoren unerwünschte Unterschiede bestehen, so trifft das Entscheidungsorgan eine Entscheidung $T_{St} \cdot \boldsymbol{y}$, wobei T_{St} ein Steueroperator ist. Wenn also $|\boldsymbol{y} - \tilde{\boldsymbol{y}}| > \varepsilon$ ist, wird die Entscheidung $T_{St} \cdot \boldsymbol{y}$ getroffen. Bei diesem Sachverhalt ist der Systemeingangsvektor: $\boldsymbol{x} + T_{St} \cdot \boldsymbol{y}$, und Ausgangsvektor ist $\boldsymbol{y} = T_P(\boldsymbol{x} + T_{St} \cdot \boldsymbol{y})$. Nehmen wir an, daß zum Prozeßoperator T_P der inverse Operator T_P^{-1} existiert, so erhalten wir $T_P^{-1}\boldsymbol{y} = \boldsymbol{x} + T_{St}\boldsymbol{y}$, woraus sich ergibt: $(T_P^{-1} - T_{St})\,\boldsymbol{y} = \boldsymbol{x}$.

Wenn wir weiter annehmen, daß zum Operator $(T_P^{-1} - T_{St})$ der inverse Operator existiert, so ist der Ausgangsvektor durch folgende Gleichung bestimmt: $\boldsymbol{y} = (T_P^{-1} - T_{St})^{-1}\,\boldsymbol{x}$. Aus dieser Gleichung erhält man: $\boldsymbol{y} = (E - T_P T_{St})^{-1}\, T_P \boldsymbol{x}$, wobei E der Einheitsoperator ist. Damit kann der Rückkopplungsoperator folgendermaßen ausgedrückt werden: $\hat{R} = (E - T_P T_{St})^{-1}$.
Die Gleichung für die Leitung auf Grund des Rückkopplungsoperators lautet $\boldsymbol{y} = \hat{R} T_P \boldsymbol{x}$. Falls die Eingangs- und die Ausgangsgrößen des ökonomisch-kybernetischen Systems

Skalare sind und T_P und T_{St} Multiplikatoren λ und ζ sind, wird der Rückkopplungsoperator $\hat{R}$ zu $\hat{r}$ mit $\hat{r} = 1/1 - \lambda\zeta$. $\hat{r}$ ist auch bekannt unter der Bezeichnung Rückkopplungsmultiplikator.

In diesem Falle wird die Rückkopplung beschrieben durch:

$$y = \frac{\lambda}{1 - \lambda\zeta} x = \hat{r}x.$$

Damit wurde die Art und Weise analysiert, wie die Rückkopplung in ökonomisch-kybernetischen Systemen bei der Verarbeitung von Informationsströmen durch die Kontrolle auf Entscheidungen wirkt. Gleichzeitig wirkt das Gesetz der Rückkopplung auf die Entwicklung ökonomisch-kybernetischer Systeme durch Beeinflussung der Arbeitskräfte-, Material-, Energie- und Finanzströme. Wenn wir den Wirtschaftszweig Elektro- und Wärmeenergie als ökonomisch-kybernetisches System betrachten, so sind die Selbstkosten eine Systemausgangsgröße und gleichzeitig als Ausdruck des Eigenverbrauchs eine Systemeingangsgröße. Jede Senkung der Energieselbstkosten hat durch Vermittlung der Erscheinung „Rückkopplung" eine günstige Auswirkung auf die Entwicklung des Gesamtsystems. Auf diese Weise wird die unmittelbare Rückkopplung hier durch Finanzströme sichtbar.

Ein Beispiel für eine unmittelbare Rückkopplung durch Materialströme ist die Eigenausstattung von Betrieben. Die Ergebnisse dieser Maßnahme sind Systemausgangsgrößen, die gleichzeitig zum Bestandteil der Systemeingangsgrößen werden und im allgemeinen zur Erweiterung der Produktion beitragen.

Ein weiterer Typ der von Informationsströmen erzeugten unmittelbaren Rückkopplung zeigt sich ganz deutlich bei den Forschungseinrichtungen für Wissenschaft und Technik. Die im Rahmen dieser ökonomisch-kybernetischen Systeme erzielten neuen wissenschaftlichen Informationen sind Systemausgangsgrößen, die gleichzeitig eine Basis für weitere Forschungsarbeiten darstellen.

Zur Erläuterung der unmittelbaren Rückkopplung kann man zwei große Bestandteile des Gesamtsystems der Volkswirtschaft heranziehen, die Wirtschaftszweige Maschinenbau und Metallurgie. Wenn der Wirtschaftszweig Maschinenbau für den Wirtschaftszweig Metallurgie technisch zweckmäßige Anlagen herstellt, so wird es möglich, daß die Metallurgie Erzeugnisse mit besserer Qualität fertigt. Diese bessere Qualität wiederum wirkt sich auf die Qualität und Quantität der Erzeugnisse im Wirtschaftszweig Maschinenbau aus.

Im folgenden soll nun gezeigt werden, wie Kopplungen und wechselseitige Abhängigkeiten in ökonomisch-kybernetischen Systemen mit Mitteln der Mengenlehre, Matrizenrechnung und Graphentheorie beschrieben werden können. Wenn mit E die Menge der Elemente eines ökonomisch-kybernetischen Systems bezeichnet wird

$$E = \{E_1, E_2, \ldots, E_n\},$$

so können die für das System spezifischen Verbindungen durch die Menge R sichtbar gemacht werden. Die Menge R ist Teilmenge der Kreuzmenge $E \times E$, das heißt $R \subseteqq E \times E$.

R wird im folgenden als Menge der Verbindungsrelationen des ökonomisch-kybernetischen Systems bezeichnet.

Die beiden Elemente E_i und E_j eines ökonomisch-kybernetischen Systems stehen in Verbindung, wenn das geordnete Paar (E_i, E_j) bzw. (E_j, E_i) zur Menge R gehört, das heißt $(E_i, E_j) \in R$ oder $(E_j, E_i) \in R$.

Die Menge R der Verbindungsrelationen eines ökonomisch-kybernetischen Systems kann als Vereinigungsmenge von fünf Verbindungsmengen aufgefaßt werden:

$$R = R_A \cup R_M \cup R_E \cup R_I \cup R_F.$$

Dabei bedeuten: R_A die Menge der Arbeitskräfteströme,
R_M die Menge der Materialströme,
R_E die Menge der Energieströme,
R_I die Menge der Informationsströme und schließlich
R_F die Menge der Finanzströme.

Jedem Element E_i eines ökonomisch-kybernetischen Systems können zwei Elementklassen E_iR und RE_i zugeordnet werden (vgl. Abb. 2.2.). Die Klasse E_iR besteht aus den Elementen, zu denen vom Element E_i ausgehend eine direkte Verbindung besteht.

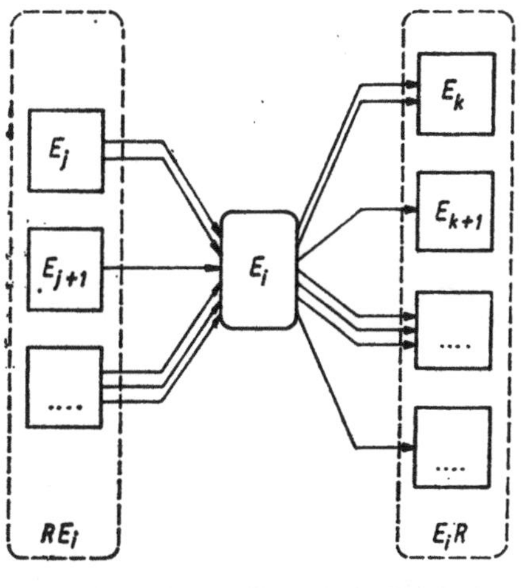

Abb. 2.2. Klassen RE_i und E_iR

Die Klasse RE_i besteht aus den Elementen, die zum Element E_i hin eine direkte Verbindung haben.

Durch die Klasse E_iR werden also die Elemente erfaßt, für die das Element E_i Prozeßvoraussetzungen schafft. Dagegen enthält die Klasse RE_i alle die Elemente, die Prozeßvoraussetzungen für das Element E_i schaffen. Diese Klassen E_iR und RE_i können entsprechend der Art der Ströme weiter zerlegt werden.

Ein Element eines ökonomisch-kybernetischen Systems, das Ströme nur nach außerhalb des Systems liefert, heißt Endelement. Die zu ihm gehörende Menge E_iR ist dementsprechend leer.

Ein Element, das Ströme nur von anderen Systemen erhält, heißt Anfangselement des Systems. Die zu ihm gehörende Menge RE_i ist gleich der leeren Menge.

Die Verbindungen, die zwischen den Elementen eines ökonomisch-kybernetischen Systems bestehen, lassen sich mit Hilfe von Strukturmatrizen darstellen.

Die Elemente der Strukturmatrix

$$\alpha = (\alpha_{ij})$$

werden folgendermaßen bestimmt:

$$\alpha_{ij} = \begin{cases} 1, \text{ wenn vom Element } E_i \text{ zum Element } E_j \text{ eine Verbindung besteht} \\ 0, \text{ sonst.} \end{cases}$$

Für jedes ökonomisch-kybernetische System lassen sich fünf Typen von Strukturmatrizen erklären, und zwar:

α^A — Strukturmatrix der Arbeitskräfteströme,
α^M — Strukturmatrix der Materialströme,
α^E — Strukturmatrix der Energieverbindungen,
α^I — Strukturmatrix der Informationsverbindungen,
α^F — Strukturmatrix der Finanzverbindungen.

Ein Element E_i steht mit einem Element E_j in Verbindung, wenn wenigstens ein Element aus den fünf obigen Strukturmatrizen verschieden von Null ist.

Als Beispiel betrachten wir einen Betrieb, der aus sieben Abteilungen besteht. Die Verbindungen zwischen ihnen sind aus Abb. 2.3. ersichtlich.

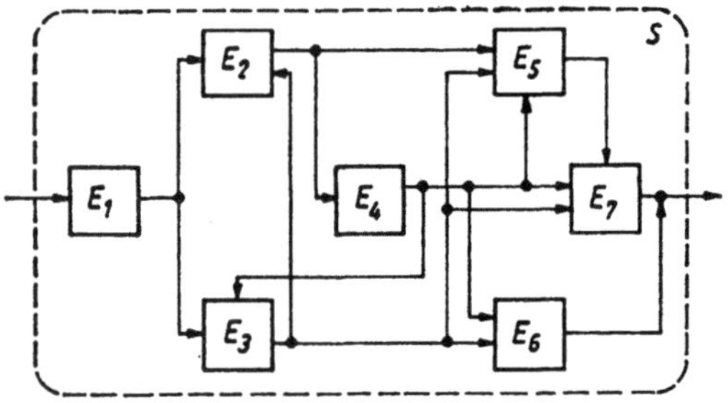

Abb. 2.3. Struktur des Systems S

Aus der Analyse der Verbindungen zwischen den Abteilungen geht hervor, daß das untersuchte System ein Anfangselement (Element 1) und zwei Endelemente (Element 6 und 7) besitzt. Die zwischen den sieben Abteilungen existierenden Produktionsbeziehungen lassen sich durch nachstehende Strukturmatrix darstellen:

$$\alpha = \begin{pmatrix} 0 & 1 & 1 & 0 & 0 & 0 & 0 \\ 0 & 0 & 0 & 1 & 1 & 0 & 0 \\ 0 & 1 & 0 & 0 & 1 & 1 & 1 \\ 0 & 0 & 1 & 0 & 1 & 1 & 1 \\ 0 & 0 & 0 & 0 & 0 & 0 & 1 \\ 0 & 0 & 0 & 0 & 0 & 0 & 0 \\ 0 & 0 & 0 & 0 & 0 & 0 & 0 \end{pmatrix}$$

Steht in einer Spalte der Matrix keine Eins, so weist das auf ein Anfangselement hin; steht in einer Zeile keine Eins, so weist das auf ein Endelement hin. Zur Hauptdiagonale symmetrisch stehende Einsen machen auf eine direkte Wechselwirkung aufmerksam.

2.2. Arbeitsweise, Verhalten und Struktur eines ökonomisch-kybernetischen Systems

Bei der Untersuchung von Systemen mit dem Ziel, sie optimal zu steuern, analysiert die ökonomische Kybernetik die Funktionen, die diesen Systemen innerhalb des Wirtschaftsmechanismus zufallen.

Die Funktion ist ein wesentliches Merkmal jedes ökonomisch-kybernetischen Systems. Die Analyse des ökonomisch-kybernetischen Systems und die Ableitung seiner Funktion basieren auf einer Betrachtung unter dem Gesichtspunkt des Systems bei Berücksichtigung der Zusammenhänge mit den übrigen Systemen der Volkswirtschaft. In diesem Sinne kann der in der Kybernetik gebräuchliche Begriff der Umgebung eines Systems eingeführt werden.

Wenn wir mit S_V das Gesamtsystem der Volkswirtschaft bezeichnen, so kann die Umgebung $\bar{S}$ eines mit S bezeichneten ökonomisch-kybernetischen Systems folgendermaßen erklärt werden:

$$\bar{S} = S_V \setminus S.$$

Die in ein ökonomisch-kybernetisches System eingehenden Arbeitskräfte-, Material-, Energie-, Informations- und Finanzströme verörpern die Einwirkung der Umgebung auf das System. Jedes System wiederum wirkt durch die Ausgangsströme auf seine Umgebung, das heißt auf verschiedene andere Systeme des Gesamtsystems der Volkswirtschaft.

Die kybernetische Analyse der im Gesamtsystem der Volkswirtschaft ablaufenden Erscheinungen und Prozesse macht die Funktion eines jeden ökonomisch-kybernetischen Systems dadurch sichtbar, daß erkannt wird, wie die Eingangsströme in Ausgangsströme umgewandelt werden und in welcher Stärke sie auf die anderen Bestandteile der Volkswirtschaft wirken.

Unter dem Verhalten eines ökonomisch-kybernetischen Systems wird die Art und Weise verstanden, wie die Eingangs- in Ausgangsströme umgewandelt werden.

Das Verhalten eines ökonomisch-kybernetischen Systems steht in einem engen dialektischen Zusammenhang zu seiner Struktur. Die Struktur eines ökonomisch-kybernetischen Systems kann als geordnetes Paar

$$(E, R)$$

beschrieben werden. E ist die Menge der Systemelemente und R die Menge, durch die die Kopplungen zwischen den Elementen (in Form einer Ja-nein-Entscheidung) fixiert sind.

Bei der Analyse der Arbeitsweise, des Verhaltens und der Struktur ökonomisch-kybernetischer Systeme muß in Betracht gezogen werden, daß diese einen dynamischen Charakter besitzen, der sich sowohl aus der Wirksamkeit objektiver Gesetzmäßigkeiten als auch aus dem bewußten Handeln des Menschen ergibt.

Die Kenntnis der dynamischen Eigenschaften ist wesentlich für die Begründung von Leitungsentscheidungen. Durch die Analyse der dynamischen Eigenschaften der Struktur eines ökonomisch-kybernetischen Systems läßt sich die optimale Entwicklung der Kopplungen zwischen seinen Elementen ermitteln. Auf diese Weise werden Voraussetzungen geschaffen, um zielgerichtet die Erfüllung und Übererfüllung von Aufgaben zu gewährleisten.

Die Bedeutung der Kenntnis der dynamischen Eigenschaften ökonomisch-kybernetischer Systeme für ihre Leitung läßt es als zweckmäßig erscheinen, den Begriff der Strukturdynamik des Systems näher zu bestimmen.

Zu diesem Zweck werden die Elemente der Strukturmatrix als zeitabhängig betrachtet.

Wir bezeichnen die zeitabhängige Strukturmatrix mit

$$\alpha_t = (\alpha_{ij}^t).$$

Die Elemente der Strukturmatrix werden folgendermaßen bestimmt:

$$\alpha_{ij}^t = \begin{cases} 1, & \text{wenn vom Element } E_i \text{ zum Element } E_j \text{ zum Zeitpunkt } t \text{ eine Verbindung besteht.} \\ 0, & \text{sonst.} \end{cases}$$

Bezeichnen wir mit T den Zeitraum, in dem das betreffende ökonomisch-kybernetische System untersucht wird, so kann die strukturelle Dynamik des Systems durch eine Folge von geordneten Paaren

$$(E_t, \alpha_t) \quad \text{für} \quad t = 0 \quad \text{bis} \quad t = T$$

beschrieben werden.

Um die Struktur eines ökonomisch-kybernetischen Systems in seiner Dynamik zu erfassen, bilden wir die Klasse E_iR_t. Die Klasse E_iR_t enthält alle die Elemente E_j, zu denen zum Zeitpunkt t ein Strom von E_i nach E_j fließt. Existiert vom Element E_i zum Element E_j eine feste Verbindung, so gilt

$$E_j \in E_iR_t \quad \text{für jedes } t \text{ aus dem Zeitintervall } \langle 0, T\rangle.$$

Das bedeutet, daß $\prod_{t \in T} \alpha_{ij}^t = 1$.

Falls

$$\alpha_{ij}^{t-1} = 0 \quad \text{und} \quad \alpha_{ij}^t = 1 \qquad \text{sind,}$$

so heißt das, daß vom Element E_i zum Element E_j zum Zeitpunkt t eine Verbindung entstanden ist.

Um den Kopplungsgrad der Ausgänge eines Elements E_i eines Systems, bestehend aus n Elementen, zum Zeitpunkt t zu quantifizieren, wird die folgende Kenngröße verwendet:

$$a_{iA}^t = \frac{\sum_j^n \alpha_{ij}^t}{n}.$$

Wenn a_{iA}^t in der Zeit wächst, so bedeutet das, daß die Anzahl der Kopplungen des Elements E_i zu anderen Elementen des ökonomisch-kybernetischen Systems zunimmt. Das könnte man als Erweiterung seiner Tätigkeit im Rahmen des Systems deuten.

Die Analyse der Entwicklung der rumänischen Wirtschaft im letzten Jahrzehnt macht eine große Zahl von Wirtschaftszweigen und Wirtschaftsbereichen sichtbar, bei denen sich die Anzahl der Verbindungen zu anderen Bestandteilen des volkswirtschaftlichen Systems infolge des Wachstums und der Spezialisierung der Produktion erhöht hat. In dieser Hinsicht möchten wir zum Beispiel die elektronische, die elektrotechnische, die feinmechanische Industrie nennen, die entsprechend ihrem Entwicklungsstand Erzeugnisströme ausgelöst haben, die auf eine immer größere Anzahl von Volkswirtschaftszweigen und Betriebsgruppierungen gerichtet sind.

Für Endelemente E_i eines ökonomisch-kybernetischen Systems bezüglich des Kopplungsgrades der Ausgänge gilt:

$a_{iA}^t = 0$, da es sonst ja kein Endelement wäre.

Falls aber

$a_{iA}^t = 0$ und $a_{iA}^{t+1} > 0$ ist, so bedeutet

das, daß das Element E_i zu dem Zeitpunkt t aufgehört hat, ein Endelement dieses ökonomisch-kybernetischen Systems zu sein.

Die Klasse der Elemente, von denen ein Strom zum Element E_i zum Zeitpunkt t führt, bezeichnen wir mit

$R_t E_i$.

Wenn vom Element E_k immer ein Strom zum Element E_i fließt, so ist

$E_k \in R_t E_i$ und $\prod_t \alpha_{ki}^t = 1$.

Der Kopplungsgrad der Eingänge des Elements E_i mit den n Elementen des Systems zum Zeitpunkt t wird durch die nachstehende Kenngröße quantifiziert:

$$a_{iE}^t = \frac{\sum_k \alpha_{ki}^t}{n}.$$

Für die Anfangselemente E_i eines ökonomisch-kybernetischen Systems gilt:

$a_{iE}^t = 0$.

Wenn die Kenngröße a_{iE}^t mit größer werdendem t auch wächst, so bedeutet das eine Vergrößerung der Anzahl von Elementen, die auf das Element E_i wirken bzw. für das Element E_i notwendig sind.

Der Grad der strukturellen Komplexität eines ökonomisch-kybernetischen Systems zum Zeitpunkt t läßt sich durch die folgende Kenngröße quantifizieren:

$$a^{t*} = \frac{\sum_i \sum_j \alpha_{ij}^t}{n^2}.$$

Der Wert n^2 stellt die Höchstzahl der Kopplungen dar, die innerhalb eines ökonomisch-kybernetischen Systems, das n Elemente enthält, bestehen können. Das entspricht dem Fall, in dem jedes Element des Systems mit sich selbst und mit allen anderen Elementen in Verbindung steht.

Im allgemeinen ist

$a^{t*} < 1$.

Wenn es beispielsweise um das in Abb. 2.3. dargestellte ökonomisch-kybernetische System geht, das aus sieben Elementen besteht, so ergibt sich für den Grad der strukturellen Komplexität

$$a^* = \frac{\sum_i \sum_j \alpha_{ij}}{n^2} = \frac{13}{49} = 0{,}265.$$

Das Anwachsen des Komplexitätsgrades eines ökonomisch-kybernetischen Systems kann im allgemeinen als eine Erweiterung und Auffächerung der Produktion innerhalb des Systems gedeutet werden.

Die Analyse der rumänischen Volkswirtschaft sowie ihrer verschiedenen Zweige, wie zum Beispiel der Metallurgie, des Maschinenbaus, der Chemie usw., macht ein ständiges Anwachsen der genannten Kenngröße sichtbar. Es muß hervorgehoben werden, daß sich die Kenngröße für den Grad der strukturellen Komplexität des Systems der Volkswirtschaft anhand von Verflechtungsbilanzen berechnen läßt.

Für die Ermittlung des dynamischen Verhaltens ökonomisch-kybernetischer Systeme sowie ihrer mathematischen Beschreibung ist der Zustandsvektor von Bedeutung. Die konkrete Analyse eines jeden ökonomisch-kybernetischen Systems macht es möglich, Kennwerte festzustellen, durch die zu jedem Zeitpunkt die Stellung des Systems in der Volkswirtschaft und die im System ablaufenden Prozesse beschrieben werden können. Diese Kenngrößen sind die Komponenten des Zustandsvektors. Eine Besonderheit ökonomisch-kybernetischer Systeme besteht darin, daß zu ihrer Kennzeichnung im allgemeinen eine große Zahl von Zustandskomponenten benötigt wird. Die Ermittlung der Zustandskomponenten ist ein Problem von besonderer Komplexität. Seine Lösung erfordert eine genaue Kenntnis der Struktur und Arbeitsweise des Systems sowie seiner Wirkungsweise innerhalb des Wirtschaftsmechanismus. Bei der Ermittlung des Zustandsvektors sollte man von den Austauschaktivitäten zwischen den Systemelementen ausgehen. Sie spiegeln sich wider in der Stärke der Arbeitskräfte-, der Material-, der Energie-, der Informations- und der Finanzströme.

Bei jedem ökonomisch-kybernetischen System lassen sich zwei Seiten seines Verhaltens unterscheiden; das innere und das äußere Verhalten, zwischen denen eine dialektische Einheit besteht.

Unter innerem Verhalten eines ökonomisch-kybernetischen Systems versteht man die konkrete Art und Weise, wie sich die Zustandsvektoren unter dem Einfluß der Eingangsströme verändern.

Der Zustand z_t, in dem sich ein ökonomisch-kybernetisches System zu dem Zeitpunkt t befindet, hängt von seinem früheren Zustand und von den Eingangsströmen ab, die im vorangegangenen Zeitraum wirksam waren.

Damit das Verhalten eines Systems mathematisch beschrieben werden kann, führen wir die folgenden Bezeichnungen ein:

A: Menge von Kennziffern zu den Arbeitskräfteströmen,
M: Menge von Kennziffern zu den Materialströmen,
E: Menge von Kennziffern zu den Energieströmen,
I: Menge von Kennziffern zu den Informationsströmen,
F: Menge von Kennziffern zu den Finanzströmen,
X_S: Raum der Eingangsgrößen des Systems S mit
$X_S \subseteq A \times M \times E \times I \times F$,

Z_S: Raum der Zustandsgrößen des Systems S,
Γ_S: Menge der Abbildungen, durch die der Zusammenhang zwischen der Zeit und den Eingangsgrößen dargestellt wird,
T: Länge des Zeitintervalls der Untersuchung.

Das innere Verhalten eines ökonomisch-kybernetischen Systems ist die spezifische Art und Weise des Übergangs von einem zu einem anderen Zustand des Systems. Der Zustand zum Zeitpunkt t kann als eine Funktion der Zeit, der früheren Zustände und der Eingangsgrößen erklärt werden, das heißt

$$\boldsymbol{z}_t = \varphi(t, \tau, \boldsymbol{z}_\tau, \boldsymbol{x}_{\langle\tau,t)}).$$

Dabei ist $\boldsymbol{x}_{\langle\tau,t)}$ die Gesamtheit der Eingangsströme im Zeitinervall $\langle\tau, t)$. Damit kann das innere Verhalten eines ökonomisch-kybernetischen Systems durch das Tripel

$$(X_S, Z_S, \varphi)$$

charakterisiert werden.

Das äußere Verhalten eines ökonomisch-kybernetischen Systems beinhaltet die Art und Weise, wie Eingangsströme in Ausgangsströme umgewandelt werden und wie auf andere Systeme der Volkswirtschaft eingewirkt wird. Vom Standpunkt der ökonomischen Kybernetik aus ist das äußere Verhalten eine Widerspiegelung aller Tätigkeiten und Prozesse, die sich im System vollziehen bzw. die die Produktion, Distribution, Zirkulation usw. betreffen.

Das äußere Verhalten eines ökonomisch-kybernetischen Systems zum Zeitpunkt t kann als eine Funktion der Zeit, der früheren Systemzustände sowie der Eingangsströme angesehen werden, das heißt

$$\boldsymbol{y}_t = \zeta(t, \tau, \boldsymbol{z}_\tau, \boldsymbol{x}_{\langle\tau,t)}).$$

Da das äußere Verhalten die Wirkung der Arbeits-, Material-, Energie-, Informations- und Finanzströme auf die Ausgangsströme erfaßt, hat es eine besondere Bedeutung für die Beschreibung der im System ablaufenden Prozesse. Es kann durch das Tripel

$$(X_S, Y_S, \zeta)$$

beschrieben werden.

Das Gesamtverhalten eines ökonomisch-kybernetischen Systems wird bestimmt durch die Dialektik von innerem und äußerem Verhalten. Vom mathematischen Standpunkt aus kann es zum Zeitpunkt t durch das geordnete Paar

$$(\varphi_t, \zeta_t)$$

und die Mengen X_S und Y_S charakterisiert werden.

Das Verhalten eines ökonomisch-kybernetischen Systems wird stark beeinflußt von seiner Struktur. Zum anderen zeigt das äußere Verhalten die Wirkung auf andere Bestandteile des Gesamtsystems der Volkswirtschaft.

Sei $R_V S$ die Menge der Bestandteile des Systems der Volkswirtschaft, von denen Flüsse zum System S hinführen und SR_V die Menge der Bestandteile des Systems der Volkswirtschaft, die von den Ausgangsströmen des Systems S partizipieren, dann läßt sich die Funktionsweise des Systems S im System der Volkswirtschaft erfassen durch

$$(R_V S, SR_V, X_S, Y_S, \zeta).$$

Das ökonomisch-kybernetische System selbst kann beschrieben werden durch

$$(S, R, R_V S, SR_V, X_S, Z_S, Y_S, \varphi, \zeta).$$

Die Systemeigenschaften lassen sich wie folgt charakterisieren:

— innere Struktur: (S, R)
— Verhalten: $(X_S, Z_S, Y_S, \varphi, \zeta)$
— Funktionsweise: $(R_V S, SR_V, X_S, Y_S, \zeta)$.

Ein ökonomisch-kybernetisches System ist somit durch die dialektische Wechselwirkung zwischen Struktur, Verhalten und Funktionsweise innerhalb des Systems der Volkswirtschaft bestimmt (vgl. Abb. 2.4.).

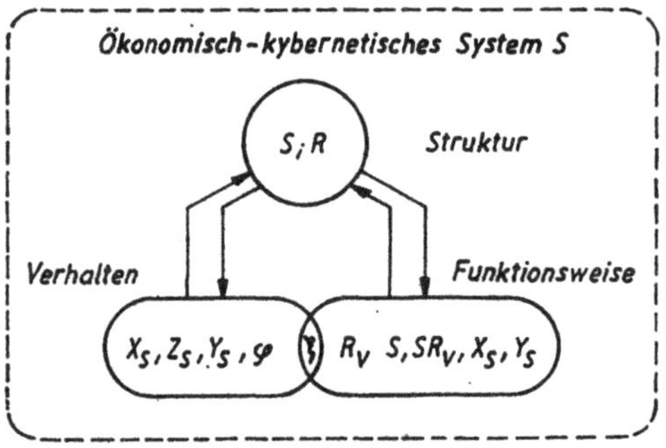

Abb. 2.4. Ökonomisch-kybernetisches System

3. Das kybernetische Grundmodell zur Beschreibung der planmäßigen wirtschaftlichen und gesellschaftlichen Entwicklung

Das allgemeine kybernetische System zur Beschreibung der planmäßigen wirtschaftlichen und gesellschaftlichen Entwicklung umfaßt alle Systeme und Teilsysteme, die sich im Volkswirtschaftsraum entwickeln.

Die Struktur des allgemeinen kybernetischen Systems ist außerordentlich komplex, hierarchisch geordnet. Bei der Analyse des allgemeinen kybernetischen Systems muß beachtet werden, daß diese Ganzheit spezifische Eigenschaften besitzt, die in ihrer Gesamtheit in keinem der Bestandteile auftreten.

3.1. Zur Topologie des Systems

Auf Grund der Analyse der spezifischen Besonderheiten der in dem System und den Teilsystemen ablaufenden Prozesse, ihrer Arbeitsweise und ihrem Zusammenhang zu Kenngrößen des Wirtschaftswachstums läßt sich das kybernetische System durch drei große Systemgruppen charakterisieren: Analyse- und Synthesesysteme, ausführende ökonomische Systeme und Ergebnissysteme.

Zu jeder der drei Systemgruppen gehören Systeme, die für das planmäßige Wirtschaftswachstum spezifische Mechanismen beinhalten (vgl. Abb. 3.1.).

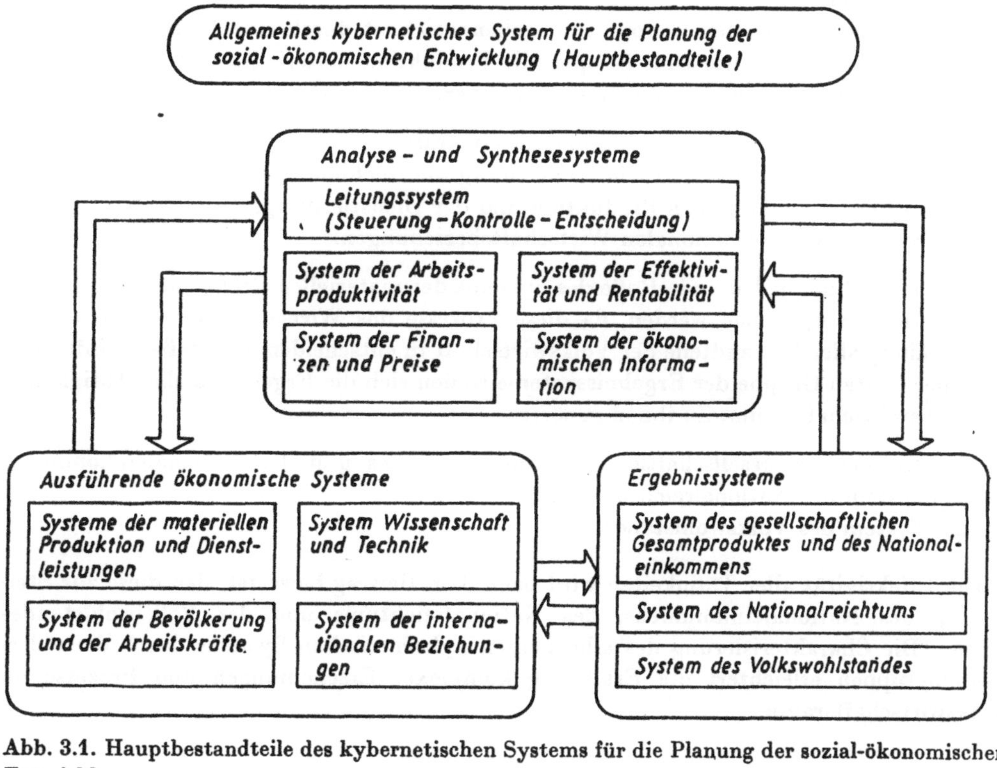

Abb. 3.1. Hauptbestandteile des kybernetischen Systems für die Planung der sozial-ökonomischen Entwicklung

Die Systeme der ersten Gruppe, die Analyse- und Synthesesysteme, haben die Aufgabe, alle im Volkswirtschaftsraum stattfindenden Tätigkeiten zu koordinieren und zu synchronisieren, damit eine optimale, ausgewogene und proportionale wirtschaftliche und gesellschaftliche Entwicklung gewährleistet wird.

In der Gruppe der Analyse- und Synthesesysteme kommt dem System der Leitung mit der Steuerungs-, Kontroll- und Entscheidungsfunktion eine wichtige Rolle zu. Es dient der Einbeziehung und möglichst wirksamen Nutzung der menschlichen und materiellen Ressourcen sowie aller Bestandteile des gesamten Nationalreichtums im wirtschaftlichen Kreislauf. Durch das System der Leitung werden die Hauptkoordinaten der Entwicklung der Volkswirtschaft bestimmt und ein optimales, ausgewogenes und proportionales Wirtschaftswachstum gewährleistet.

Die Verwirklichung der Leitungsaufgaben basiert auf dem

— Informationssystem,
— System der Arbeitsproduktivität,
— System der Effektivität und Rentabilität und
— Finanz- und Preissystem.

Für jedes dieser Systeme gilt, daß es sich in einer Art Homomorphismus zum Gesamtsystem der Volkswirtschaft befindet, in dem Sinne, daß alle Bestandteile des Wirtschaftsorganismus eine Entsprechung in jedem System der Gruppe der Analyse- und Synthesesysteme besitzen.

Die Systeme der zweiten Gruppe sind gekennzeichnet durch eine Vielzahl komplexer Wirtschaftstätigkeiten, wie zum Beispiel die Produktion materieller Güter, den Handel und die Dienstleistungen usw. Zu dieser Systemgruppe gehören als ausführende Systeme:

— das System der Bevölkerung und der Arbeitskräfte,
— das System der wissenschaftlichen Forschung und technologischen Entwicklung,
— das System der materiellen Produktion und der Dienstleistungen und
— das System der internationalen Wirtschaftsbeziehungen.

Hierbei muß die bedeutende Rolle des Systems der materiellen Produktion und Dienstleistungen hervorgehoben werden, da diese Prozesse das Wirtschaftswachstum und die Entwicklung aller Bestandteile der Volkswirtschaft in entscheidendem Maße beeinflussen.

In der dritten Gruppe der Ergebnissysteme finden sich die Ergebnisse aller Tätigkeiten im Volkswirtschaftsraum. Zu ihnen gehören.

— das System des gesellschaftlichen Gesamtproduktes und des Nationaleinkommens,
— das System des Nationalreichtums und
— das System des Volkswohlstandes.

Die Effektivität aller Tätigkeiten wird nach dem Beitrag bewertet, den diese zur Steigerung des Nationaleinkommens, des Nationalreichtums und des Volkswohlstandes leisten. Die Charakterisierung des allgemeinen kybernetischen Systems durch diese drei Systemgruppen erleichtert die Erklärung komplexer Erscheinungen und Prozesse im Volkswirtschaftsraum.

3.2. Grundstruktur des Systems

Zwischen den Bestandteilen des Systems der Volkswirtschaft existieren vielfältige und komplexe Arbeitskräfte-, Material-, Energie-, Informations- und Finanzströme. Diese Ströme beinhalten eine Vielzahl von Kopplungen und Rückkopplungen, die der Volkswirtschaft den Charakter eines komplexen und einheitlichen Systems verleihen.

Unter Berücksichtigung der Bestandteile und der Verbindungen zwischen ihnen läßt sich das allgemeine kybernetische System der Volkswirtschaft, bezeichnet mit S_V, charakterisieren (vgl. Abb. 3.2.):

$$S_V = \{L, I, \eta, A, F, B, W, P, H, N, N_R, V, C\}.$$

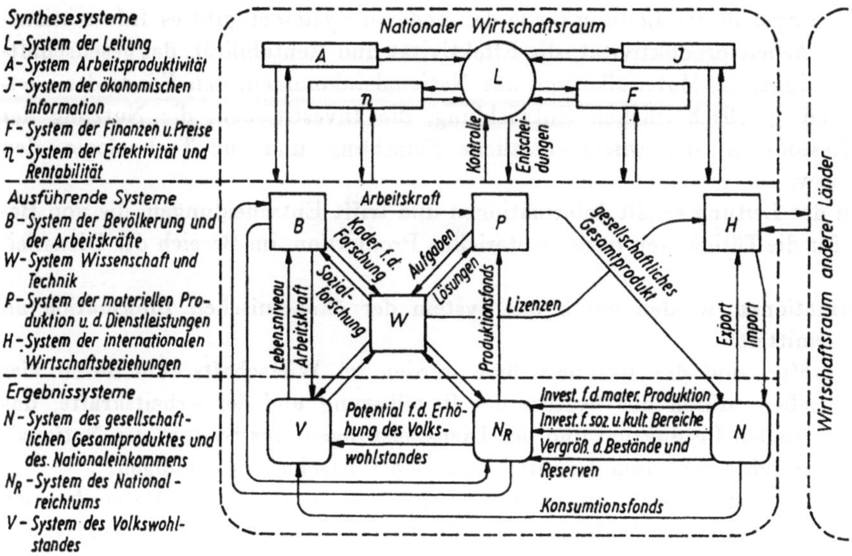

Abb. 3.2. Grundstruktur des nationalen Volkswirtschaftsraumes

Hierbei bedeuten:

L — System der Leitung mit der Steuerungs-, Kontroll- und Entscheidungsfunktion;
I — System der ökonomischen Information;
η — System der Effektivität und Rentabilität;
A — System der Arbeitsproduktivität;
F — Finanz- und Preissystem;
B — System der Bevölkerung und der Arbeitskräfte;
W — System der wissenschaftlichen Forschung und der technologischen Entwicklung;
P — System der materiellen Produktion und der Dienstleistungen;
H — System der internationalen Wirtschaftsbeziehungen;
N — System des gesellschaftlichen Gesamtprodukts und des Nationaleinkommens;
N_R — System des Nationalreichtums;
V — System des Volkswohlstandes;
C — Menge der Kopplungsmatrizen des kybernetischen Gesamtsystems.

Zur Menge C gehören:

R_A — Matrix zu den Arbeitskräfteströmen,
R_M — Matrix zu den Materialströmen,
R_E — Matrix zu den Energieströmen,
R_I — Matrix zu den Informationsströmen,
R_F — Matrix zu den Finanzströmen.

Für die Elemente a_{ij} der Verbindungsmatrizen gilt allgemein:

$$a_{ij} = \begin{cases} 1, \text{ wenn das System } i \text{ mit dem System } j \text{ in Verbindung steht,} \\ 0, \text{ sonst.} \end{cases}$$

Zwischen dem System der Leitung sowie den anderen Systemen gibt es Informationsströme über die Arbeitsproduktivität, die Effektivität und Rentabilität, das gesellschaftliche Gesamtprodukt, die Materialkosten, das Nationaleinkommen, den Fonds der wirtschaftlichen und gesellschaftlichen Entwicklung, die Investitionen, die Nutzung der natürlichen Ressourcen, die wissenschaftliche Forschung und die Technologie, den Außenhandel usw.

Das System der Leitung erhält Informationen und trifft Entscheidungen, die von Bedeutung sind für die Tätigkeiten in der materiellen Produktion, im Bereich der Dienstleistungen usw.

Diese Informationen werden durch das System der ökonomischen Information an die Systeme vermittelt.

Die Arbeitskräfte- und die Materialströme werden im Wirtschaftsraum durch vier Systeme beschrieben: durch das System der Bevölkerung und der Arbeitskräfte, das System der materiellen Produktion und der Dienstleistungen, das System des Nationalreichtums sowie durch das System der internationalen Wirtschaftsbeziehungen.

Vom System des Nationalreichtums gehen Grundmittel-, Rohstoff- und Materialströme in das System der materiellen Produktion und der Dienstleistungen sowie in das System der wissenschaftlichen Forschung und technologischen Entwicklung. Ihre Stärke, Richtung sowie ihre Anpassung an die Arbeitskräfteströme erfolgt durch Steuerungsbefehle, die vom System der Leitung erteilt werden.

In das System der materiellen Produktion und der Dienstleistungen sowie das System der wissenschaftlichen Forschung und technologischen Entwicklung fließen auch Material- und Rohstoffströme aus dem System der internationalen Wirtschaftsbeziehungen.

Ein bedeutender Makrostrom, der alle Systeme speist und ihr Wachstum im Volkswirtschaftsraum sicherstellt, findet seinen Ausdruck im gesellschaftlichen Gesamtprodukt. Er wird vom System der materiellen Produktion und der Dienstleistungen erzeugt.

Vermittels des Arbeitskräfte- und des Materialstroms kommt eine zentrale Rückkopplung im Volkswirtschaftsraum zustande, die folgendermaßen skizziert werden kann: System der Bevölkerung und der Arbeitskräfte → Arbeitskraft → System der materiellen Produktion und der Dienstleistungen → System des gesellschaftlichen Gesamtproduktes und des Nationaleinkommens → Nationalfonds der wirtschaftlichen und gesellschaftlichen Entwicklung → System des Nationalreichtums → Potential zur Steigerung des Volkswohlstandes → System des Volkswohlstandes → Lebensstandard → System der Bevölkerung und der Arbeitskräfte.

Entsprechend der Analyse der oben angedeuteten Beziehungen ist der Ausgangspunkt die durch ihre Produktivität verstärkbare Arbeitskraft. Sie ist Hauptelement für die Vergrößerung des Nationalreichtums und für die Steigerung des Volkswohlstandes. Eine Steigerung der Arbeitsproduktivität hat zur Folge, daß die Ausgangsströme des Systems der materiellen Produktion und der Dienstleistungen sich vergrößern und damit das gesellschaftliche Gesamtprodukt und das Nationaleinkommen vermehrt wird und die gesamtwirtschaftliche Leistungsfähigkeit anwächst. Das gesellschaftliche Gesamtprodukt, das eine Eingangsgröße für das System des Gesamtprodukts und des Nationaleinkommens ist, ermöglicht eine Erhöhung der Ausgangsgrößen dieses Systems, das heißt des Nationalfonds für die wirtschaftliche und gesellschaftliche Entwicklung. Der Nationalfonds wirkt auf das System des Volkswohlstandes, das heißt auf das Potential zur Steigerung des materiellen und kulturellen Lebensstandards der Bevölkerung. Die Erhöhung des Volkswohlstandes führt letztlich zu einer Steigerung der Arbeitsproduktivität. Auf diese Weise schließt sich der Rückkopplungsprozeß im Volkswirtschaftsraum. Dabei handelt es sich nur um eine Rückkopplung, die jedoch wichtige Wechselbeziehungen und Gesetzmäßigkeiten bezüglich eines planmäßigen wirtschaftlichen und gesellschaftlichen Wachstums zum Ausdruck bringt (Abb. 3.3.).

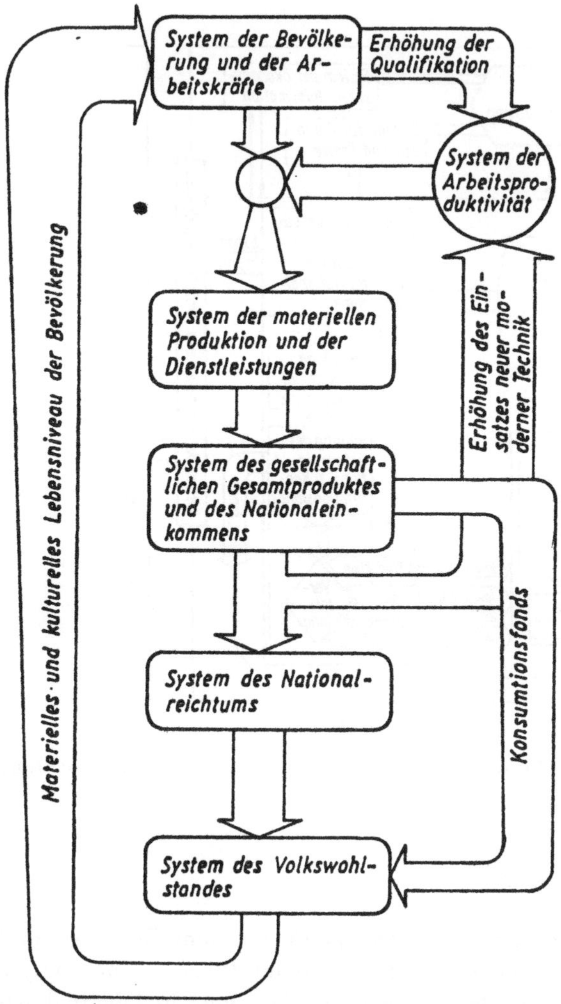

Abb. 3.3. Beschreibung des Wirtschaftswachstums

Die Analyse der zentralen Rückkopplung macht sichtbar, daß die im Volkswirtschaftsraum vor sich gehenden Prozesse vom System der Leitung mit Hilfe seiner Steuerungs-, Kontroll- und Entscheidungsfunktion so gelenkt werden, daß das Endziel der gesamten wirtschaftlichen und gesellschaftlichen Tätigkeit, die Steigerung des Volkswohlstandes und die Erhöhung des materiellen und kulturellen Lebensniveaus der Bevölkerung, erreicht wird.

Die Kenntnis der Bestandteile des allgemeinen kybernetischen Systems zur Beschreibung der planmäßigen wirtschaftlichen und gesellschaftlichen Entwicklung (s. Abb. 3.4.)

hat eine besondere Bedeutung für die wissenschaftliche Begründung der Leitung der wirtschaftlichen und gesellschaftlichen Entwicklung. Gleichzeitig trägt diese dazu bei, daß wirksame Maßnahmen eingeleitet werden können, um die Planaufgaben voll zu erfüllen und überzuerfüllen, um den Nationalreichtum zu vergrößern und den Volkswohlstand ständig anzuheben.

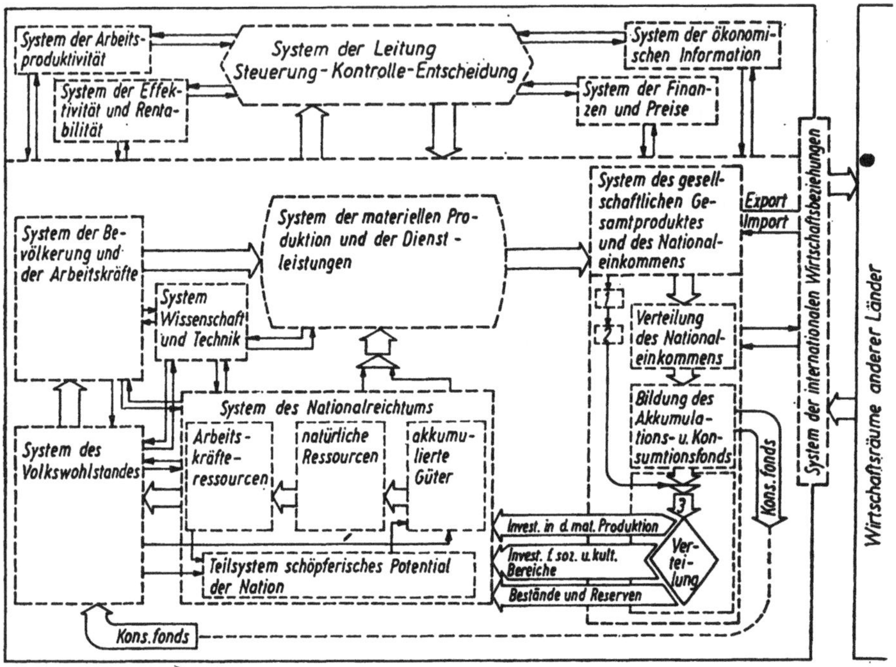

1 - Materialverbrauch 2 - Amortisationen 3 - Akkumulationsfonds

Abb. 3.4. Allgemeines kybernetisches System für die Planung der sozial-ökonomischen Entwicklung

4. Wirtschaftsraum und Wirtschaftszeit

Der dialektische und historische Materialismus liefert Methoden zum Erkennen und Erforschen von Inhalt und Wesen ökonomischer Erscheinungen und Prozesse. Die Analyse der ökonomisch-kybernetischen Systeme, der Beziehungen zwischen ihnen und der in ihnen ablaufenden spezifischen Prozesse hat zum Ziel, alle Erscheinungen in konkrete räumliche und zeitliche Bedingungen einzuordnen. Auf diese Weise sind die Begriffe „Wirtschaftsraum" und „Wirtschaftszeit" Grundkategorien der ökonomischen Kybernetik.

Der Begriff „Wirtschaftsraum" beinhaltet eine verallgemeinerte Darstellung der Eigenschaften ökonomisch-kybernetischer Systeme in dem Bezugsraum ihrer Entwicklung.

In diesem Sinn erfaßt der „Volkswirtschaftsraum" des allgemein kybernetischen Systems der Volkswirtschaft den Bezugsraum seiner Bewegungen im Rahmen des planmäßigen Wirtschaftswachstums.

Wesentliches Merkmal des Volkswirtschaftsraumes ist, daß er einheitlich und unteilbar ist.

In enger Verbindung mit dem Begriff „Wirtschaftsraum“ steht der Begriff „Wirtschaftszeit“. Die Kategorie „Wirtschaftszeit“ spiegelt wider die Gesamtheit der Wirtschaftsprozesse, ihre Dauer und Geschwindigkeit, mit der sie sich in den ökonomisch-kybernetischen Systemen vollziehen. Es muß unterstrichen werden, daß zwischen den Begriffen „ökonomisch-kybernetisches System“, „Wirtschaftsraum“ und „Wirtschaftszeit“ ein starker Zusammenhang besteht. Die räumlich-zeitliche Betrachtung ökonomisch-kybernetischer Systeme hat einen besonderen erkenntnistheoretischen Wert, sie ermöglicht, Bewegungsgesetze und Struktur der Prozesse besser zu erkennen.

Der Begriff „Wirtschaftszeit“ spielt eine grundlegende Rolle bei der Analyse aller Prozesse. Wesentlich ist der Begriff „Wirtschaftszeit“ auch für die Leitung, Planung und Koordinierung der Prozesse im Volkswirtschaftsraum.

In diesem Zusammenhang ist der Begriff „optimale Wirtschaftszeit“ von großer Bedeutung. Er berücksichtigt die Aufeinanderfolge und optimale Synchronisation der Prozesse. Der Begriff der „optimalen Wirtschaftszeit“ bringt das allgemeine Gesetz von der Ökonomie der Zeit zum Ausdruck, der wichtigsten Hilfsquelle im System der Volkswirtschaft.

Der Begriff „Wirtschaftszeit“ ist untrennbar verbunden mit dem nationalen Zeitvorrat und dessen Produktivkraft. Der nationale Zeitvorrat, das Potential der lebendigen Arbeit der Nation und seine effektive Nutzung sind Elemente, die man berücksichtigen muß, wenn man ein optimales Wachstum im Volkswirtschaftsraum erreichen will.

So sind sowohl die auf der mikro- als auch die auf der makroökonomischen Ebene unternommenen Bemühungen um eine bessere Nutzung des nationalen Zeitvorrats und um eine Steigerung der Arbeitsproduktivität zu verstehen.

Die Erreichung einer optimalen Wirtschaftszeit erfordert die Einsparung sowohl lebendiger als auch vergegenständlichter Arbeit, vor allem durch Nutzung effektiver Produktionskapazitäten, durch die Senkung des Rohstoff-, Material-, Brennstoff- und Energieverbrauches und durch die Einsparung von Arbeitskraft. Entscheidend ist auch die schnelle Einführung wissenschaftlicher und technologischer Forschungsergebnisse in die Produktion.

Die optimale Wirtschaftszeit schwankt je nach dem Wirtschaftszweig, der Betriebsgruppierung, dem Erzeugnistyp u. a. So unterscheidet sich die optimale Wirtschaftszeit der Industrie von der der Landwirtschaft oder von der des Bauwesens. Ebenso schwankt in der Industrie die optimale Wirtschaftszeit je nach der Art der hergestellten Erzeugnisse und nach der Art und Weise der im entsprechenden Bereich ablaufenden Prozesse. In der chemischen Industrie verlaufen zum Beispiel die technologischen Prozesse in einer beträchtlich kürzeren Zeit als im Schiffsbau.

Was die Ausarbeitung der Pläne betrifft, so hat die Erfahrung bewiesen, daß eine Periode von 5 Jahren ein optimaler Zeitabstand für die Vergegenständlichung der Wege und Mittel zur Erreichung strategischer Ziele, für die Festlegung der Aufgaben für alle Tätigkeitsbereiche ist. Die operative Leitung der Wachstumsprozesse wird durch die Jahrespläne gesichert. Die Symbiose zwischen Wirtschaftsraum und Wirtschaftszeit wird durch den Volkswirtschaftsplan vollzogen.

Wenn man die mit dem Wachstumsprozeß in ökonomisch-kybernetischen Systemen zusammenhängenden Erscheinungen im Volkswirtschaftsraum untersucht, so zeigt sich, daß durch die Wirtschaftszeit die Dynamik im Sinne einer immer größer werdenden Dichte wirtschaftlicher und gesellschaftlicher Tätigkeiten beschrieben wird. Als Folge des technischen Fortschritts und der verstärkten gesellschaftlichen Arbeitsteilung erhöht sich die Produktivkraft einer jeden Wirtschaftszeiteinheit ständig. So hat infolge der allgemeinen Steigerung der Arbeitsproduktivität eine Wirtschaftszeiteinheit, die dem Kalenderjahr 1978 entspricht, beispielsweise einen weitaus höheren Wert und eine weitaus größere Produktivkraft als eine dem Jahre 1950 entsprechende Wirtschaftszeiteinheit. So werden die qualitativen Unterschiede sichtbar, die zwischen der Wirtschafts- und der Kalenderzeit, zwischen der Wirtschaftszeit des Jahres 1978 und der des Jahres 1950 bestehen.

Schnelle Veränderungen, die infolge der wissenschaftlich-technischen Revolution sowie der Erweiterung und Arbeitsteilung im Volkswirtschaftsraum stattfinden, tragen dazu bei, daß der Unterschied zwischen der Wirtschafts- und der Kalenderzeit immer mehr zunimmt.

Die Betonung des Unterschieds zwischen der für jedes ökonomisch-kybernetische System und Teilsystem spezifischen Wirtschaftszeit und der Kalenderzeit ist eine unmittelbare Folge der ständigen Beschleunigung der Aufeinanderfolge von Zuständen dieser Systeme und Teilsysteme, d. h. der Dichte der wirtschaftlichen und gesellschaftlichen Tätigkeiten.

4.1. Voraussetzungen für die mathematische Beschreibung des Volkswirtschaftsraumes

Wie in Kapitel 2 ausgeführt, wird das Wachstum des allgemeinen kybernetischen Systems der Volkswirtschaft durch die Dynamik des Vektors der Zustandsgrößen beschrieben. Seine Komponenten sind ökonomische Durchschnittskennziffern, die eine Beschreibung ökonomisch-kybernetischer Systeme zu jedem Zeitpunkt gestatten. Die Möglichkeit, zu jedem Zeitpunkt Informationen über den Zustand des Systems im Volkswirtschaftsraum zu erhalten, hängt von dem Verfahren zur Ermittlung der Zustandsgrößen ab. Zu diesem Zweck wird durch eine konkrete ökonomische Analyse eine optimale Zahl von Kennziffern festgelegt.

Die Entwicklung eines jeden ökonomisch-kybernetischen Systems und sein Übergang von einem Zustand zum anderen erfolgt unter der Einwirkung der Eingangsgrößen. So sind beispielsweise bei ökonomisch-kybernetischen Systemen die Eingangsgrößen Aufgaben, die aus dem Volkswirtschaftsplan erwachsen sowie Arbeitskräfte-, Rohstoff-, Material-, Technologie-, Grundmittel- und andere Ströme. So erhält das System der materiellen Produktion und der Dienstleistungen vom System der Leitung Entscheidungen bezüglich

— des Umfangs, der Struktur und Güte der Produktion nach Wirtschaftszweigen, Betriebsgruppierungen, Erzeugnisgruppen und Erzeugnissen,
— der Entwicklungs- und Modernisierungsrichtungen der Wirtschaftszweige und Betriebsgruppierungen,
— der Steigerung der Arbeitsproduktivität, der Effektivität und der Rentabilität,
— der Normen für den Rohstoff-, Material-, Brennstoff- und Energieverbrauch,
— der Verfahrensweisen für die Nutzbarmachung von Ersatzstoffen und Abfällen usw.

Die Eingangsgrößen, die die notwendigen Prozeßvoraussetzungen für die Systeme beinhalten, sind eine zweite Kategorie.

Die Gesamtheit der Eingangsgrößen bestimmt vom kybernetischen Standpunkt aus den Raum der Eingangsgrößen.

Näher betrachtet, ist jede Eingangsgröße Ausgangsgröße eines anderen Systems. Durch die Ausgangsgrößen wird sichtbar, wie Systeme auf andere Systeme des Volkswirtschaftsraumes einwirken. So sind die Produktionsfonds Eingangsgrößen in das System der materiellen Produktion und gleichzeitig Ausgangsgrößen aus dem System des Nationalreichtums.

Die Ausgangsgrößen in ihrer Gesamtheit bilden vom kybernetischen Standpunkt aus den Raum der Ausgangsgrößen. Sie lassen sich in zwei große Klassen einordnen:

- Ausgangsgrößen, die Informationen darstellen.
  Sie sind durch das System der ökonomischen Information und das System der Leitung mit seiner Steuerungs-, Kontroll- und Entscheidungsfunktion gegeben.
- Ausgangsgrößen, die die Einwirkung eines Systems auf andere Bestandteile des Systems der Volkswirtschaft sichtbar machen.

Vom Standpunkt der ökonomischen Kybernetik aus ist für die Entwicklung eines jeden Systems im Volkswirtschaftsraum das Verhältnis zwischen Eingang und Ausgang, zwischen der angewandten Strategie und den erzielten Ergebnissen wesentlich.

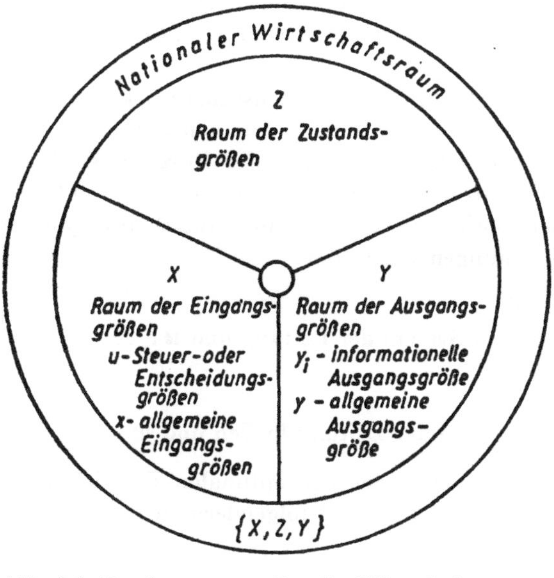

Abb. 4.1. Bestimmungsgrößen des Wirtschaftsraumes

Zusammenfassend kann gesagt werden, daß der kybernetische Begriff des Volkswirtschaftsraumes charakterisiert wird von der aus dem Raum der Eingangs-, Zustands- und Ausgangsgrößen bestehenden Ganzheit (Abb. 4.1.).

Wir bezeichnen mit X den Raum der Eingangsgrößen, mit Z den Raum der Zustandsgrößen und mit Y den Raum der Ausgangsgrößen. In diesem Falle wird der Volkswirtschaftsraum bestimmt durch das Tripel

$$\{X, Z, Y\}.$$

In dieser Darstellungsform erfaßt der Begriff des Volkswirtschaftsraumes alle Werte, Beziehungen und Abhängigkeiten, die mit den Bestandteilen des allgemeinen kybernetischen Systems der Volkswirtschaft verbunden sind.

4.2. *Die ökonomisch-mathematische Modellierung des Entwicklungsprozesses ökonomisch-kybernetischer Systeme in Raum und Zeit*

Die in den vorangegangenen Abschnitten vorgenommene kybernetische Analyse hat die starke Symbiose zwischen den Begriffen „ökonomisch-kybernetisches System", „Wirtschaftsraum" und „Wirtschaftszeit" sichtbar gemacht.

Der Volkswirtschaftsraum $\{X, Z, Y\}$ erfaßt die Gesamtheit der Tätigkeiten, die in jedem ökonomisch-kybernetischen System ablaufen, ihr Verhalten und ihre Arbeitsweise innerhalb des planmäßigen Wirtschaftswachstums.

Die Wirtschaftszeit bzw. die optimale Wirtschaftszeit beschreibt die Gesamtheit der aufeinanderfolgenden Tätigkeiten, ihre Dauer und ihre optimalen Geschwindigkeiten.

Die Beschreibung der komplexen Mechanismen des planmäßigen Wirtschaftswachstums und der Dynamik der Entwicklung ökonomisch-kybernetischer Systeme erfordert eine Darstellung in räumlich-zeitlichen Koordinaten.

Damit die Wachstumstrajektorien ökonomisch-kybernetischer Systeme beschrieben werden können, müssen durch eine ökonomische Analyse die mathematischen Beziehungen ermittelt werden.

Zunächst wird mit T eine Zeitgrenze festgelegt, für die die Wachstumstrajektorien entworfen werden bzw. für die eine Erkundungsuntersuchung vorgenommen wird.

Auf Grund einer ökonomischen Analyse der Besonderheiten der Prozesse wird der „Takt" des Modells bzw. die Maßeinheit der optimalen Wirtschaftszeit ermittelt. In bezug auf die räumlichen Koordinaten, die den optimalen Entwicklungsprozeß des Systems widerspiegeln, werden folgende Kurzbezeichnungen verwendet:

$\boldsymbol{x}$ — Vektor der Eingangsgrößen und $\boldsymbol{x} \in X$
$\boldsymbol{u}$ — Vektor der Entscheidungsgrößen aus dem System der Leitung und $\boldsymbol{u} \in X$
$\boldsymbol{z}$ — Vektor der Zustandsgrößen und $\boldsymbol{z} \in Z$
$\boldsymbol{y}$ — Vektor der Ausgangsgrößen und $\boldsymbol{y} \in Y$
$\boldsymbol{w}$ — Vektor der Ausgangsgrößen, die zum System der Leitung fließen und $\boldsymbol{w} \in Y$.

Das allgemeine ökonomisch-mathematische Modell, das den optimalen Entwicklungsprozeß ökonomisch-kybernetischer Systeme wiedergibt, wird folgendermaßen dargestellt (siehe Abb. 4.2.):

$$(1) \quad \boldsymbol{z}_{t+1} = \mathrm{F}_t(\boldsymbol{z}_t, \boldsymbol{z}_{t-1}, \ldots, \boldsymbol{z}_{t-\theta_1}; \boldsymbol{x}_t, \boldsymbol{x}_{t-1}, \ldots, \boldsymbol{x}_{t-\theta_2}; \boldsymbol{u}_t, \boldsymbol{u}_{t-1}, \ldots, \boldsymbol{u}_{t-\theta_3}),$$

$$(2) \quad \sum_{t=0}^{T} \mathrm{H}_t(\boldsymbol{z}_t, \boldsymbol{z}_{t-1}, \ldots, \boldsymbol{z}_{t-\theta_1}; \boldsymbol{x}_t, \boldsymbol{x}_{t-1}, \ldots, \boldsymbol{x}_{t-\theta_2}; \boldsymbol{u}_t, \boldsymbol{u}_{t-1}, \ldots, \boldsymbol{u}_{t-\theta_3}) \leqq \hat{\mathrm{H}}_t,$$

$$(3) \quad \boldsymbol{w}_t = \varphi(\boldsymbol{z}_t, \boldsymbol{x}_t, \boldsymbol{u}_t) \quad \text{und}$$

$$(4) \quad \boldsymbol{y}_t = \zeta(\boldsymbol{z}_t, \boldsymbol{x}_t, \boldsymbol{u}_t).$$

In dem oben wiedergegebenen allgemeinen ökonomisch-mathematischen Modell gibt der erste Ausdruck die räumlich-zeitliche Dynamik des Vektors der Zustandsgrößen an. Er beschreibt das innere Verhalten des Systems bzw. die Art und Weise, wie der Zustand des Systems zum Zeitpunkt $t + 1$ von der zeitlichen Aufeinanderfolge der Zustände, der Eingangs- und Ausgangsgrößen bei Berücksichtigung ihrer Wirkungsdauer θ_i abhängt.

Die Funktion F_t, die in mathematischer Form das Gesetz der räumlich-zeitlichen Dynamik des Systems wiedergibt, wird auf Basis der ökonomischen Forschung ermittelt. Die Größe $\hat{H}_t$ beinhaltet Einschränkungen, die das System während seines Wachstums

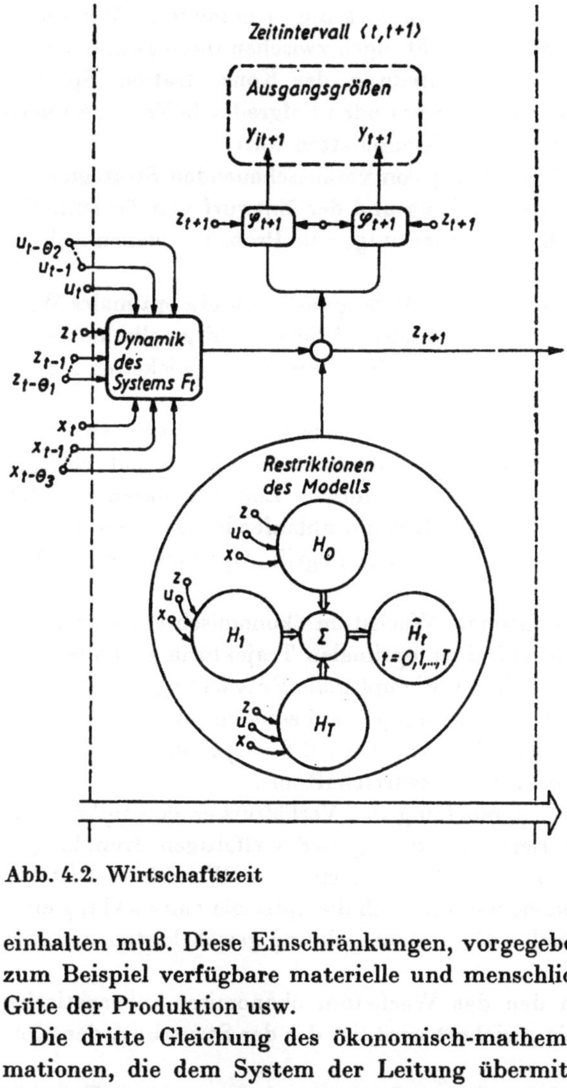

Abb. 4.2. Wirtschaftszeit

einhalten muß. Diese Einschränkungen, vorgegeben vom System der Leitung, beinhalten zum Beispiel verfügbare materielle und menschliche Ressourcen, Umfang, Struktur und Güte der Produktion usw.

Die dritte Gleichung des ökonomisch-mathematischen Modells beschreibt die Informationen, die dem System der Leitung übermittelt werden, und die vierte Gleichung beschreibt die räumlich-zeitliche Dynamik der Ausgangsgrößen des Systems. Da bei einigen ökonomisch-kybernetischen Systemen entsprechend den spezifischen Prozessen die Zustandsgröße zum Zeitpunkt $t+1$ sowohl von der Zustandsgröße und den Entscheidungen zum Zeitpunkt t als auch von früheren Zeiträumen abhängt, erscheinen in dem allgemeinen ökonomisch-mathematischen Modell auch mehrere verzögerte Größen. So hängt die Zunahme des Grundmittelumfangs sowohl von der Größe der Investitionen des laufenden Jahres als auch von den in früheren Zeiträumen getätigten Investitionen ab. Sie vergegenständlichen sich in den Grundmitteln, die im laufenden Jahr zur Nutzung übernommen werden.

5. Ökonomische Logistik

Die planbezogene Leitung der sozialistischen Wirtschaft ist ein objektives Erfordernis für eine optimale, ausgewogene und proportionale Entwicklung. Die moderne Wirtschaft ist gekennzeichnet durch eine Zunahme der Verflechtungen zwischen ihren Bestandteilen auf Grund der verstärkten sozialistischen Arbeitsteilung, der Konzentration, Spezialisierung und Kooperation der Produktion. Gleichzeitig finden tiefgreifende Veränderungen in den Technologien durch neue Ergebnisse der Wissenschaften statt.

Unter diesen Bedingungen sind die Begründung von vorausschauenden Strategien für die wirtschaftliche und gesellschaftliche Entwicklung und der Entwurf von Trajektorien für ein optimales Wirtschaftswachstum höchst bedeutungsvolle Probleme, denen sich die Leitungswissenschaft gegenübersieht.

Ihre Lösung bedingt eine gründliche Kenntnis der Bedingungen für ein optimales Wirtschaftswachstum und der objektiven Gesetze der wirtschaftlichen und gesellschaftlichen Entwicklung. Die ökonomische Kybernetik leistet durch die von ihr entwickelten Methoden, Verfahren und Modelle einen Beitrag hierzu.

Bei vielfältigen Untersuchungen zur Dynamik, zum Wirtschaftswachstum sowie zur Bewegung ökonomisch-kybernetischer Systeme im Volkswirtschaftsraum hat sich ein neuer Zweig der ökonomischen Kybernetik, die ökonomische Logistik, herausgebildet. Ausgehend von der Schnelligkeit der im Wirtschaftsraum ablaufenden Prozesse hat die ökonomische Logistik eine neue Betrachtungsweise für den Begriff „Optimum“ eingeführt, den Begriff des dynamischen Optimums.

Bei dieser Betrachtungsweise hat das optimale Wachstum ökonomisch-kybernetischer Systeme und Teilsysteme das Ziel, diese auf einer optimalen Trajektorie zu halten. Im Gegensatz zur mechanistischen Auffassung, in der die optimale Entwicklung als ein automatisches Zusammenfallen des Ablaufs von Erscheinungen auf einer einzigen vorbestimmten Trajektorie gilt, prägt die ökonomische Logistik den Begriff des Optimums vom Standpunkt des kybernetischen Gesamtsystems der Volkswirtschaft aus.

Diese Begriffsbestimmung führt zur Untersuchung des Verhältnisses von mikro- und makroökonomischen Optimum. Unter Berücksichtigung der vielfältigen Kopplungen, die zwischen den Bestandteilen des kybernetischen Systems der Wirtschaft bestehen ebenso wie zwischen ihren Wachstumsbereichen, läßt sich die optimale Entwicklung eines jeden Systems nur innerhalb der optimalen Gesamtentwicklung gewährleisten und verstehen.

Der spezifische Mechanismus, durch den das Wachstum ökonomisch-kybernetischer Systeme auf einer optimalen Trajektorie gesichert wird, ist der der Steuerung, der Kontrolle und der Entscheidung.

Zu Beginn werden die ökonomisch-kybernetischen Systeme auf eine optimale Entwicklungstrajektorie gebracht. Diese wurde, ausgehend von dem Grundziel der entwickelten sozialistischen Gesellschaft, der weitgehenden Vergrößerung des Nationalreichtums und des Volkswohlstandes, abgeleitet.

Das Leitungssystem sichert die ständige Kontrolle jedes Bestandteils des Systems der Volkswirtschaft entsprechend der durch das Entwicklungsprogramm festgelegten Trajektorie. Falls sich Abweichungen ergeben, werden Entscheidungen getroffen, damit der betreffende Bestandteil wieder auf die optimale Trajektorie zurückgeführt wird. (Abb. 5.1.).

Ein wichtiger Gesichtspunkt der wirtschaftlichen und gesellschaftlichen Entwicklung einer jeden Nation ist die Beteiligung an dem auf gegenseitigem Nutzen beruhenden Weltwirtschaftskreislauf. In diesem Zusammenhang haben die Steuerungsmechanismen die Aufgabe, auf dem Weltmarkt auftretende günstige Konjunkturverhältnisse schnell und wirksam nutzbar zu machen und zugleich nachteilige Einflüsse, wie zum Beispiel Preisanstieg für bestimmte Importerzeugnisse, Nichteinhaltung der festgelegten Liefertermine durch Außenhandelspartner usw., zu mildern.

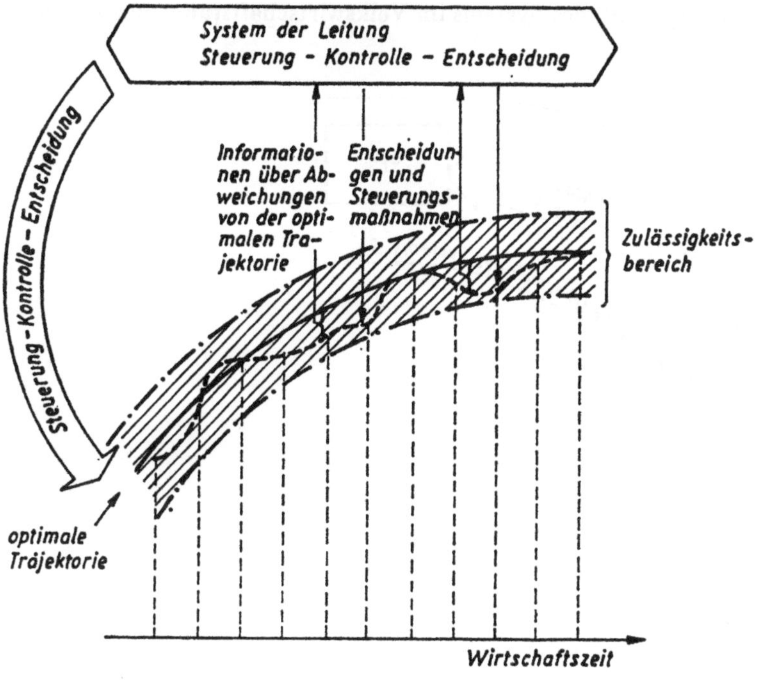

Abb. 5.1. Steuerung durch das System der Leitung

Eng verbunden mit der Sicherung einer optimalen Entwicklung ökonomisch-kybernetischer Systeme ist das Problem der Bestimmung von Bedingungen für eine dynamische Stabilität. Vom Standpunkt der ökonomischen Logistik aus betrifft die dynamische Stabilität eines ökonomisch-kybernetischen Systems dessen Eigenschaft, sich nur innerhalb zulässiger Grenzen von seiner Wachstumstrajektorie zu entfernen.

Die Untersuchung der dynamischen Stabilität dient der Entwicklung leistungsfähiger Verfahren, um ökonomisch-kybernetische Systeme auf optimalen Trajektorien zu halten. Das bedingt eine gute Kenntnis der jedem System und Teilsystem eigentümlichen dynamischen Eigenschaften und seines kybernetischen Verhaltens im Volkswirtschaftsraum. Bei der Ausarbeitung der allgemeinen Strategie der wirtschaftlichen und gesellschaftlichen Entwicklung des Landes sowie bei der Aufstellung von Plänen für ein optimales Wirtschaftswachstum spielt die genaue Kenntnis der struktur-topologischen Eigenschaften des Volkswirtschaftsraumes sowie der Wachstumsbereiche jedes Bestandteils des Systems der Volkswirtschaft eine bedeutende Rolle. In dieser Hinsicht werden in der ökonomischen

Logistik Methoden und Verfahren zur Feststellung und Analyse der Beobachtbarkeits-, Zugänglichkeits-, Wachstums- und Steuerungsbereichen erarbeitet.

Die Kenntnis der Bereiche des Volkswirtschaftsraumes, die das Wachstumspotential jedes Systems — von der Basiseinheit bis zur Gesamtvolkswirtschaft — kennzeichnen, ist wesentlich für den Entwurf von Trajektorien der wirtschaftlichen und gesellschaftlichen Entwicklung sowie für die Begründung der Ziele der Fünfjahrpläne und Jahrespläne.

Eine wichtige Etappe bei der Erarbeitung der Wachstumstrajektorien ist die Analyse des erreichten Standes der vorhandenen materiellen, menschlichen und finanziellen Ressourcen und der sich in der Wirtschaft abzeichnenden strukturellen Tendenzen. Dies ermöglicht es, den „Ausgangspunkt" des Systems im Volkswirtschaftsraum zu fixieren.

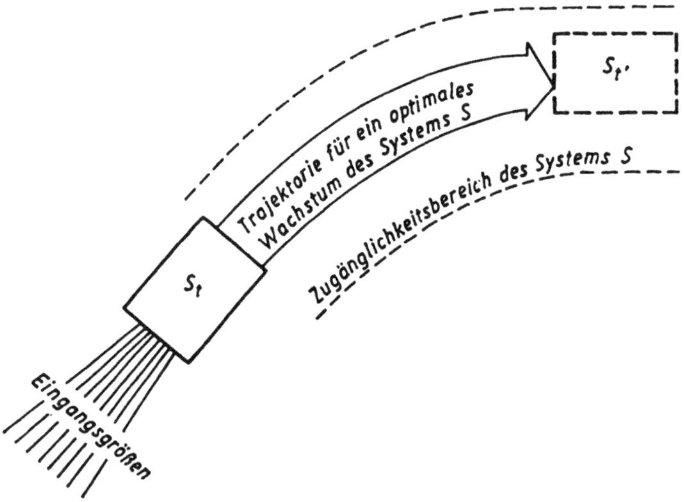

Abb. 5.2. Systementwicklung

Unter Verwendung der Informationen, die man aus den vorausschauenden und erkundenden Untersuchungen zu den Entwicklungstendenzen des Systems im Volkswirtschaftsraum gewonnen hat, ermittelt man den Zugänglichkeitsbereich des Systems. Der Zugänglichkeitsbereich besteht aus einer Vielzahl von Trajektorien, auf denen sich das ökonomisch-kybernetische System entwickeln kann. Hierbei muß man den Entwicklungsstand ebenso wie die spezifischen Wachstumsgesetze des Systems berücksichtigen. Auf Grund der Strategie zum wirtschaftlichen und gesellschaftlichen Wachstum wird im Zugänglichkeitsbereich der Wachstumsbereich des Systems bzw. die Menge der Trajektorien für ein optimales Wirtschaftswachstum (Abb. 5.2) ermittelt.

Es ist klar, daß zwischen dem Zugänglichkeits- und dem Wachstumsbereich eines ökonomisch-kybernetischen Systems keine Gleichheit besteht. Zwar können verschiedene Trajektorien theoretisch zulässig sein, wenn sie aber nicht die volle Nutzung des gesamten Wachstumspotentials des Systems ermöglichen, sind sie vom Standpunkt der allgemeinen Entwicklungsstrategie des Gesamtsystems nicht optimal. Daher berücksichtigt man bei der Erarbeitung der Trajektorien nur den Wachstumsbereich; die Untersuchung des Zugänglichkeitsbereiches geht der Ermittlung des Wachstumsbereiches voraus.

Beim Organisieren einer leistungsfähigen und vorbeugenden Kontrolle im Volkswirtschaftsraum spielt die Kenntnis des Beobachtbarkeitsbereiches eine wichtige Rolle.

Die Fixierung des Steuerungsbereiches im Volkswirtschaftsraum hat eine praktische Bedeutung. Es wird dadurch möglich, vorbeugend Maßnahmen festzulegen, die die volle Nutzung neuer Wachstumsreserven gewährleisten und das Eintreten von Situationen verhüten, deren Korrektur einen hohen gesellschaftlichen Aufwand erfordern würde. Die Abgrenzung dieses Bereiches für jedes System erfolgt in enger Abhängigkeit von der Untersuchung der anderen Bestandteile der Volkswirtschaft. Falls also für einen Bereich des Maschinenbaus der Steuerungsbereich ermittelt werden soll, so erfordert das nicht nur die Untersuchung des ganzen Wirtschaftszweiges, sondern auch der Beziehungen zu den angrenzenden Wirtschaftszweigen, insbesondere zur Metallurgie als dem Hauptzulieferer.

5.1. Logistische Verfahren und Methoden für den Entwurf von Trajektorien für ein optimales Wirtschaftswachstum

Die ökonomische Logistik erweist sich als besonders leistungsfähig bei der Erarbeitung von Verfahren und Algorithmen für den Entwurf von Trajektorien eines optimalen Wirtschaftswachstums im Volkswirtschaftsraum.

Im folgenden sollen mathematische Bedingungen abgeleitet werden, die ökonomisch-kybernetische Modelle eines Systems bzw. seine Steuerungs- und Zustandsgrößen erfüllen müssen, damit ein optimales Wachstum im Volkswirtschaftsraum gewährleistet ist.
Die ökonomische Logistik geht von fünf wichtigen Sachverhalten aus:

1. der Dynamik der Zustandsveränderlichen des Systems, beschrieben durch

$$\boldsymbol{z}_{t+1} = F_t(\boldsymbol{z}_t, \boldsymbol{z}_{t-1}, \ldots, \boldsymbol{z}_{t-\tau_1}; \boldsymbol{x}_t, \boldsymbol{x}_{t-1}, \ldots, \boldsymbol{x}_{t-\tau_2}; \boldsymbol{y}_t, \boldsymbol{y}_{t-1}, \ldots, \boldsymbol{y}_{t-\tau_3})$$

wobei dieser Ausdruck auch vereinfacht geschrieben werden kann als

$$\boldsymbol{z}_{t+1} = f_t(\boldsymbol{z}_t, \boldsymbol{z}_{t-1}, \ldots, \boldsymbol{z}_{t-s}; \boldsymbol{x}_t, \boldsymbol{x}_{t-1}, \ldots, \boldsymbol{x}_{t-s}; \boldsymbol{b}).$$

Mit s wurde der längste Zeitraum der verzögerten Wirkung einer Modellveränderlichen bezeichnet:

$$s = \max(\tau_1, \tau_2),$$

2. den Anfangsbedingungen, das heißt
   — dem Anfangszeitpunkt t_0 der Systemoptimierung,
   — den Anfangszuständen $\boldsymbol{z}_{t_0-1} \doteq \alpha_{t_0-1}$ $(i = 0, 1, \ldots, s)$ und
   — den Anfangssteuerungen $\boldsymbol{x}_{t_0-1} = \eta_{t_0-1}$ $(i = 0, 1, \ldots, s)$.

Die Größe α_{t_0-1} charakterisiert den wirtschaftlichen Entwicklungsstand, η_{t_0-1} beinhaltet Informationen über Entscheidungen, die in vergangenen Planzeiträumen getroffen wurden und noch weiter wirksam sind.

Diese Größen drücken die Kontinuität zwischen den Planzeiträumen aus. Als Beispiel läßt sich eine Entscheidung über Investitionen anführen. Tatsächlich finden Investitionsmaßnahmen, die in einem Planzeitraum begonnen wurden, auch im nächstfolgenden Planzeitraum ihre Fortführung, wobei sie Entscheidungen zur Produktion, zur Akkumulation usw. beeinflussen.

Was die Anfangszustände des Systems betrifft, so können in der Praxis die folgenden Sachverhalte auftreten:

a) Man kennt die Punkte im Volkswirtschaftsraum, die Anfangszustände des Systems sind, d. h., die $z_{t_0-1} = \alpha_{t_0-1}$ $(i = 1, \ldots, s)$ sind bekannt.
b) Man kennt nur die Fläche, „Startfläche" des Wirtschaftsraumes, auf der sich die Anfangszustände befinden.

In der Planungspraxis tritt insbesondere der Fall b) auf, da die Arbeiten zur Aufstellung eines neuen Fünfjahrplanes 2 bis 3 Jahre vor seinem Wirksamwerden beginnen und bei der Verwirklichung des alten Planes auch Überschreitungen zu verzeichnen sind. Dies müssen die Optimierungsarbeiten am neuen Plan berücksichtigen. Somit wird auch sichtbar, daß im allgemeinen die Startfläche Ausgangspunkt für die Modellierung im Volkswirtschaftsraum sein muß,

3. dem Wirtschaftsziel, das durch folgende Funktion fixiert wird

$$\boldsymbol{z}_t = \omega(\boldsymbol{b}).$$

Das Wirtschaftsziel des Systems als Ausgangspunkt in der Logistik und beim Entwurf von Trajektorien des Wirtschaftswachstums erfaßt die wichtigsten Elemente der Strategie der wirtschaftlichen und gesellschaftlichen Entwicklung des Landes. Die Komponenten der Funktion $\omega(\boldsymbol{b})$ stellen den wirtschaftlichen Stand dar, der am Ende eines Planzeitraumes erreicht werden soll.

4. dem Wachstumsbereich des Systems im Wirtschaftssystem;

die Restriktionen, die sich bei der Entwicklung ökonomisch-kybernetischer Systeme ergeben, resultieren aus notwendigen Proportionalitäten in der Volkswirtschaft. Die allgemeine mathematische Form, in der die Restriktionen erscheinen, ist die folgende:

$$\mathrm{I}_\gamma(\boldsymbol{x}, \boldsymbol{b}) \leqq 0 \quad \text{für} \quad \gamma = 1, 2, \ldots, p' \quad \text{und}$$

$$\mathrm{I}_\gamma(\boldsymbol{x}, \boldsymbol{b}) = 0 \quad \text{für} \quad \gamma = p' + 1, p' + 2, \ldots, p.$$

Der Entwicklungsbereich des Systems im Volkswirtschaftsraum ergibt sich aus Gleichungen und Ungleichungen sowie dem Wirtschaftsziel, dargestellt durch $\boldsymbol{z}_t = \omega(\boldsymbol{b})$. Dabei wurde vorausgesetzt, daß der Bereich der zulässigen Steuerungsbefehle X bekannt ist und $\boldsymbol{x}_t \in X$ ist,

5. der Leistung des Systems;

sie ist bestimmendes Element, anhand dessen die Optimalität der Wachstumstrajektorie im Volkswirtschaftsraum geprüft wird.

Die Festlegung des Kriteriums der Optimalität in Übereinstimmung mit der allgemeinen Strategie der wirtschaftlichen und gesellschaftlichen Entwicklung des Landes ist eine entscheidende Etappe bei der Erarbeitung der Wachstumstrajektorien ökonomisch-kybernetischer Systeme.

Im weiteren werden in der Logistik die Begriffe der zulässigen Steuerung und der optimalen Steuerung benutzt.

Eine zulässige Steuerung kann beschrieben werden durch $\{\boldsymbol{x}_t, \boldsymbol{b}\}$ und $\boldsymbol{x}_t \in X$. Dabei ist X der zulässige Steuerungsbereich und $\boldsymbol{b}$ bringt das Ziel der Steuerungen zum Ausdruck. Bei Berücksichtigung des Systemszustandes $\boldsymbol{z}_t$ kann die Steuerung charakterisiert und kontrolliert werden durch $\{\boldsymbol{x}_t, \boldsymbol{b}, \boldsymbol{z}_t\}$.

Ein Steuerungsbefehl heißt optimal, wenn das Ziel der Steuerung mit minimalem Aufwand erreicht wird.

In diesem Zusammenhang hat das mathematische Prinzip des Maximums als Grundlage der Optimierung dynamischer Systeme eine große Bedeutung. Es werden die Bedingungen sichtbar, die eine optimale Wirtschaftstrajektorie erfüllen muß.

Die Anwendung der Methoden und Verfahren der ökonomischen Logistik und der auf ihrer Grundlage ausgearbeiteten Berechnungsalgorithmen ermöglichen es, optimale Wirtschaftswachstumstrajektorien für ökonomisch-kybernetische Systeme und Teilsysteme zu bestimmen.

5.2. *Logistische Eigenschaften der Wachstumstrajektorien*

Um einige logistische Eigenschaften der Wachstumstrajektorien ökonomisch-kybernetischer Systeme abzuleiten, wird vom Wachstumsbereich eines Systems S ausgegangen.

Wenn wir mit $\mathbf{z}_t$ den Zustandsvektor des ökonomisch-kybernetischen Systems bezeichnen, so stellt die Folge $\mathbf{z}_0, \mathbf{z}_1, \ldots, \mathbf{z}_T$ seine Wachstumstrajektorie dar, verkürzt geschrieben als

$$\{\mathbf{z}_t\}_{t=0}^{T} \text{ oder einfach } \{\mathbf{z}_t\}_0^T.$$

Um die im Wirtschaftsraum auftretenden Erscheinungen möglichst genau wiederzugeben, ist es erforderlich, die struktur-topologischen Eigenschaften der Wachstumsbereiche möglichst vollständig zu ermitteln. Das ökonomisch-mathematische Modell hat folgende Form:

$$\mathbf{z}_{t+1} = f(\mathbf{z}_t, \mathbf{x}_t) \quad \text{und} \quad \mathbf{x}_t \in X.$$

Ausgehend vom Anfangszustand $\mathbf{z}_0$ läßt sich dann für den Zeitraum 0 bis T eine große Zahl von Wachstumstrajektorien ableiten, die zum Zustand $\mathbf{z}_T$ führen.

Wenn wir mit $Z(0, T)$ die Menge aller Trajektorien bezeichnen, so ergibt sich das Problem der Bewertung der einzelnen Trajektorien.

Bezeichnen wir mit Z den Raum der Zustände und mit Y den Raum der Ausgangsgrößen, dann läßt sich die Leistungsfähigkeit vermittels einer Funktion φ quantifizieren:

$$\varphi : Z \to Y.$$

So entstehen Kenngrößen zur Bewertung der ökonomischen Effektivität des Systems.

Hiernach ist die Wachstumstrajektorie $\{\mathbf{z}_{1t}\}_0^T$ leistungsfähiger als die Trajektorie $\{\mathbf{z}_{2t}\}_0^T$, wenn $\varphi(\mathbf{z}_{1T}) > \varphi(\mathbf{z}_{2T})$ am Ende der Zeitgrenze T ist.

Die obige Relation bezüglich q verschiedener Leistungsgrößen betrachtet, führt zu

$$\varphi_i(\mathbf{z}_{1T}) \geqq \varphi_i(\mathbf{z}_{2T}) \quad \text{mit} \quad i = 1, \ldots, q.$$

Die Wachstumstrajektorie $\{\mathbf{z}_{1t}\}_0^T$ gilt als leistungsfähiger im Vergleich zur Trajektorie $\{\mathbf{z}_{2t}\}_0^T$, wenn sie die Erreichung größerer Werte für alle in Frage kommenden Leistungskenngrößen i gewährleistet.

Auf diese Weise findet in den Raum der Ausgangsgrößen eine Ordnungsrelation Eingang. Ein besonders Problem betrifft die Ermittlung der Menge aller Trajektorien, die bezüglich der Ordnungsrelation Maximalpunkte erzeugen. Die Wachstumstrajektorie $\{z_t\}_0^T$ wird leistungsfähig genannt, wenn es keine andere zulässige Trajektorie mit größeren Werten für alle Leistungskenngrößen gibt.

Die Gesamtheit der leistungsfähigen Trajektorien erzeugt eine Vielzahl von Maximalpunkten. Da es im allgemeinen mehrere Maximalpunkte gibt, ist ein Auswahlkriterium festzulegen, so daß die Trajektorie sichtbar wird, die den gestellten strategischen Zielen am besten entspricht.

Um ein Kriterium vorzuschlagen, das die Vergleichbarkeit aller Wachstumstrajektorien des Systems vom Standpunkt der Leistungsfähigkeit aus ermöglicht, sollen einige strukturtopologische Eigenschaften der Menge der zulässigen Trajektorien $Z(0, T)$ untersucht werden.

Man kann dabei davon ausgehen, daß ein Vektor $\boldsymbol{v} = (v^1, v^2, \ldots, v^0)$ derart existiert, daß sich die leistungsfähigen Trajektorien als Maximalpunkte entsprechend einem einheitlichen Kriterium gewinnen lassen. Mit anderen Worten, die Leistungsfähigkeit der Trajektorie $\{z_t\}_0^T$ kann beschrieben werden durch

$$I_T = \sum_{i=1}^{q} v^i \varphi_i(z_T),$$

Die v^i-Komponenten des Vektors $\boldsymbol{v}$ quantifizieren die Bedeutung, die dem Leistungskriterium i beigemessen wird. Falls die Funktionen φ_i festgelegt sind als

$$\varphi_i(z_T) = z_T^i,$$

so erfolgt die Bewertung der Strecke auf Grund der absoluten Werte, die im Jahre T jede Komponente i des Zustandsvektors erreicht. In diesem Sinne ist die Trajektorie $\{z_{1t}\}_0^T$ leistungsfähiger als die Trajektorie $\{z_{2t}\}_0^T$, wenn die Relation $z_{1t}^i > z_{2t}^i$ für alle $i = 1, 2, \ldots, n$ gilt.

Die Ermittlung der logistischen Eigenschaften der Trajektorien für ein optimales Wirtschaftswachstum ist eine wichtige Aufgabe im Rahmen der Prognose- und Planungstätigkeit sowie der optimalen Leitung ökonomisch-kybernetischer Systeme.

5.3. *Methoden und Verfahren zur Analyse der logistischen Eigenschaften ökonomisch-kybernetischer Systeme*

Zur Festlegung von Trajektorien für ein optimales, ausgewogenes und proportionales Wirtschaftswachstum ist es wichtig, mit Hilfe der Methoden und Verfahren der ökonomischen Logistik die Bereiche des Volkswirtschaftsraumes genau abzugrenzen, die innerhalb einer feststehenden Zeitgrenze erreicht werden können.

Die Kenntnis dieser Bereiche hat eine besondere Bedeutung sowohl für die Ausarbeitung von Prognosen, Fünfjahrplänen und Jahresplänen als auch für eine wirksame Leitung ökonomisch-kybernetischer Systeme. So macht die Bestimmung der Zugänglichkeits- und der Wachstumsbereiche für das System der Volkswirtschaft im Zeithorizont bis 1990 das Wachstumspotential des gesellschaftlichen Gesamtproduktes und des Nationaleinkommens usw. sichtbar.

Auf mikroökonomischer Ebene, zum Beispiel bei einem Industriebetrieb, macht die Ermittlung des Zugänglichkeits- und des Wachstumsbereiches die Möglichkeiten der

Steigerung der Produktion, der Erweiterung des Erzeugnisangebots, der Verbesserung der Technologie und der Qualität der Erzeugnisse usw. sichtbar.

Die Bestimmung des Zugänglichkeits- und des Wachstumsbereiches eines ökonomisch-kybernetischen Systems im Volkswirtschaftsraum beruht auf dem Begriff „Entwicklungsstand".

Der Begriff Entwicklungsstand vermittelt eine räumlich-zeitliche Vorstellung von der Entwicklung des Systems und von seiner Wachstumsdynamik.

Wenn man das ökonomisch-kybernetische System S betrachtet, das durch den Zustandsvektor $\boldsymbol{z}_t$ gekennzeichnet ist, so wird seine Entwicklung im Volkswirtschaftsraum, wie bereits in Kapitel 3 erläutert, von seinem inneren Verhalten bestimmt, das sich folgendermaßen darstellt:

$$\boldsymbol{z}_t = \varphi(t, \tau, \boldsymbol{z}_\tau, \boldsymbol{x}_{\langle\tau,t)}).$$

Mit $\boldsymbol{z}_\tau$ wurde der Zustand des Systems zum Zeitpunkt τ und mit $\boldsymbol{x}_{\langle\tau,t)}$ die Gesamtheit der Systemeingabeströme im Zeitraum $\langle\tau, t)$ bezeichnet.

Der von dem ökonomisch-kybernetischen System S zum Zeitpunkt t erreichte Entwicklungsstand wird durch das geordnete Paar

$$(t, \boldsymbol{z}_t) \in T \times Z$$

wiedergegeben.

Mit T wurde der Zeitraum bezeichnet, für den die Untersuchung des betreffenden Systems vorgenommen wird, und mit Z der Raum der Zustände.

Um alle Entwicklungszustände zu ermitteln, die das untersuchte System im jeweiligen Prognose- oder Planzeitraum erreichen kann, muß man zuvor die für das System zulässige Menge der Eingabeströme X_S festlegen.

Der Entwicklungsstand $(t_1, \boldsymbol{z}_1)$ ist zugänglich für das ökonomisch-kybernetische System, das sich auf dem Entwicklungsstand $(\tau, \boldsymbol{z}_\tau)$ befindet, wenn es Eingabeströme $\boldsymbol{x}_{\langle\tau,t)}$ aus der Menge X_S gibt, die das System in den Zustand $\boldsymbol{z}_1$ zum Zeitpunkt t_1 bringen.

Es ist klar, daß der Entwicklungszustand $(t_1, \boldsymbol{z}_1)$ für das System zugänglich ist, wenn gilt:

$$\boldsymbol{z}_1 = \varphi(t_1, \tau, \boldsymbol{x}_{\langle\tau,t_1)}).$$

Im weiteren wird mit $M_t[(t_0, \boldsymbol{z}_0), X_S]$ die Menge aller Entwicklungsstände bezeichnet, die das ökonomisch-kybernetische System zum Zeitpunkt t erreichen kann, wenn es von dem Entwicklungsstand $(t_0, \boldsymbol{z}_0)$ ausgeht.

Der gesamte Zugänglichkeitsbereich des ökonomisch-kybernetischen Systems innerhalb der Zeitgrenze T ergibt sich analog als

$$M_T = \bigcup_{t\in\langle t_0,T)} M_t[(t_0, \boldsymbol{z}_0), X_S].$$

Dabei wurde angenommen, daß das System vom Entwicklungsstand $(t_0, \boldsymbol{z}_0)$ ausgeht.

Die Gesamtheit der Zugänglichkeitsbereiche M_T bildet einen Kegel im Raum der Entwicklungsstände, der seine Spitze im Punkt $(t_0, \boldsymbol{z}_0)$ hat.

Auf Grund der allgemeinen Strategie der wirtschaftlichen und gesellschaftlichen Entwicklung wird der Zugänglichkeitsbereich eines Systems abgegrenzt durch den Wirtschaftswachstumsbereich des Volkswirtschaftsraumes:

$$W_t \leqq M_t[(t_0, z_0), X_8].$$

Zugänglichkeitsbereich sowie Wachstumsbereich können auch beschrieben werden durch:

$$\boldsymbol{z}_{t+1} = \boldsymbol{A}_t \boldsymbol{z}_t + \boldsymbol{B}_t \boldsymbol{x}_t.$$

Solche Systeme stellen eine wichtige Klasse dar. Sie sind sowohl auf makro- als auch auf mikroökonomischer Ebene anzutreffen. Mit $\boldsymbol{z}_t$ wurde der Zustandsvektor, mit $\boldsymbol{x}_t$ die Steuerung bezeichnet, $\boldsymbol{A}_t$ und $\boldsymbol{B}_t$ sind Strukturmatrizen des Systems.

Um die Art und Weise der logistischen Analyse eines ökonomisch-kybernetischen Systems anschaulich zu erläutern, betrachten wir ein dynamisches Modell von der Art der Verflechtungsbilanzen:

$$\boldsymbol{z}_t = \boldsymbol{A}_t \boldsymbol{z}_t + \boldsymbol{B}_t(\boldsymbol{z}_{t+1} - \boldsymbol{z}_t) + \boldsymbol{C}_t.$$

Es wurde bezeichnet mit

$\boldsymbol{z}_t$ — Vektor der Produktion im Jahr t,
$\boldsymbol{A}_t$ — Matrix der Kosten,
$\boldsymbol{B}_t$ — Matrix der spezifischen Investitionen im Jahr t,
$\boldsymbol{C}_t$ — der Vektor des Endverbrauchs.

Bei dem untersuchten Beispiel ist der Produktionsvektor der Zustandsvektor des Systems, der den Entwicklungsstand und das Produktionspotential der betreffenden Wirtschaftszweige wiedergibt. Der Vektor des Endverbrauchs beinhaltet das Ziel.

Falls zur Matrix $\boldsymbol{B}_t$ die Inverse existiert, läßt sich das Modell folgendermaßen schreiben

$$\boldsymbol{z}_{t+1} = \boldsymbol{B}_t^{-1}(\boldsymbol{E} - \boldsymbol{A}_t + \boldsymbol{B}_t)\,\boldsymbol{z}_t - \boldsymbol{B}_t^{-1}\boldsymbol{C}_t.$$

Die obige Gleichung beschreibt die Entwicklung des Produktionsvektors der betreffenden Zweige je nach den Entscheidungen bezüglich des Endverbrauchs $\boldsymbol{C}_t$.

Die Entwicklungsgleichung des Produktionsvektors läßt sich auch vereinfacht beschreiben durch:

$$\boldsymbol{z}_{t+1} = \boldsymbol{G}_t \boldsymbol{z}_t + F_t \boldsymbol{C}_t.$$

Um die Anwendung zu veranschaulichen, soll ein Modell mit drei Zweigen R_1, R_2, R_3 betrachtet werden.

Die Kosten sind aus Tab. 2.1 zu ersehen (Matrix A). Für den Zweig R_1 besitzen die Materialkosten je 1000 Lei Produktion die folgende Struktur: 198 Lei entfallen auf den Eigenverbrauch; 165 Lei auf den Zweig R_2 und 87 Lei auf den Zweig R_3.

Tabelle 2.1: Materialkosten

vom Zweig	zum Zweig		
	R_1	R_2	R_3
R_1	0,198	0,188	0,063
R_2	0,165	0,141	0,043
R_3	0,087	0,088	0,303

Die Matrix der Faktoren der spezifischen Investitionen wird in Tab. 2.2 wiedergegeben. Die Elemente der Matrix $\boldsymbol{B}$ drücken die Beziehungen wechselseitiger Abhängigkeit aus, die sich bei der Investitionstätigkeit herausbilden. Damit das Produktionspotential des Zweiges R_1 um eine Einheit zunimmt, muß dieser von seinem Endprodukt 0,590 Einheiten selbst investieren, damit das Produktionspotential des Zweiges R_2 um eine Einheit zunimmt, muß der Zweig R_1 0,442 seines Endproduktes liefern usw. Für Beschreibung der Dynamik müssen die Matrizen $\boldsymbol{G}$ und $\boldsymbol{F}$ ermittelt werden.

Tabelle 2.2: Spezifische Investitionen

vom Zweig	zum Zweig		
	R_1	R_2	R_3
R_1	0,590	0,442	0,475
R_2	0,220	0,183	0,268
R_3	0,221	0,393	0,277

Man erhält die folgenden Ergebnisse:

$$\boldsymbol{G} = \boldsymbol{B}^{-1}(\boldsymbol{E} - \boldsymbol{A} + \boldsymbol{B}) = \begin{pmatrix} 6,132 & -5,631 & -2,035 \\ 0,576 & -3,963 & 3,573 \\ -5,221 & 11,217 & 0,007 \end{pmatrix}$$

$$\boldsymbol{F} = -\boldsymbol{B}^{-1} = \begin{pmatrix} -4,908 & 5,771 & 2,832 \\ -0,154 & 5,251 & -4,817 \\ 4,134 & -12,054 & 0,964 \end{pmatrix}.$$

Auf Grund der obigen Matrizen lassen sich die Wachstumsgleichungen für alle im Modell berücksichtigten Zweige schreiben:

— Wachstumsgleichung des Zweiges R_1:

$$z_{t+1}^1 = -4,908C_t^1 + 5,771C_t^2 + 2,832C_t^3 + 6,132z_t^1 - 5,631z_t^2 - 2,035z_t^3$$

— Wachstumsgleichung des Zweiges R_2:

$$z_{t+1}^2 = -0,154C_t^1 + 5,251C_t^2 - 4,817C_t^3 + 0,576z_t^1 - 3,963z_t^2 + 3,573z_t^3$$

— Wachstumsgleichung des Zweiges R_3:

$$z_{t+1}^3 = +4,134C_t^1 - 12,054C_t^2 + 0,964C_t^3 - 5,221z_t^1 + 11,217z_t^2 + 0,007z_t^3.$$

6. Quantenökonomie

Die Untersuchung von Gesichtspunkten der Dynamik ökonomisch-kybernetischer Systeme sowie der struktur-topologischen Eigenschaften des Volkswirtschaftsraumes hat dazu geführt, daß ein neuer Zweig der ökonomischen Kybernetik, die Quantenökonomie, entstand.

Die von der Quantenökonomie untersuchten Grundfragen betreffen die Gesetze des dynamischen Gleichgewichts im Volkswirtschaftsraum, die Sichtbarmachung spezifischer Faktoren des Antriebs, den Mechanismus der Entstehung und Äußerung eines bedingten Reflexes in der Wirtschaft sowie den Gedanken, daß zur Steuerung ökonomischer Prozesse immer ein bestimmter Quant oder auch ein bestimmtes Quantum notwendig ist.

Die Quantenökonomie und ökonomische Logistik tragen wesentlich dazu bei, den Bestand der ökonomischen Kybernetik an Begriffen, Methoden, Verfahren, Algorithmen und Modellen weiterzuentwickeln.

6.1. Das dynamische Gleichgewicht im Volkswirtschaftsraum

Das dynamische Gleichgewicht widerspiegelt das dialektische Wesen der Entwicklung ökonomisch-kybernetischer Systeme im Volkswirtschaftsraum. Es macht den schnellen, entwicklungsbedingten Charakter der Systementwicklung deutlich.

Im Sozialismus umfaßt der Begriff des dynamischen Wirtschaftsgleichgewichts eine Vielzahl von Gesichtspunkten und ist der zusammenfassende Ausdruck für den räumlichen und zeitlichen Übereinstimmungs- und Synchronisationszustand aller sich wechselseitig bedingenden Prozesse in der Volkswirtschaft.

Das allgemeine Wirtschaftsgleichgewicht verlangt, daß ein materielles und finanzielles Gleichgewicht in der Volkswirtschaft gesichert wird. Eine bestimmende Eigenschaft des Gleichgewichts im Volkswirtschaftsraum ist sein entwicklungsbedingter und schnellebiger Charakter. Die Koordinaten, die zu einem gegebenen Zeitpunkt den Gleichgewichtszustand bestimmen, stehen ihrerseits wieder unter der Einwirkung der ständigen und schnellen Veränderungen, die die Gesamtentwicklung im Wirtschaftsraum kennzeichnen. Daher äußert sich im Volkswirtschaftsraum der Gleichgewichtszustand durch eine allgemeine Tendenz der ständigen Anpassung an die Vielfalt der auftretenden Einflüsse, durch eine ständige Überwindung von Zuständen, die infolge neuer wirtschaftlicher und technologischer Fortschritte unzweckmäßig geworden sind. Das dialektische Verhältnis von Gleichgewicht-Ungleichgewicht-Gleichgewicht verdeutlicht den dynamischen Charakter der Entwicklung, die Quelle des Fortschritts im Volkswirtschaftsraum.

Die Quantenökonomie macht bei der Erforschung der Bewegung ökonomisch-kybernetischer Systeme im Zusammenhang mit dem dynamischen Gleichgewicht Bedingungen für ein proportionales Wachstum der Volkswirtschaft sichtbar.

Die Sicherung der Proportionalität in der Entwicklung aller sich im Volkswirtschaftsraum entwickelnden Systeme der Wirtschaftszweige, Kombinate sowie der Bezirke und Kreise mit Hilfe des Volkswirtschaftsplanes ist eine entscheidende Bedingung hinsichtlich eines optimalen dynamischen Gleichgewichts.

Wie bereits im Kapitel 3 beschrieben, ist für ökonomisch-kybernetische Systeme kennzeichnend, daß sie ein äußerst komplexes Gefüge haben. Die Wachstumstrajektorien eines ökonomisch-kybernetischen Systems kann als Resultante von Vektoren aufgefaßt werden. Gleichzeitig entspricht der dynamische Gleichgewichtszustand eines Systems den inneren dynamischen Gleichgewichten, die zwischen seinen vielfältigen Bestandteilen bestehen. Bei der Analyse der sich im Volkswirtschaftsraum vollziehenden Prozesse ist zu berücksichtigen, daß die Entwicklungsgesetze ökonomisch-kybernetischer Systeme Informationen als Mittelwerte von Kennziffern über den Wachstumsprozeß liefern. Diese fassen eine Vielzahl von Erscheinungen zusammen.

Die Quantenökonomie geht bei der Erforschung der Entwicklungsgesetze des Wirtschaftsraumes davon aus, daß die Richtung, die Geschwindigkeit und die Beschleunigung der Bewegung einer einzelnen Komponente nicht ausreichen, um die Gesamtentwicklung eines ökonomisch-kybernetischen Systems zu beschreiben. Nur eine dialektische Betrachtungsweise aller sich im System herausbildenden Verbindungen und Beziehungen sowie die Berücksichtigung der inneren Logik macht es möglich, Informationen zu gewinnen, die für die praktische Leitung wirtschaftlicher und gesellschaftlicher Prozesse von Nutzen sind.

Für die Leitungstätigkeit des Gesamtsystems erfordert das eine abgestimmte Analyse der Kennziffern der Zweige.

Die Untersuchung der Besonderheiten in der wirtschaftlichen Entwicklung zeigt, daß die Wachstumstrajektorie ökonomisch-kybernetischer Systeme die Resultierende von drei Größen ist. Durch sie kann die Bewegung im Volkswirtschaftsraum beschrieben werden (Abb. 6.1.).

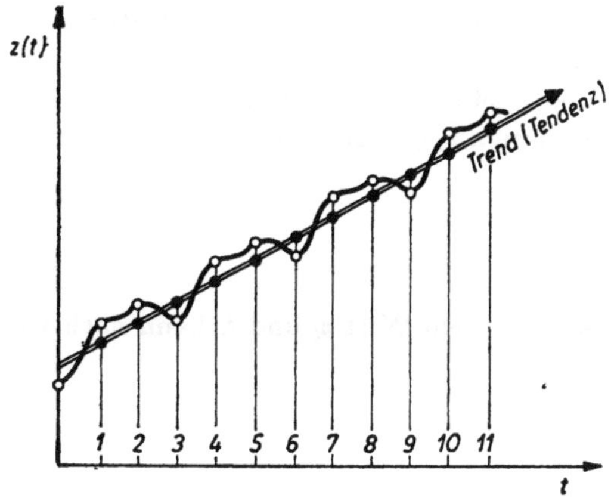

Abb. 6.1. Wachstumstrajektorie

Das sind:

— der Trend g_t,
— die Wellenbewegung φ_t und
— die Zufallskomponente ε_t.

Es ergibt sich somit:

$$z_t = g_t + \varphi_t + \varepsilon_t.$$

Die erste Komponente, der Trend, wird bestimmt vom Kriterium der Beständigkeit des Systems und des Makrosystems. Die Entwicklung ökonomisch-kybernetischer Systeme sowie ihre Bewegung und Entwicklung ist ein ständiger Vorgang des Übergangs von einem in einen anderen Zustand, der im allgemeinen qualitativ und quantitativ höher ist.

Jeder Zustand eines Systems stellt eine Etappe im Wachstumsprozeß dar. Mit Hilfe des Trends, der die perspektivische Entwicklung beschreibt, zeichnet sich der künftige Zustand des ökonomisch-kybernetischen Systems aus der Richtung vorangegangener Zustände ab.

Es ergibt sich, daß der Trend die konkrete Äußerungsweise der Hauptentwicklungstendenz des Systems ist. Er unterdrückt andere Merkmale oder Richtungen, die unwesentlich im Hinblick auf das Wachstum des ganzen Systems sind. Jedoch muß betont werden, daß die konkrete Entwicklung eines ökonomisch-kybernetischen Systems die Resultierende aus der dialektischen Wechselwirkung der Bewegungsgesetze ist und den bewußten Eingriff der Leitungsorgane auf der Basis der Kenntnis der objektiven Gesetze einschließt.

Der Nachweis des Trends für ein ökonomisch-kybernetisches System erfolgt durch die Verwendung der Methoden, die für die Quantenökonomie typisch sind.

Bei der Bestimmung des Trends geht man von den Durchschnittskennziffern aus. Diese Kennziffern werden quantitativ durch die Folge

$$\{z_t\}_{t_0}^{t_p}$$

dargestellt, die die Entwicklung des Systems vom Anfangszeitpunkt t_0 bis zum Zeitpunkt t_p beschreibt.

Der Nachweis und die Quantifizierung der Tendenz der perspektivischen Entwicklung des ökonomisch-kybernetischen Systems besteht darin, daß im Rahmen einer Klasse von Funktionen F diejenige bestimmt wird, die die Gesetze des Wachstums des Systems am besten widerspiegelt. Das bedeutet, daß eine Funktion $\bar{f}_t \in F$ ermittelt wird, deren Werte von denen der Zustände nur minimal abweichen,

$$\varrho(\bar{f}_t, z_t) = \min_{f_t \in F} \varrho(f_t, z_t) \quad \text{für} \quad t = t_0, \ldots, t_p.$$

Die konkrete Berechnung des Abstandes zwischen dem Wert z_t und f_t kann nach verschiedenen Metriken erfolgen, zum Beispiel

$$\varrho_1(f_t, z_t) = \sqrt{\sum_{t=t_0}^{t_p} (f_t - z_t)^2},$$

$$\varrho_2(f_t, z_t) = \sum_{t=\,_0}^{t_p}{}_t\, |f_t - z_t| \qquad \text{oder auch}$$

$$\varrho_3(f_t, z_t) = \max_{t_0 \leq t \leq t_p} |f_t - z_t|.$$

Was die Wahl der Klasse der mathematischen Funktionen betrifft, so wird diese auf Grund einer phänomenologischen Prozeßanalyse vorgenommen. Sie beruht insbesondere auf einer Untersuchung der Entwicklungsgeschwindigkeit des betreffenden Wirtschaftsprozesses.

Wenn beispielsweise die konkrete Prozeßanalyse eine Entwicklungsgeschwindigkeit zeigt, die dem bereits erreichten Stand proportional ist bzw. eine gleichbleibende Wachstumsgeschwindigkeit erkennen läßt, so ist der Trend in der Klasse der Exponentialfunktionen zu suchen. Aus der Gleichung

$$z_{t+1} - z_t = \alpha z_t$$

ergibt sich

$$_t = (1 + \alpha)^t z_0 \quad \text{mit} \quad t = 1, 2, \ldots .$$

Dementsprechend wird als Funktionstyp gewählt:

$$f_t = (1 + \alpha)^t.$$

Der Parameter wird auf Grund der empirischen Werte ermittelt.

Bei der Untersuchung anderer Sachverhalte kann sich zeigen, daß es einen bestimmten oberen Grenzwert gibt und daß die Entwicklungsgeschwindigkeit des Prozesses zu jedem Zeitpunkt t der Differenz zwischen oberem Grenzwert z^* und bereits erreichtem Stand z_t proportional ist. In Gleichungsform sieht das folgendermaßen aus:

$$z_{t+1} - z_t = \beta(z^* - z_t).$$

Dies führt zur Funktion

$$z_t = \frac{z^*}{1 + b\,e^{-ct}}.$$

Dieser Funktionstyp beschreibt die Entwicklungstendenz eines Systems für den Fall einer Sättigung. Derartige Sachverhalte treten zum Beispiel auf bei dem Verbrauch von Nahrungsmitteln. Sie können mit Hilfe der Törnquist- oder Logarithmenfunktion beschrieben werden.

Die zweite Komponente, die die Dynamik eines ökonomisch-kybernetischen Systems kennzeichnet, die Wellenbewegung, ist besonders schwierig zu deuten. Sie steht in engem Zusammenhang mit den spezifischen Entwicklungsgesetzen im Volkswirtschaftsraum und hängt zu dem ab von Stärke und Geschwindigkeit der im System ablaufenden Prozesse sowie von der Notwendigkeit, ein optimales, ausgewogenes und proportionales Wachstum des Gesamtsystems zu gewährleisten.

Der dynamische und schnellebige Charakter der Wirtschaftsprozesse und die ständige Veränderung der konkreten Bedingungen, unter denen sie sich vollziehen, bewirken, daß die Entwicklungsgesetze im Wirtschaftsraum keinen linearen Charakter haben.

Die Wachstumstrajektorien eines ökonomisch-kybernetischen Systems werden stark beeinflußt von der Wirkung der Entwicklungsgesetze sowie von einer Reihe anderer Faktoren, die aus anderen Systemen des Volkswirtschafts- bzw. des Weltwirtschaftsraumes stammen. Das System der Leitung sichert durch seine Entscheidungen die zeitbeständige Entwicklung der Systeme auf der festgelegten Wirtschaftswachstumstrajektorie sowie die Einhaltung der erforderlichen Proportionen. Die Resultierende dieser komplexen Kräfte kann in bestimmten Zeitabständen zu einer Wellenbewegung um eine dynamische Gleichgewichtslage führen, deren Amplitude von den konkreten Bedingungen bestimmt wird. Es muß unterstrichen werden, daß in der sozialistischen Wirtschaft die ständige und objektive Tendenz zur Wahrung des dynamischen und optimierenden Gleichgewichts im gesamten Wirtschaftsmechanismus das Entscheidende ist. Die Wellenkomponente, die in der Entwicklung der Gleichgewichtszustände zeitweilig auftreten kann, ist nur ein Moment in der Dialektik des dynamischen Prozesses des optimalen Wachstums.

Die Analyse der spezifischen Formen, in denen sich die Wellenbewegung im Volkswirtschaftsraum äußert, zeigt die Beschaffenheit der Faktoren, die zu ihrer Erzeugung beitragen. So können die Wachstumstrajektorien von Volkswirtschaftszweigen von einer Reihe von Faktoren beeinflußt werden, die mit dem Auftreten neuer Technologien, mit einer Nachfrage nach bestimmten Waren im In- und Ausland, mit der Nutzbarmachung neuer Grundmittel usw. zusammenhängen.

Gleichzeitig können Unterschiede, die zwischen Volkswirtschaftsbereichen bezüglich der Arbeitsproduktivität, des Rohstoff-, Material-, Energie- und Brennstoffverbrauchs auftreten, zeitweilig eine Wellenbewegung auslösen, deren Amplitude durch die Wirkung des Gesetzes der Rückkopplung bzw. bestimmte Entscheidungen gedämpft wird.

Die starke wechselseitige Durchdringung von Volks- und Weltwirtschaft ist ein weiterer Faktor, der zeitweilig eine Wellenbewegung im Volkswirtschaftsraum erzeugt. In diesem Sinne kann eine Reihe konjunkturbedingter Preisschwankungen bei Roh- und Werkstoffen, bei Energieträgern sowie bei Anlagen und Ausrüstungen die Entwicklungstrajektorien der Systeme des Volkswirtschaftsraumes beeinflussen. So wird in dem Falle, in dem die Preise für Exportgüter auf dem Weltmarkt eine steigende Tendenz haben, die Wirtschaft zusätzliche Devisenmengen bekommen. Das ermöglicht, die Entwicklung gewisser Zweige oder Bereiche der Volkswirtschaft zu beschleunigen. Demgegenüber können im Fall von Preiserhöhungen für Importgüter eine Zeitlang gewisse Störungen auftreten. Diese müssen schnell beseitigt werden, damit keine Wellenbewegungen in den Entwicklungstrajektorien bestimmter Systeme und Teilsysteme entstehen.

Ebenso löst die nicht termingerechte Erfüllung von Planaufgaben in der Produktion, bei Investitionen usw. Störungen aus, die sich wellenförmig im Volkswirtschaftsraum ausbreiten können. Es muß erwähnt werden, daß durch bestimmte Erscheinungen in Form von Störungen auch von Naturkatastrophen, zum Beispiel Überschwemmungen, sowie von Witterungseinflüssen auf die Landwirtschaft u. a. Wellen ausgelöst werden können.

Im Sozialismus verfügt die Gesellschaft über alle Mittel, die erforderlich sind, um die Auswirkungen derartiger Störungen zu verhüten oder abzuschwächen und um Steuerungsmaßnahmen einzuleiten, die die Entwicklung aller Systeme und Teilsysteme auf den planmäßigen Wachstumstrajektorien gewährleisten.

Die Quantenökonomie hat die Aufgabe, die wellenförmige Bewegung der Systeme und ihrer Bestandteile zu erforschen und leistungsfähige Algorithmen für die Leitung auszuarbeiten, die ein ständiges dynamisches Gleichgewicht der Wachstumstrajektorien im Volkswirtschaftsraum sichern. Falls unerwünschte Wellenerscheinungen auftreten, müssen es die ausgearbeiteten Algorithmen ermöglichen, die ökonomisch-kybernetischen Systeme innerhalb kürzester Zeit und mit minimalem Aufwand auf die optimale Wachstumstrajektorie zurückzuführen.

Um die Wellenbewegungen eines ökonomisch-kybernetischen Systems mathematisch darstellen zu können, wird davon ausgegangen, daß jede Funktion $\varphi(t)$, die die zeitliche Entwicklung beschreibt, sich als Summe von harmonischen Funktionen darstellen läßt, d. h.,

$$\varphi(t) = a_0 + \sum_{k=1}^{\infty} \left(a_k \cos \frac{\pi \cdot kt}{l} + b_k \sin \frac{\pi kt}{l} \right),$$

wobei a_0, a_k und b_k Konstante sind und $\varphi(t)$ eine Periode von $2l$ besitzt.

Die Erläuterung dieser Darstellungsweise erfolgt anhand eines Modells, mit dessen Hilfe der Einfluß der Geschwindigkeit der Investitionsnutzung auf die Wachstumstrajektorie der Grundmittel im System der materiellen Produktion und der Dienstleistungen quantifiziert werden kann.

Das ökonomisch-mathematische Modell des Grundmittelwachstums geht von folgenden Größen aus:

- Umfang des Nationaleinkommens,
- Umfang der Akkumulationsrate,

— Umfang des Nationalfonds für die wirtschaftliche und gesellschaftliche Entwicklung,
— Umfang der Investitionen für das System der materiellen Produktion und der Dienstleistungen,
— Geschwindigkeit der Investitionsnutzung.

Das Grundmittelwachstum läßt sich beschreiben durch

$$K_{t+1} = K_t + F_t.$$

Hierbei bedeuten

K_t — Umfang der Grundmittel im Jahre t,
F_t — Umfang der im Jahr t in Betrieb gesetzten neuen Grundmittel (wirksam werdende Investitionen).

Die Wechselbeziehung zwischen dem Investitionsumfang und der Größe der im Jahre t wirksam werdenden Investitionen wird durch die Investitionsgleichung beschrieben:

$$F_t = \sum_{\tau=0}^{\theta} \lambda_{t-\tau} I_{t-\tau} + \varepsilon_t.$$

Mit $\lambda_{t-\tau}$ wurde der Anteil der in Betrieb gesetzten und im Jahre $t - \tau$ getätigten Investitionen bezeichnet. ε_t ist eine Stör- oder auch Fehlervariable, von der angenommen wird, daß sie unabhängig und normalverteilt ist. Mit θ wurde die Zahl der Jahre bezeichnet, in denen die während eines bestimmten Zeitraumes getätigten Investitionen insgesamt in Betrieb gesetzt werden. Im allgemeinen schwankt der Wert θ von Wirtschaftszweig zu Wirtschaftszweig. Die Koeffizienten $\lambda_{t-\tau}$ in der Investitionsgleichung lassen sich aus

$$\sum_{t=1}^{N} \varepsilon_t^2 = \sum_{t=1}^{N} \left(F_t - \sum_{\tau=0}^{\theta} \lambda_{t-\tau} I_{t-\tau}\right)^2 = \min!$$

unter der Voraussetzung

$$\sum_{\tau=0}^{\theta} \lambda_{t-\tau} = 1 \quad \text{und} \quad \lambda_{t-\tau} \geqq 0$$

bestimmen.

Der Umfang der für die produktiven Grundmittel bestimmten Investitionen in Abhängigkeit von der Akkumulationsrate und der Größe des Nationaleinkommens wird durch die nachstehende Gleichung beschrieben:

$$I_t = \beta_t(v_t \cdot Y_t + a_t K_t).$$

Es bedeuten:

I_t — Umfang der für das System der materiellen Produktion und Dienstleistungen im Jahre t bestimmten Investitionen,
Y_t — Umfang des Nationaleinkommens im Jahre t,
v_t — Akkumulationsrate im Jahre t,
β_t — Anteil der für das System der materiellen Produktion und Dienstleistungen bestimmten Investitionen am gesamten nationalen Entwicklungsfonds,
$a_t K_t$ — Abschreibungsfonds im Jahre t.

Es wird die Hypothese aufgestellt, daß sich der Zusammenhang zwischen dem Nationaleinkommen und dem Umfang der Grundmittel des Systems der materiellen Produktion und Dienstleistungen beschreiben läßt durch:

$$Y_t = e_t K_t .$$

Mit e_t wurde die Nettogrundfondsquote (je Grundmitteleinheit geschaffenes Nationaleinkommen) bezeichnet.
Aus den letzten beiden Gleichungen ergibt sich:

$$I_t = \beta_t(v_t e_t K_t + a_t K_t) = \beta_t(v_t e_t + a_t)\, K_t .$$

Daher kann die Investitionsgleichung folgendermaßen geschrieben werden:

$$F_t = \sum_{\tau=0}^{\theta} \lambda_{t-\tau} \cdot \beta(v_{t-\tau} e_{t-\tau} + a_{t-\tau})\, K_{t-\tau} + \varepsilon_t .$$

Hieraus folgt, daß sich das Grundmittelwachstum darstellen läßt durch

$$K_{t+1} = K_t + \sum_{\tau=0}^{\theta} \lambda_{t-\tau} \beta_{t-\tau}(v_{t-\tau} e_{t-\tau} + a_{t-\tau})\, K_{t-\tau} + \varepsilon_t .$$

Auf Basis der Angaben aus dem Statistischen Jahrbuch der SR Rumänien wurde die folgende konkrete Gleichung abgeleitet:

$$K_{t+1} = 1{,}014 K_t + 0{,}056 K_{t-1} + 0{,}026 K_{t-2} .$$

Hieraus läßt sich die allgemeine Form für das Grundmittelwachstum ableiten.

$$K_t = 714{,}406 \cdot 1{,}084^t + 0{,}139^t \left(217{,}768 \sin \frac{17}{12} \pi t - 46{,}406 \cos \frac{17}{12} \pi t\right).$$

Analysiert man sie, so wird deutlich, daß das Entwicklungsgesetz im Rahmen der aufgestellten Hypothesen von zwei wichtigen Komponenten bestimmt wird:

— dem Trend für die perspektivische Entwicklung

$$g_t = 714{,}406 \cdot 1{,}084^t \text{ und}$$

— dem Wellenfaktor, der von der Realisierung der Investitionen bestimmt wird

$$\varphi(t) = 0{,}139^t \left(217{,}768 \sin \frac{17}{12} \pi t - 46{,}406 \cos \frac{17}{12} \pi t\right).$$

Es muß darauf hingewiesen werden, daß im Rahmen des behandelten Beispiels das Elemente „Trend“ der vorherrschende Faktor des Grundmittelwachstums ist, während der Wellenfaktor einen geringen Einfluß und eine sehr starke Abschwächungstendenz besitzt.

6.2. Entropie und Gravitation im Wirtschaftsraum

Bei der Untersuchung des Bereiches der Wachstumstrajektorien ökonomisch-kybernetischer Systeme und der Gesetze der Bewegung im Wirtschaftsraum gebührt den Zufallsfaktoren besondere Aufmerksamkeit, die zu schnellen Veränderungen in der Volkswirtschaft führen können. Solche sind zum Beispiel überraschende neue Technologien.

Im Unterschied zum mechanistischen Determinismus, der die Systementwicklung als eindeutig bestimmt betrachtet, weist die materialistische Dialektik die Einheit von Zufall und Notwendigkeit nach.

Die Einbeziehung des Zufallsfaktors erweitert den Inhalt des Begriffs „optimales Wirtschaftswachstum". Bei dieser Betrachtungsweise erblickt man die planmäßige optimale Wachstumstrajektorie durch das Prisma der Möglichkeiten zur Übererfüllung der Aufgaben durch die Entdeckung neuer innerer Reserven des Systems, durch eine bessere Arbeitsorganisation, durch die schnelle Einführung wissenschaftlicher und technologischer Neuerungen in die Produktion usw.

Die Verdeutlichung der Zufallskomponente in der Bewegung und Entwicklung ökonomisch-kybernetischer Systeme spielt bei der Prognosetätigkeit sowie bei der Erkennung „des möglichen Zukünftigen", der optimalen Wirtschaftszeit und des optimalen Wirtschaftsraumes eine besondere Rolle. Ausgehend vom Entwicklungsstand, in dem sich das System im Volkswirtschaftsraum befindet, hat die Prognose die Aufgabe, den Bereich der möglichen Trajektorien und deren Realisierungswahrscheinlichkeit zu ermitteln. Das ist eine Möglichkeit für die Begründung von Entscheidungen bezüglich der Führung von Systemen zu einem optimalen Wirtschaftswachstum.

Wenn wir ein ökonomisch-kybernetisches System S betrachten, das sich zum Zeitpunkt t im Zustand z_t befindet, so können wir bei Berücksichtigung seiner Dynamik die Gesamtheit der Zustände ermitteln, die zum Zeitpunkt $t + 1$ erreicht werden können. Diese werden mit $\{z_{t+1}^i\}_{i=1}^q$ bezeichnet, die Wahrscheinlichkeit für die Annahme dieser Zustände sei p_t^i. Sie sind in folgender Matrix $\boldsymbol{P}_{z_t}^S$ zusammengestellt:

$$\boldsymbol{P}_{z_t}^S = \begin{pmatrix} z_{t+1}^1 & z_{t+1}^2 & \cdots & z_{t+1}^q \\ p_t^1 & p_t^2 & & p_t^q \end{pmatrix}.$$

Hierbei soll gelten:

$$p_t^i \geqq 0 \quad \text{und} \quad \sum_{i=1}^{q} p_t^i = 1.$$

Falls eine bestimmte Wahrscheinlichkeit p_t^i gleich Null ist, so bedeutet das, daß das System zum Zeitpunkt t nicht in den Zustand z_{t+1}^i übergehen kann. Wenn demgegenüber einem bestimmten Zustand die Wahrscheinlichkeit $p_t^i = 1$ entspricht, so ergibt sich für das System zum Zeitpunkt t eine eindeutige Entwicklung.

Das Tripel

$$\{t, z_t, \boldsymbol{P}_{z_t}^S\}$$

stellt den wahrscheinlichen Wachstumsraum des ökonomisch-kybernetischen Systems S zum Zeitpunkt t dar.

Es muß darauf hingewiesen werden, daß zwischen dem Begriff des wahrscheinlichen Wachstumsraumes eines ökonomisch-kybernetischen Systems und dem des Zugänglichkeitsbereiches — der im Kapitel über die ökonomische Logistik eingeführt wurde — ein enger Zusammenhang besteht. Der wahrscheinliche Wachstumsraum erfaßt sowohl die Menge der zugänglichen Zustände als auch die Wahrscheinlichkeit, daß diese erreicht werden.

Eine besondere Bedeutung für die Prognose- und Planungstätigkeit hat die Kenntnis der Struktur des wahrscheinlichen Wachstumsraumes ökonomisch-kybernetischer Systeme.

Um die Struktur des wahrscheinlichen Wachstumsraumes eines ökonomisch-kybernetischen Systems darzustellen und um die Menge seiner Wachstumstrajektorien zu ermitteln, wird der Begriff der Entropie des wahrscheinlichen Wachstumsraumes zum Zeitpunkt t bestimmt:

$$H_t(\boldsymbol{P}^S_{z_t}) = - \sum_{i=1}^{q} p_t{}^i \operatorname{ld} p_t{}^i.$$

Die Entropie des wahrscheinlichen Wachstumsraumes des ökonomisch-kybernetischen Systems S gibt die Möglichkeiten des Systems im komplexen Prozeß der Wirtschaftsentwicklung an.

Es läßt sich zeigen, daß in dem Falle, in dem einer der möglichen Zustände des Systems die Wahrscheinlichkeit 1 hat, die Entropie seines Wachstumsraumes sein Minimum, das heißt den Wert Null annimmt.

Die Entropie des wahrscheinlichen Wachstumsraumes eines ökonomisch-kybernetischen Systems erreicht ihr Maximum, falls alle Wahrscheinlichkeiten $p_t{}^i$ gleich sind, d. h.

$$p_t{}^1 = p_t{}^2 = \cdots = p_t{}^q = \frac{1}{q}.$$

Wenn ein wahrscheinlicher Wachstumsraum den Höchstwert der Entropie besitzt, so zeugt das davon, daß alle Systemzustände zum Zeitpunkt $t + 1$ gleichwahrscheinlich sind.

Die Entropie macht sichtbar, in welchem Umfang das ökonomisch-kybernetische System sich entwickeln kann. Gleichzeitig kann der Begriff der Entropie auch angewandt werden, um gravitationsbezogene Erscheinungen im Volkswirtschaftsraum zu beschreiben.

Innerhalb des Gesamtsystems der Volkswirtschaft haben bestimmte Komponenten, z. B. bestimmte Zweige oder Bereiche, die Aufgabe, den Gesamtprozeß des Wirtschaftswachstums voranzutreiben, mitzureißen und zu beschleunigen. So beschleunigt die Industrie durch ihr schnelles und dynamisches Wachstum den Entwicklungsprozeß aller Wirtschaftszweige.

Die Kenntnis der Antriebswirkung und der Herausbildung regelrechter gravitationsbezogener Wirtschaftsfelder in der Umgebung ökonomisch-kybernetischer Systeme oder Teilsysteme, die für das gesamte optimale Wirtschaftswachstum Triebkräfte sind, hat bei der Wirtschaftsplanung und Wirtschaftsleitung sowie beim Entwerfen der planmäßigen Entwicklungstrajektorien eine besondere Bedeutung.

So werden die Bedingungen für die vorrangige Entwicklung der Wirtschaftszweige gesichert, die das Gesamtwachstum des Wirtschaftsorganismus vorantreiben.

Um die im Volkswirtschaftsraum auftretenden antriebs- oder gravitationsbezogenen Erscheinungen darzustellen, soll ein ökonomisch-kybernetisches System S^* betrachtet werden, dessen Wachstum die Entwicklung des Systems S vorantreibt.

Es wird angenommen, daß das System S^* sich zum Zeitpunkt t im Zustand z_t befindet, wobei sein Wachstumsraum durch $\{t, z_t, \boldsymbol{P}^S_{z_t}\}$ mit n Zuständen charakterisiert wird.

Das System S kann folgende Zustände annehmen

$$y^1_{t+1}, y^2_{t+1}, \ldots, y^l_{t+1} \quad \text{und durch} \quad \{t, y_t \boldsymbol{P}^S_{y_t}\}$$

beschrieben werden.

Da der Wachstumsprozeß des Systems S von der Entwicklung des Systems S^* mitbestimmt wird, sind die Wahrscheinlichkeiten seiner Wachstumszustände auch von der Entwicklung des Systems S^* abhängig.

Im weiteren wird mit

$$\pi_t^{ik} = p_t(y^i_{t+1}/z^k_{t+1})$$

die bedingte Wahrscheinlichkeit bezeichnet, d. h. π_t^{ik} ist die Wahrscheinlichkeit, daß sich das System S zum Zeitpunkt $t+1$ im Zustand y^i_{t+1} befindet unter der Bedingung, daß sich das System S^* im Zustand z^k_{t+1} befindet.

Wenn sich beispielsweise das System S^* zum Zeitpunkt $t+1$ im Zustand z^1_{t+1} befindet, so sind die Wahrscheinlichkeiten der Systemzustände für das System S in folgender Matrix zusammenstellbar:

$$\begin{pmatrix} y^1_{t+1} & y^2_{t+1} & \cdots & y^l_{t+1} \\ \pi_t^{11} & \pi_t^{21} & \cdots & \pi_t^{l1} \end{pmatrix}.$$

Die Entropie des wahrscheinlichen Wachstumsraumes des ökonomisch-kybernetischen Systems S in dem Falle, daß sich das System S^* zum Zeitpunkt $t+1$ im Zustand z^1_{t+1} befindet, berechnet sich nach:

$$H_t^1(\boldsymbol{P}^S_{y_t}) = -\sum_{i=1}^{l} \pi_t^{i1} \operatorname{ld} \pi_t^{i1}.$$

Da sich das System S^* zum Zeitpunkt $t+1$ mit der Wahrscheinlichkeit p_t^i in jedem seiner möglichen Zustände z^1_{t+1} befinden kann, wird es notwendig, die Gesamtheit dieser Wahrscheinlichkeiten in Betracht zu ziehen.

Um den Einfluß quantifizieren zu können, den das Wachstum des Hauptsystems S^* auf die Entwicklung des Systems S ausübt, wird die Entropie des wahrscheinlichen Wachstumsraumes des Systems S, die von der Entwicklung des Hauptsystems S^* abhängt, eingeführt. Sie berechnet sich nach:

$$H_t(\boldsymbol{P}^S_{y_t} \mid \boldsymbol{P}^{S^*}_{z_t}) = -\sum_{j=1}^{n} p_t^j H_t^j(\boldsymbol{P}^S_{y_t}) = \sum_{j=1}^{n} \sum_{i=1}^{l} p_t^j \pi_t^{ij} \operatorname{ld} \pi_t^{ij}.$$

Zwischen der Entropie des wahrscheinlichen Wachstumsraumes des Systems S und der Entropie des Systems S unter der Bedingung des Wirkens des Systems S^* besteht folgende Relation:

$$H_t(\boldsymbol{P}^S_{y_t}) \mid (\boldsymbol{P}^S_{z_t}) \leqq H_t(\boldsymbol{P}^S_{y_t}).$$

Die Gleichheit tritt nur dann ein, wenn das Wachstum des ökonomisch-kybernetischen Systems S^* die Entwicklung des Systems S nicht beeinflußt.

Die Differenz

$$\Delta_t(\boldsymbol{P}^S_{y_t} \mid \boldsymbol{P}^{S^*}_{z_t}) = H_t(\boldsymbol{P}^S_{y_t}) - H_t(\boldsymbol{P}^S_{y_t} \mid \boldsymbol{P}^{S^*}_{z_t})$$

quantifiziert die Wirkung des Systems S^* auf die Entwicklung des Wachstums des Systems S (Abb. 6.2.).

Durch die vielfältigen Direkt- und Rückverbindungen, die sich zwischen den verschiedenen Bestandteilen des ökonomisch-kybernetischen Systems der Volkswirtschaft herausbilden, beeinflußt ein System S^* im allgemeinen die Entwicklung zahlreicher

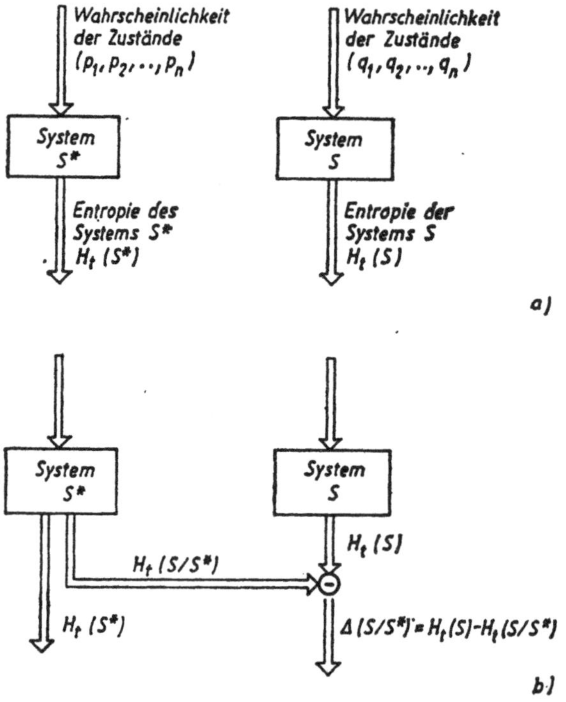

Abb. 6.2. Entropie von Systemen
a) isolierte Systeme
b) gekoppelte Systeme

anderer Systeme. Wenn wir davon ausgehen, daß das System S^* einen positiven Einfluß auf die Entwicklung der Systeme $S_1, S_2 \ldots, S_N$ ausübt, so quantifiziert die Kenngröße

$$F_t(\boldsymbol{P}^{S^*}_{z_t}) = \sum_{k=1}^{N} \Delta_t(\boldsymbol{P}^{S_k}_{y_t} \mid \boldsymbol{P}^{S^*}_{z_t})$$

die Wirkung, das heißt die gravitationsbezogene Kraft des Systems S^*.

Ein besonderes Problem, das sich im Zusammenhang mit der Erforschung der Bewegungs- und Entwicklungseigenschaften ökonomisch-kybernetischer Systeme im Volkswirtschaftsraum ergibt, betrifft die Entropie des Gesamtbereiches der Wachstumstrajektorien.

Betrachten wir ein ökonomisch-kybernetisches Systems S, das sich im Zustand z_t befindet, so beträgt sein wahrscheinlicher Wachstumsraum zum Zeitpunkt t $\{t, z_t, \boldsymbol{P}^S_{z_t}\}$. Dessen Entropie ist $H_t(\boldsymbol{P}^S_{z_t})$. Zum Zeitpunkt $t + 2$ kann sich das System in den Zuständen

$z^1_{t+2}, z^2_{t+2}, \ldots, z^q_{t+2}$ befinden, deren Wahrscheinlichkeiten in nachstehender Matrix enthalten sind.

$$\begin{pmatrix} z^1_{t+2} & z^2_{t+2} & \cdots & z^q_{t+2} \\ p^1_{1,t+1} & p^1_{2,t+1} & \cdots & p^1_{q,t+1} \end{pmatrix}.$$

Die oben dargestellten Wahrscheinlichkeiten hängen ab vom Zustand, den das System zum Zeitpunkt $t + 1$ erreicht hat. Es zeigt sich somit die Notwendigkeit, Wahrscheinlichkeiten der Form

$$p(z_{t+2} \mid z_{t+1})$$

in Betracht zu ziehen. Sie geben an, mit welcher Wahrscheinlichkeit sich das System zum Zeitpunkt $t + 2$ im Zustand z_{t+2} befindet, wenn es sich zum Zeitpunkt $t + 1$ im Zustand z_{t+1} befand.

Die Entropie des wahrscheinlichen Wachstumsraumes des ökonomisch-kybernetischen Systems zum Zeitpunkt $t + 2$, die von seinem Zustand zum Zeitpunkt $t + 1$ bedingt wird, wird folgendermaßen beschrieben:

$$H_{t+1}(\boldsymbol{P}^S_{z_{t+2}} \mid \boldsymbol{P}^S_{z_{t+1}}) = - \sum_{k=1}^{q} p_k H^k_{t+1}(\boldsymbol{P}^S_{z_{t+2}}).$$

$H^k_{t+1}(\boldsymbol{P}^S_{z_{t+1}})$ ist die Entropie des wahrscheinlichen Wachstumsraums des ökonomisch-kybernetischen Systems zum Zeitpunkt $t + 2$, falls es sich zum Zeitpunkt $t + 1$ im Zustand z^k_{t+1} befand.

Die Kenntnis des wahrscheinlichen Wachstumsraumes ökonomisch-kybernetischer Systeme sowie die Berechnung der Entropie ist besonders nutzbringend für die praktische Prognose- und Planungstätigkeit sowie für die Leitung von Systemen im Volkswirtschaftsraum. Die Analyse der Entwicklungstrajektorien ökonomisch-kybernetischer Systeme erfordert die Nutzung der Theorie der stochastischen Prozesse, ihrer Methoden und Verfahren. Diese schaffen die Voraussetzung für die bessere Widerspiegelung der komplexen Wirklichkeit des Wirtschaftsraumes und seiner Beherrschung.

7. Ökonomisch-kybernetische Modellierung in der Volkswirtschaft

7.1. Die Modellmethode und ihre Bedeutung

Obwohl der Ausdruck „Modell‘ verhältnismäßig spät in der Wissenschaftssprache erschien, wurde die Modellmethode bereits seit dem Altertum angewandt, weitgehend in der Seefahrt, im Bauwesen, in der Architektur u. a.

Gleichzeitig mit der Entstehung der Kybernetik hat sich der Inhalt des Begriffs „Modell“ stark erweitert, wobei sich zugleich auch der Anwendungsbereich der Modellmethode vergrößerte.

Die Modellmethode ist eine der Hauptquellen der Kybernetik. Bedeutsam in dieser Hinsicht ist, daß sich N. Wiener und A. Rosenblueth zwei Jahre vor dem Erscheinen des Buches „Cybernetics or control and communication in the animal and the machine“ in einem Artikel mit der Bedeutung von Modellen in der Wissenschaft beschäftigten.

Die Modellmethode ist ein wichtiges Instrument des Erkennens und des Handelns. Auch hat die Geschichte der Wissenschaftsentwicklung den hohen erkenntnistheoretischen Wert der Modellmethode sichtbar gemacht.

Die Vervollkommnung der Mittel zur Quantifizierung und Modellierung von Erscheinungen in Natur und Gesellschaft führte dazu, daß die Vorstellungen über die objektive Welt genauer wurden und die Modelle die Wirklichkeit immer besser widerspiegeln.

Die Modellierung ist ein leistungsfähiger Prozeß zur optimalen Leitung von Systemen und führt zu neuen Informationen über ihre Struktur, ihre Funktion und ihr Verhalten (Abb. 7.1.).

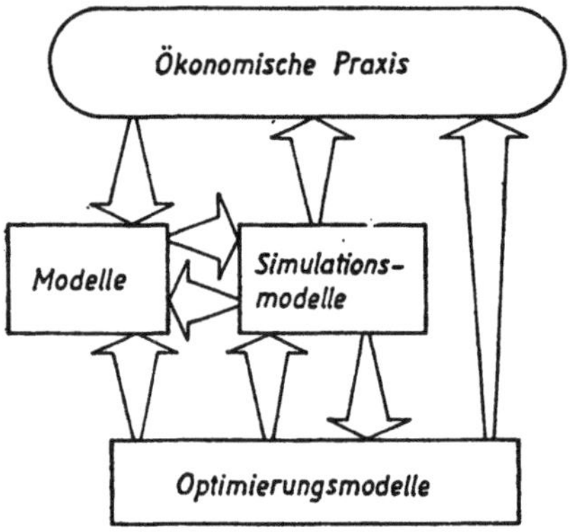

Abb. 7.1. Modellierung, Optimierung und Simulation in der Ökonomie

In den letzten Jahren gab es Bemühungen, eine allgemeine Modell- und Analysetheorie zu entwickeln. Dabei wurde der erkenntnistheoretische Wert der Modellierung vom Standpunkt des dialektischen und historischen Materialismus aus analysiert.

Im allgemeinen erscheint im Modellierungsprozeß die folgende dreistellige Relation: $\{O, S, M\}$.

Darin wurde mit O das Objekt, das Modelloriginal, bezeichnet, von dem das Modell durch das Subjekt S geschaffen wurde. Für ökonomisch-kybernetische Systeme läßt sich eine Höchstmenge an Informationen über die strukturellen, funktionellen und verhaltensmäßigen Eigenschaften des analysierten Systems gewinnen, wenn zwischen dem Original O und dem Modell M bei der Modellierung ein Isomorphismus realisiert wurde.

Der Modellierungsprozeß beruht darauf, daß es Übereinstimmungen zwischen dem analysierten Objekt und dem Modell M gibt, weshalb eine Untersuchung des Originals O auch mit Hilfe des Modells möglich ist. Andererseit ist der Modellierungsprozeß dadurch gekennzeichnet, daß es Algorithmen gibt, mit deren Hilfe Informationen, die aus Modellen gewonnen wurden, in neue, für das analysierte Original wichtige Informationen transformiert werden.

Vom erkenntnistheoretischen Standpunkt aus lassen sich in einem Modellierungsprozeß drei Etappen unterscheiden.

In der ersten Etappe des Modellierungsprozesses erfolgt eine Analyse des Originals O und auf dieser Grundlage ein Nachweis seiner Eigenschaften $P_1(O)$, $P_2(O)$, …, $P_n(O)$. Im Falle ökonomisch-kybernetischer Systeme sind es Eigenschaften, durch die ökonomische, finanzielle, technische und technologische u. a. Merkmale des Systems charakterisiert werden.

Gleichzeitig werden die Aufgaben ausgewiesen, die dem modellierten Original im Rahmen der Wirtschaft zufallen sowie Kopplungen, die zwischen seinen Bestandteilen und zu seiner Umgebung existieren.

Die erste Etappe der konkreten Analyse beinhaltet auch die Festlegung der technisch-ökonomischen Voraussetzungen, die dem auszuarbeitenden Modell zugrunde liegen sollen, ebenso wie die dazu notwendige Informationsbasis.

Innerhalb der ersten Etappe des Modellierungsprozesses erfolgt auch die Umsetzung der durch konkrete Analyse gewonnenen Eigenschaften des Originals O auf das Modell M. Die entsprechenden Eigenschaften werden mit $P_1(M)$, $P_2(M)$, ..., $P_n(M)$ bezeichnet.

In der zweiten Etappe des Modellierungsprozesses erfolgt die Untersuchung des Modells M.

Bei ökonomisch-kybernetischen Systemen erfolgt die Untersuchung unter weitgehender Anwendung der Methoden und Verfahren der ökonomischen Logistik und der Quantenökonomie. Auf dieser Grundlage gewinnt man neue Informationen über die qualitativen Eigenschaften des Modells, insbesondere über die Menge der Zustände des Volkswirtschaftsraumes, der Beobacht- und Steuerbarkeit sowie der dynamischen Stabilität.

Die neuen Informationen über das Modell M, die aus Untersuchungen mit Hilfe von Methoden und Verfahren der ökonomischen Logistik und der Quantenökonomie resultieren, werden mit $P_{n+1}(M)$, $P_{n+2}(M)$, ..., $P_{n+k}(M)$ bezeichnet.

In der dritten Etappe erfolgt die Überführung und Nutzung der durch die Modelluntersuchung gewonnenen Informationen in die Praxis. Auf dieser Grundlage läßt sich eine Effektivitätserhöhung des Originals erreichen.

Außer der erkenntnistheoretischen Bedeutung haben Modelle auch eine heuristische Funktion. Durch Synthese der bis zu einem gewissen Zeitpunkt entstandenen Kenntnisse ermöglicht die Modellmethode einen Erkenntnisprozeß auf neuer, höherer Stufe.

Eine spezielle Art der Modellierung ist die ökonomisch-kybernetische Modellierung. Durch sie werden die Kopplungen und Überlagerungen, die zwischen den Bestandteilen des Systems der Volkswirtschaft existieren, aufgezeigt, quantifiziert und beeinflußt.

Das Modell eines ökonomisch-kybernetischen Systems widerspiegelt in mathematischer Beschreibung Struktur, Verhalten und Funktion innerhalb des Wirtschaftsmechanismus sowie seine spezifischen Entwicklungsgesetze im Volkswirtschaftsraum.

Die mathematische Beschreibung hat für die ökonomisch-kybernetische Modellierung eine große Bedeutung. Es bewahrheitet sich die geniale Aussage von Karl Marx, daß eine Wissenschaft erst Vollkommenheit erreicht, wenn es ihr gelingt, sich mathematischer Verfahren zu bedienen. Paul Lafargue sagte über Marx: „In der höheren Mathematik fand er die dialektische Bewegung in ihrer logischsten und zugleich einfachsten Form; seiner Meinung nach war auch eine Wissenschaft erst dann wirklich entwickelt, wenn sie dahin gelangt war, sich der Mathematik bedienen zu können“.[1])

Die ökonomisch-kybernetische Modellierung ist verbunden mit der intensiven Ausarbeitung immer vollkommenerer Modelle, die eine getreue Wiedergabe der im Wirtschaftsraum auftretenden Erscheinungen und Prozesse ermöglichen. Entsprechend den am Modell gewonnenen Erkenntnissen und durch Vergleich mit der objektiven Wirklichkeit werden das Widerspiegelungsvermögen und die Gültigkeit der bei der Modellausarbeitung aufgestellten Hypothesen überprüft und u. U. berichtigt.

---

[1]) Vgl. Erinnerungen an Karl Marx, Dietz Verlag Berlin 1953, S. 155

Auf diese Weise wird das Modell zum Anknüpfungspunkt zwischen theoretischem Wissen und praktischer Wirtschaft. Diese Funktion äußert sich in zweifacher Hinsicht; von der Wirklichkeit zur Theorie und von der Theorie zur Praxis (Abb. 7.1.).

7.2. Kurzer Abriß zur Quantifizierung und Modellierung von Wirtschaftsprozessen

Die Quantifizierung und Modellierung von Wirtschaftsprozessen begann mit der Herausbildung der politischen Ökonomie als Wissenschaft.

William Petty (1623—1687), von Karl Marx als der Vater der wissenschaftlichen Politökonomie und in einem bestimmten Maße auch der Statistik betrachtet, machte sich mit seinen wissenschaftlichen Untersuchungen zur auf der Arbeit begründeten Werttheorie verdient.

Man kann sagen, daß mit W. Petty eine neue Etappe in der Erforschung der wirtschaftlichen Erscheinungen und Prozesse begann.

William Petty, der eine vielseitige Bildung in der Wirtschaftslehre, der Mathematik, der Technik und der Medizin besaß, gebührt das große Verdienst, als einer der ersten Wirtschaftswissenschaftler erkannt zu haben, daß die Erforschung wirtschaftlicher Erscheinungen keine ausreichenden Fortschritte machen wird, solange die qualitative Analyse nicht auf der numerischen Analyse beruht.

Diese Auffassung hat Petty dazu geführt, die „Politische Arithmetik“[1]), eine der wichtigsten Leistungen des 17. Jahrhunderts, zu schaffen. Im Vorwort dazu sagte er bezüglich der Erforschung wirtschaftlicher Erscheinungen, daß er anstelle der Vergleiche, der superlativischen Ausdrücke und spekulativen Argumente die Sprache der Zahlen, der Gewichte und Maße gebrauchen werde. Diesem Grundsatz ist Petty in allen seinen Wirtschaftsforschungen treu geblieben.

Fr. Quesnay (1694—1774) gebührt das Verdienst, einer der ersten Wirtschaftswissenschaftler gewesen zu sein, der eine theoretische Analyse der Reproduktion versuchte, wobei er eines der ersten makroökonomischen Modelle ausarbeitete.

In seinem berühmten „Tableau économique“, entstanden 1758, stellt Quesnay in zusammenfassender Form die Hauptmomente der einfachen kapitalistischen Reproduktion dar: Produktion, Distribution, Zirkulation und Konsumtion.

Die Gründlichkeit des von Fr. Quesnay ausgearbeiteten makroökonomischen Modells fand bei Karl Marx hohe Wertschätzung.

Adam Smith (1723—1790) entwickelte in seiner Hauptarbeit „Der Reichtum der Nationen“ auf höherer Ebene die Arbeiten von Petty weiter und zeigte, daß die Quelle des Wertes die in allen Zweigen der materiellen Produktion geleistete menschliche Arbeit ist.

David Ricardo (1772—1823) baute auf die Untersuchungen von W. Petty und A. Smith auf und zeigte, daß die einzige Quelle des Wertes die menschliche Arbeit ist. Er beschrieb genauer als seine Vorgänger die Wertkategorien, den Gebrauchswert, den Preis usw. Ebenso verdeutlicht das von D. Ricardo ausgearbeitete Modell die Rolle der vergegenständlichten Arbeit bei der Bestimmung des Wertes.

Bei der Behandlung der Modellierung wirtschaftlicher Erscheinungen hielten wir es für nützlich, die klassische Schule kurz darzustellen, die trotz aller Grenzen und Irrtümer im

---

[1]) William Petty: Political Arithmetic, Glasgow 1751

Erbe der Wissenschaft als eine der Quellen des dialektischen und historischen Materialismus weiterlebt.

Fr. Quesnay, W. Petty, A. Smith und D. Ricardo haben mit wissenschaftlichen Mitteln den Wirtschaftsmechanismus untersucht und durch die erzielten Ergebnisse zum Fortschritt der Wirtschaftswissenschaften beigetragen. Bei ihren Untersuchungen haben sie die Wirtschaft als ein einheitliches System betrachtet, das aus vielfältigen, sich wechselseitig bedingenden Teilsystemen besteht.

Karl Marx (1818—1883) war derjenige, der in der Anwendung der Modellmethode auf wirtschaftliche Erscheinungen und Prozesse auf Grundlage des dialektischen und historischen Materialismus eine regelrechte Revolution eingeleitet hat.

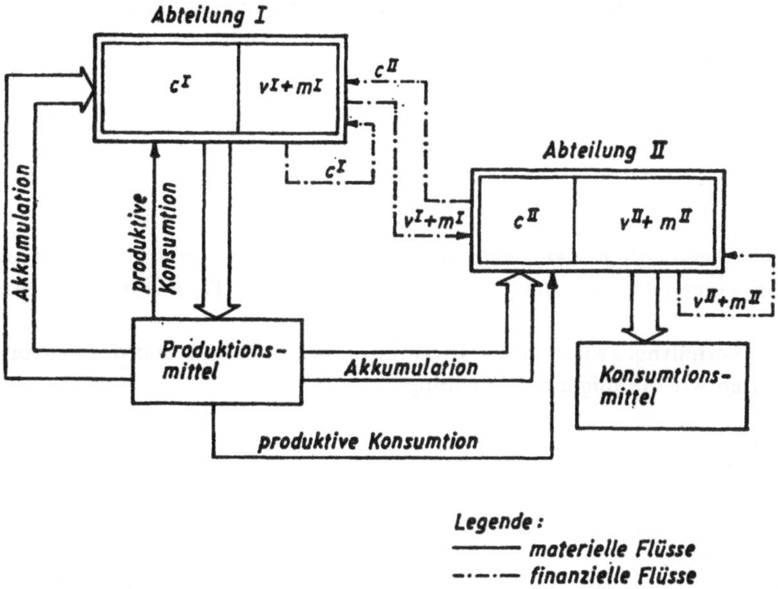

Abb. 7.2. Reproduktionsschema nach Marx

Ein glänzendes Beispiel für die schöpferische Anwendung der Modellmethode durch Karl Marx bei der Untersuchung wirtschaftlicher Erscheinungen sind die bekannten Reproduktionsschemata, die eine geniale Schöpfung der marxistischen politischen Ökonomie darstellen. Das Schema der erweiterten Reproduktion, von Karl Marx im 2. Band des Kapitals vorgelegt, liegt gegenwärtig den meisten makroökonomischen Modellen zugrunde.

Im folgenden betrachten wir ein Modell, in dem sich das Schema der erweiterten Reproduktion (Abb. 7.2.) als dynamisches Modell formulieren läßt. Zu diesem Zweck wird ausgegangen von den grundlegenden Relationen des von Karl Marx ausgearbeiteten Schemas der erweiterten Reproduktion:

$$c_t^{\mathrm{I}} + v_t^{\mathrm{I}} + m_t^{\mathrm{I}} = X_t^{\mathrm{I}},$$

$$c_t^{\mathrm{II}} + v_t^{\mathrm{II}} + m_t^{\mathrm{II}} = X_t^{\mathrm{II}}.$$

Hierbei bedeuten: c — die Aufwendungen an Produktionsmitteln, $v + m$ — die Aufwendungen an lebendiger Arbeit und X — das Bruttoprodukt in der Abteilung I bzw. II der Volkswirtschaft. Wir wollen als Kenngrößen einführen

$$\alpha_1 = \frac{c_t^{I}}{X_t^{I}} \quad \text{und} \quad \alpha_2 = \frac{c_t^{II}}{X_t^{II}}.$$

Es gilt weiterhin

$$c_t^{I} + c_t^{II} + I_t = X_t^{I}.$$

Darin wurde mit I_t der Akkumulationsumfang im Jahre t bezeichnet.

Mit Hilfe der eingeführten Größen läßt sich die folgende Gleichung aufstellen

$$\alpha_1 X_t^{I} + \alpha_2 X_t^{II} + I_t = X_t^{I},$$

woraus sich ergibt:

$$X_t^{I} = \frac{1}{1 - \alpha_1} I_t + \frac{\alpha_2}{1 - \alpha_1} X_t^{II}.$$

Aus dieser Gleichung wird ersichtlich, daß zwischen der Produktion des Sektors I und dem Akkumulationsumfang einerseits und der Produktion des Sektors II andererseits ein Zusammenhang besteht.

Wenn wir mit g_t das Verhältnis zwischen der Produktion des Sektors I und des Sektors II bezeichnen, so erhalten wir die folgende Gleichung:

$$I_t = \left(1 - \alpha_1 - \frac{\alpha_2}{g_t}\right) X_t^{I}.$$

Durch sie wird der Zusammenhang zwischen dem Akkumulationsumfang und der Produktion des Sektors I beschrieben.

Um auf der Grundlage des Modells von Karl Marx die Entwicklungsdynamik der Produktion in den beiden Sektoren zu untersuchen, wollen wir jeweils mit I_t^{I} und I_t^{II} die für die beiden Sektoren bestimmte Akkumulation bezeichnen. Aus der Relation

$$c_{t+1}^{I} - c_t^{I} = I_t^{I} \quad \text{bzw.} \quad c_{t+1}^{I} - c_t^{II} = I_t^{II}$$

ergeben sich die folgenden Gleichungen:

$$X_{t+1}^{I} - X_t^{I} = \frac{I_t^{I}}{\alpha_1} \quad \text{bzw.} \quad X_{t+1}^{II} - X_t^{II} - \frac{I_t^{II}}{\alpha_2}.$$

Wenn wir mit h_t das Verhältnis zwischen der für den Sektor I und der für den Sektor II bestimmten Akkumulation bezeichnen, so erhalten wir die Gleichungen:

$$X_{t+1}^{I} = X_t^{I} + \frac{h_t}{\alpha_1} I_t,$$

$$X_{t+1}^{II} = X_t^{II} + \frac{1 - h_t}{\alpha_2} I_t.$$

Sie bringen die Dynamik der beiden Sektoren zum Ausdruck. Die Dynamik der Akkumulation läßt sich beschreiben durch

$$I_{t+1} - I_t = (1 - \alpha_1)(X_{t+1}^{I} - X_t^{I}) - \alpha_2(X_{t+1}^{II} - X_t^{II})$$

und umformen in

$$I_{t+1} = I_t + \frac{1 - \alpha_1}{\alpha_1} h_t I_t - (1 - h_t) I_t.$$

Schließlich ergibt sich für die Dynamik der Akkumulation:

$$I_{t+1} = \frac{h_t}{\alpha_1} \cdot I_t.$$

Anhand der abgeleiteten Gleichungen lassen sich die Wachstumstrajektorien für die beiden Sektoren der Volkswirtschaft untersuchen. Wenn wir beispielsweise annehmen, daß die Wachstumsgeschwindigkeit der Produktion im Sektor I gleich r_t^{I} und im Sektor II gleich r_t^{II} ist, so erhalten wir aus der Entwicklungsgleichung

$$\frac{r_t^{I}}{r_t^{II}} g_t = \frac{\alpha_2}{\alpha_1} \cdot \frac{h_t}{(1 - h_t)}.$$

Für h_t ergibt sich dementsprechend

$$h_t = \frac{\alpha_1 g_t r_t^{I}}{\alpha_1 g_t r_t^{I} + \alpha_2 r_t^{II}}.$$

Damit wird das Verhältnis der in den beiden Sektoren stattfindenden Akkumulation charakterisiert, und zwar bei Berücksichtigung von Produktion und Wachstumsgeschwindigkeit. Analog erhält man die nachstehende Gleichung für die Investitionsentwicklung

$$I_{t+1} = \frac{g_t r_t^{I}}{\alpha_1 g_t r_t^{I} + \alpha_2 r_t^{II}} I_t.$$

Letztlich können die Gleichungen für die Investitions- und Produktionsentwicklungstrajektorien der beiden Sektoren verallgemeinert werden; dies führt zu

$$I_t = \prod_{i=0}^{t-1} \frac{g_i r_i^{I}}{\alpha_1 g_i r_i^{I} + \alpha_2 r_i^{II}} I_0,$$

$$X_t^{I} = \frac{g_t}{(1 - \alpha_1) g_t - \alpha_2} \prod_{i=0}^{t-1} \frac{g_i r_i^{I}}{\alpha_1 g_i r_i^{I} + \alpha_2 r_i^{II}} I_0 \quad \text{und}$$

$$X_t^{II} = \frac{1}{(1 - \alpha_1) g_t - \alpha_2} \prod_{i=0}^{t-1} \frac{g_i r_i^{I}}{\alpha_1 g_i r_i^{I} - \alpha_2 r_i^{II}} I_0.$$

Auf Grund der abgeleiteten Gleichungen lassen sich die Produktionsentwicklungstrajektorien der beiden Sektoren untersuchen, und zwar nach den Kenngrößen g_i, r_i^{I} und r_i^{II} (Abb. 7.3.).

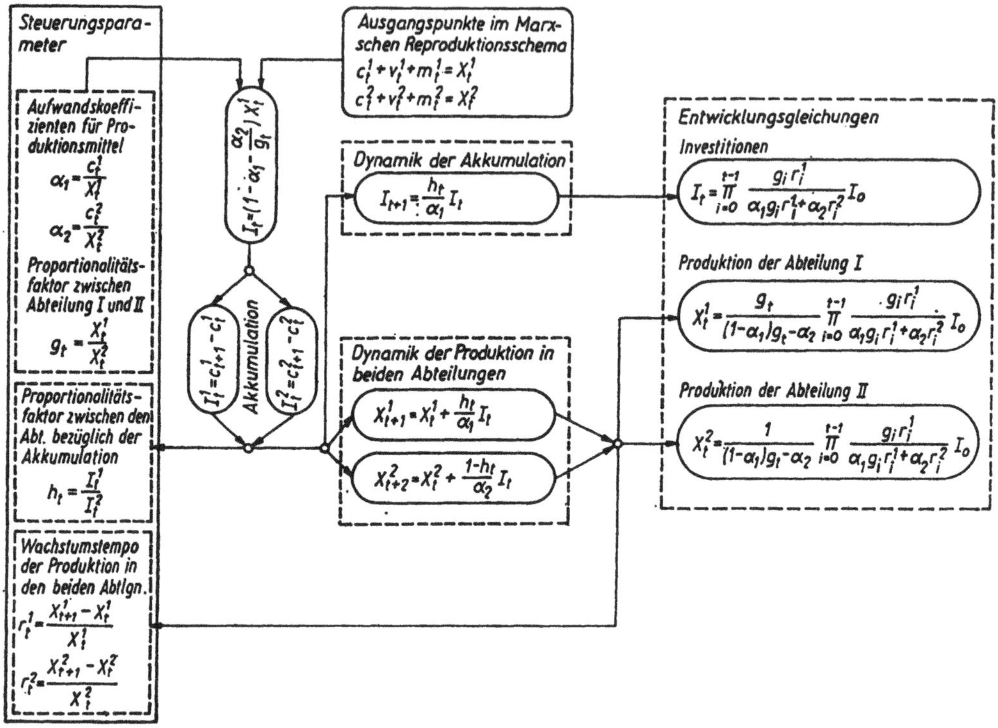

Abb. 7.3. Anwendung des Reproduktionsschemas von MARX

7.3. *Zur Klassifikation ökonomisch-kybernetischer Modelle*

Eine mathematische Beschreibung der komplexen Erscheinungen im Volkswirtschaftsraum erfolgt durch eine Vielzahl ökonomisch-kybernetischer Modelle, die sich einteilen lassen (Abb. 7.4.) nach

— dem Gegenstandsbereich,
— der Art und
— dem Zeithorizont des Modells.

Entsprechend dem Gegenstandsbereich der wiederzugebenden wirtschaftlichen Erscheinungen und Prozesse lassen sich die ökonomisch-kybernetischen Modelle in die beiden folgenden großen Gruppen einteilen:

a) Modelle des Gesamtsystems,
b) Modelle als Bestandteile des Gesamtsystems.

Die in der ersten Kategorie enthaltenen ökonomisch-kybernetischen Modelle sind im allgemeinen gekoppelte Modelle, die gesamtvolkswirtschaftliche Erscheinungen und Prozesse wiedergeben. Sie erfassen mittels aussagefähiger Kennziffern den Entwicklungsstand der Produktivkräfte und die Wachstumsgeschwindigkeit des Gesamtsystems im Volkswirtschaftsraum.

Die ökonomisch-kybernetischen Modelle der zweiten Gruppe geben die spezifischen Erscheinungen und Prozesse einzelner Bestandteile bzw. Aspekte des Gesamtsystems der

Volkswirtschaft wieder. In diesem Sinne unterscheidet man ökonomisch-kybernetische Modelle des Systems der Leitung, des Systems der Arbeitsproduktivität usw.

Aus der Sicht der Art der Modelle kann man unterscheiden Struktur-, Verhaltens- und Funktionsmodelle.

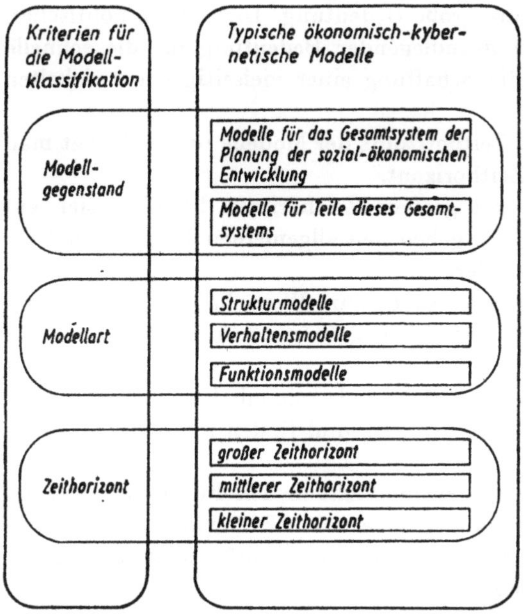

Abb. 7.4. Typische ökonomisch-kybernetische Modelle

Mit Hilfe ökonomisch-kybernetischer Strukturmodelle werden die Beziehungen zwischen den Bestandteilen des modellierten Systems erfaßt und mathematisch beschrieben. Diese Modellklasse spielt auch eine besondere Rolle bei der Quantifizierung von Rückkopplungen. Eine wichtige Klasse von Strukturmodellen sind die Zweigverflechtungsmodelle, beschrieben durch

$$\boldsymbol{x} = \boldsymbol{A}\boldsymbol{x} + \boldsymbol{y}.$$

Hierbei bedeutet

$\boldsymbol{x}$ — Vektor der Produktion,
$\boldsymbol{y}$ — Vektor des Endverbrauchs,
$\boldsymbol{A}$ — Matrix der Aufwandskoeffizienten.

Diese Modelle tragen dazu bei, daß eine ausgewogene und proportionale Entwicklung der Zweige der materiellen Produktion gewährleistet ist.

Durch ökonomisch-kybernetische Verhaltensmodelle wird mit Hilfe der Mathematik die Entwicklung von Systemen im Volkswirtschaftsraum wiedergegeben, und zwar als Folge der sich in ihnen vollziehenden Prozesse.

Funktionsmodelle haben zum Gegenstand die sich zwischen dem modellierten System und den übrigen Bestandteilen herausbildenden Verbindungen unter dem Gesichtspunkt des Funktionierens des Gesamtsystems. So werden die ökonomisch-kybernetischen

Modelle des Systems der materiellen Produktion und der Dienstleistungen die Funktion innerhalb des Wirtschaftsmechanismus wiedergeben, wobei sie die vielfältigen Relationen und Rückkopplungen zu anderen Systemen quantifizieren.

In der Klasse der ökonomisch-kybernetischen Systeme, die die Funktionsweise der Systeme der Volkswirtschaft wiedergeben, besitzt das Modell für ein optimales Verhältnis zwischen Akkumulation und Konsumtion eine große Bedeutung. Dies ist ein politisches, theoretisches und praktisches Problem mit grundlegender Bedeutung für die schnelle Entwicklung der Volkswirtschaft und für die Schaffung einer vielseitigen entwickelten sozialistischen Gesellschaft.

Aus der Sicht der Wirtschaftszeit und des Zeithorizonts der Modelle unterscheidet man Modelle mit großen, mittleren und kurzem Zeithorizont.

Die ökonomisch-kybernetischen Modelle mit großem Zeithorizont beziehen sich auf Zeiträume von 10 bis 20 Jahren und mehr. Sie geben den allgemeinen Rahmen und die Hauptwachstumskoordinaten des Systems wieder.

Diese Modelle mit großem Zeithorizont und Aussagen zum Wirtschaftswachstum, vergegenständlicht in Entwicklungsprogrammen und -plänen, liefern den Bezugsrahmen für mittelfristige Planungsmodelle.

Die mittelfristigen Wirtschaftswachstumsmodelle, Modelle mit mittlerem Zeithorizont, beziehen sich im allgemeinen auf Fünfjahrplanzeiträume und finden ihren Niederschlag auch in ihnen.

Die mittelfristigen Wachstumsmodelle, vergegenständlicht in den Fünfjahrplänen der wirtschaftlichen und gesellschaftlichen Entwicklung, liefern den Bezugsrahmen für kurzfristige Wirtschaftswachstumsmodelle, die sich im allgemeinen auf den Zeitraum von einem Jahr bzw. auf die Jahrespläne beziehen.

II. Zur Anwendung der Ökonomischen Kybernetik auf der Ebene der Volkswirtschaft

8. Zu einem System von Modellen zur Beschreibung der Volkswirtschaft

Bei der Ausarbeitung ökonomisch-kybernetischer Modelle des Volkswirtschaftsraumes gehen wir davon aus, daß die Beschreibung von Erscheinungen und Prozessen, die das Wachstum der Volkswirtschaft bestimmen, durch ein einziges kybernetisches Modell auf eine riesige Zahl von Gleichungen hinauslaufen würde. Ein solches „Supermodell“ wäre außerordentlich schwerfällig und für die Anwendung in der Planungspraxis ungeeignet. Dementsprechend wurde ein System von Modellen nach einer einheitlichen Konzeption ausgearbeitet.

Damit die Erscheinungen und Prozesse im Volkswirtschaftsraum in der Modelldarstellung die Systemdynamik der Volkswirtschaft möglichst getreu wiedergeben, wurde von den folgenden Grundsätzen ausgegangen:

1. Die Leitung des gesamten wirtschaftlichen und gesellschaftlichen Lebens durch die Partei ist der entscheidende Faktor für den Fortschritt in der Gesellschaft.
2. Das System des Nationalreichtums ist das Hauptelement für die Erhöhung des Volkswohlstandes.
3. Das Wachstum der Volkswirtschaft ist so zu lenken, daß eine möglichst wirksame Nutzung aller Bestandteile des Nationalreichtums und eine ständige Erhöhung des Volkswohlstandes gewährleistet sind.
4. Das Verhältnis von Konsumtion zur Akkumulation ist eine grundlegende Steuergröße.
5. Die Entwicklungstrajektorien der Volkswirtschaft müssen auf eine moderne, dynamische und höchst rentable Struktur der Volkswirtschaft sowie ihre ständige Vervollkommnung gerichtet sein.
6. Die Ausbildung von Arbeitskräften muß unter perspektivischem Blickwinkel erfolgen und Veränderungen im Volkswirtschaftsraum berücksichtigen.
7. Bei der Ausarbeitung der Modelle muß der wissenschaftlich-technische Fortschritt als wesentlicher Wachstumsfaktor berücksichtigt werden.
8. Das Wachstum der Volkswirtschaft muß so gelenkt werden, daß sich eine homogene wirtschaftliche und gesellschaftliche Entwicklung auch unter territorialen Gesichtspunkten vollzieht.
9. Die Wachstumstrajektorien müssen eine aktive und effektive Beteiligung an der internationalen Arbeitsteilung sichern.

Die Methodologie, die im Hinblick auf die Ausarbeitung eines integrierten Systems von Modellen angewandt wird, umfaßt zwei Phasen:

a) Ausarbeitung von Wachstumsmodellen zu den Bestandteilen des Systems der Volkswirtschaft,

b) Kopplung der Teilmodelle und Integration zu einem Gesamtsystem von Modellen zur Abstimmung der Dynamik der volkswirtschaftlichen Systeme.

Den zentralen Platz innerhalb des integrierten Systems von Modellen nimmt das zentrale Leitungsmodell ein. Zwischen diesem und den übrigen Modellen des Systems der Volkswirtschaft besteht ein ständiger Informationsstrom.

Die Nutzung des integrierten Systems von Modellen für den Entwurf der Wachstumstrajektorien für die Volkswirtschaft erfolgt in mehreren Etappen.

In der ersten Etappe werden die Durchschnittskennziffern für das Wachstum des Gesamtsystems und seiner wichtigsten Bestandteile bestimmt. Diese ergeben sich aus der allgemeinen Strategie der wirtschaftlichen und gesellschaftlichen Entwicklung des Landes.

Jedes System führt dann auf Grund der erhaltenen Führungsgrößen seine Modellrechnungen durch (2. Etappe). Falls ein System über mehrere Modelle verfügt, folgt ein weiterer Arbeitsgang, die Synthese der erhaltenen Ergebnisse und schließlich ihre Weiterleitung an das System der Leitung.

Die dritte Etappe beinhaltet die Zusammenfassung der Ergebnisse aller Systeme, Berechnungen im Leitungsmodell und schließlich neue Informationen für die einzelnen Systeme.

Der ständige Informationsstrom sowohl auf der Horizontalen, das heißt zwischen den Modellen verschiedener Systeme, als auch auf der Vertikalen, das heißt zwischen den Modellen und dem Leitungsmodell, hat die Aufgabe, die Wachstumstrajektorien aller Bestandteile des Gesamtsystems so abzustimmen, daß eine optimale Entwicklung gewährleistet ist.

Der gesamte Optimierungsvorgang erfolgt nach Varianten, die vom Menschen analysiert werden und zu Entscheidungen führen.

Der Grundsatz, ein hierarchisches System von Modellen auszuarbeiten, zwischen denen sowohl auf der Horizontalen als auch auf der Vertikalen ein beständiger Informationsstrom besteht, wurde auch auf die Modellierung des Wachstums der Bestandteile des Gesamtsystems angewandt. So besteht, wenn wir das System der materiellen Produktion und der Dienstleistungen nehmen, ein ständiger Informationsstrom zwischen den Modellen der Industrie, der Landwirtschaft, des Bauwesens u. a. m. Das entspricht dem Informationsaustausch auf der Horizontalen. Ebenso gibt es auch auf der Vertikalen starke Ströme, die sich in einem ständigen Informationsaustausch zwischen den Modellen der verschiedenen Zweige und Betriebsgruppierungen und den Betriebsmodellen usw. äußern.

Die für die Ausarbeitung des integrierten Systems von Modellen angewandte Konzeption stellt damit eine Anwendung des Prinzips des demokratischen Zentralismus auf dem Gebiet der Modellierung dar.

Um die Modelle der Systeme und Teilsysteme des Volkswirtschaftsraumes auszuarbeiten, wurde von einem Schema des Systems der Volkswirtschaft (Abb. 3.4. S. 36) ausgegangen, in dem Platz und Rolle jedes Bestandteiles festgelegt ist.

Die meisten Modelle, die das Wachstum der verschiedenen Bestandteile des Gesamtsystems im Volkswirtschaftsraum beschreiben, werden dadurch gewonnen, daß man innerhalb eines „Gesamtmodells" die vom System der Leitung ausgehenden Führungsgrößen sowie die Beziehungen zu den anderen Systemen genau festlegt. Für jeden Bestandteil des Gesamtsystems ist eine ökonomische Analyse zur Kennzeichnung der strukturellen Beziehungen und ihrer mathematischen Beschreibung notwendig.

Mit den nach einer einheitlichen Konzeption aufgebauten Modellen zu den Systemen und Teilsystemen der Volkswirtschaft wird ein Beitrag zur ständigen Erweiterung der verfügbaren Methoden und Verfahren der Leitungswissenschaft und ökonomischen Kybernetik sowie zur Erforschung der wirtschaftlichen Erscheinungen und Prozesse und ihrer besseren Beherrschung geleistet.

9. Das System der Leitung

In der Topologie des kybernetischen Gesamtsystem der Volkswirtschaft bilden die Bestandteile, die sich mit der Leitung der Volkswirtschaft beschäftigen, das System der Leitung. Seine Hauptaufgabe besteht in der Koordinierung aller Systeme der Volkswirtschaft, so daß die durch den Volkswirtschaftsplan fixierte wirtschaftliche und gesellschaftliche Entwicklung realisiert wird.

Das System der Leitung ist hierarchisch organisiert. Eine entscheidende Rolle fällt dem Leitungsorgan auf der Ebene der Volkswirtschaft zu. Es trifft Festlegungen für ein optimales, ausgewogenes und proportionales Wachstum im Volkswirtschaftsraum auf Grundlage der allgemeinen Strategie der wirtschaftlichen und gesellschaftlichen Entwicklung des Landes.

Das System der Leitung sichert eine gründliche Kenntnis der wirtschaftlichen und gesellschaftlichen Prozesse sowie der volkswirtschaftlichen Realität, so daß auch eine klare Vorausschau für die Gesellschaft möglich ist.

Die Beziehungen zwischen den Leitungssystemen verschiedener Ebenen vollziehen sich im Sozialismus nach dem Prinzip des demokratischen Zentralismus.

Die Tätigkeiten in jedem ökonomisch-kybernetischen System des Volkswirtschaftsraumes stehen in Übereinstimmung mit den vom Leitungsorgan empfangenen Führungsgrößen. Diese werden auf Grund der Kenntnis des erreichten Entwicklungsstandes des Systems und in Übereinstimmung mit den Zielen der Volkswirtschaft erteilt.

Hauptmerkmal des Leitungssystems ist die Analyse und Synthese der Führungsgrößen, ihre Realisierung (Kontrolle) und die Ableitung von Steuerungsmaßnahmen.

Die Führungsgrößen, die das System der Leitung festlegt, resultieren aus Diagnose- und Prognosetätigkeit. Bei der Vorbereitung einer jeden Entscheidung erfolgt eine Diagnose des Systems, d. h., es werden der erreichte Entwicklungsstand, die für die Entwicklung spezifischen Gesetze und die Beziehungen zu anderen Systemen ermittelt. Da ein bedeutender Teil der getroffenen Entscheidungen und damit der Führunsgrößen ein „Vorstoß" in die Zukunft ist, liegen ihnen prognostische Untersuchungen zur Entwicklungstendenz der wichtigsten Erscheinungen und Prozesse sowohl im Volkswirtschafts- als auch im Weltwirtschaftsraum zugrunde. Die Bewertung der künftigen Auswirkungen der in der Gegenwart getroffenen Entscheidungen im Zusammenhang mit der voraussehbaren wirtschaftlichen und gesellschaftlichen Wirkung gehören mit zur Leitungstätigkeit.

Zur Begründung von politökonomischen Entscheidungen bezüglich eines optimalen, ausgewogenen und proportionalen Wachstums sowie der ständigen Vervollkommnung der wirtschaftlichen und gesellschaftlichen Tätigkeit und zur Steigerung ihrer Effektivität bedient sich das System der Leitung der von der ökonomischen Logistik entwickelten Methoden, Verfahren und Modelle zur Wirtschaftserkundung. Sie hat die Aufgabe, die für die Bewegung der Systeme und Teilsysteme spezifischen Gesetze, die Langzeittendenzen in bezug auf die Vergrößerung des gesellschaftlichen Gesamtprodukts und des Nationaleinkommens, auf die Steigerung der Arbeitsproduktivität und der ökonomischen Effektivität, auf die Bevölkerungsentwicklung und die Beschäftigungsstruktur der Arbeitskräfte usw. zu ermitteln.

Die Analyse der Langzeittendenzen für die Entwicklung eines jeden Systems und Teilsystems sowie für das Gesamtsystem und die Nachbildung verschiedener „Szenarien" mit Hilfe der Rechentechnik ermöglichen es dem Leitungsorgan, optimale Strategien zu erarbeiten.

9.1. Das ökonomisch-kybernetische Modell der Leitung

Das ökonomisch-kybernetische Leitungsmodell dient zur Nachbildung von Trajektorien für ein optimales, ausgewogenes und proportionales Wirtschaftswachstum mittels der Rechentechnik.

Es ist ein dynamisches Modell mit diskreten Veränderlichen, dessen Zustandsvektor zu jedem Zeitpunkt die Stellung des Gesamtsystems im Volkswirtschaftsraum beschreibt.

Der Zustandsvektor $\boldsymbol{z}_t$ des Leitungsmodells beinhaltet Aussagen zur Bevölkerung des Landes, zum Nationalreichtum, zum erreichten Volkswohlstand, zum Niveau der Arbeitsproduktivität, Effektivität und Rentabilität, zum Niveau der materiellen Produktion, zum Stand der wissenschaftlichen Forschung und technologischen Entwicklung, zu den internationalen Wirtschaftsbeziehungen u. a.

Mit $\boldsymbol{u}_t$ wird der Steuerungsvektor bezeichnet, der auf solche volkswirtschaftliche Grundsatzentscheidungen basiert wie Höhe des Konsumtionsfonds, Umfang der Investitionen für das System der materiellen Produktion und der Dienstleistungen, Umfang der Investitionen für den gesellschaftlichen und kulturellen Bereich, Umfang und Struktur von Export und Import usw.

Das kybernetische Leitungsmodell nimmt folgende allgemeine Form an

$$\boldsymbol{z}_{t+1} = G_t(\boldsymbol{z}_t, \boldsymbol{u}_t, \boldsymbol{x}_t).$$

$\boldsymbol{x}_t$ ist der Eingangsvektor, der Informationen über den Bedarf an materiellen und finanziellen Ressourcen, den Bevölkerungsbedarf usw. beinhaltet.

Auf Grund der logistischen Modelluntersuchung bei Berücksichtigung der konkreten historischen Bedingungen und politischen Situation wird der Bereich der zulässigen Steuerungsmaßnahmen U für die wirtschaftliche und gesellschaftliche Entwicklung festgelegt.

In praktischen Fällen ist der Bereich der zulässigen Steuerungsmaßnahmen U das kartesische Produkt der Mengen U_i, d. h.

$$U = U_1 \times U_2 \times \cdots \times U_k.$$

Darin wurde mit U_i der Bereich der i-ten Komponente des Steuerungsvektors bezeichnet. Die allgemeine Form des Leitungsmodells wird noch ergänzt durch eine Reihe von Restriktionen, zum Beispiel im Hinblick auf die Nutzungsweise der natürlichen Ressourcen, des Bodenbestandes, des Waldbestandes usw.

Eine bedeutende Anzahl von Gleichungen des Modells bezieht sich auf die Befriedigung des Bevölkerungsbedarfs und auf die ständige Erhöhung des Volkswohlstandes.

Das System der Restriktionen des ökonomisch-kybernetischen Leitungsmodells nimmt folgende Formen an

$$\sum_{t=0}^{T} H_t(\boldsymbol{z}_t, \boldsymbol{u}_t, \boldsymbol{x}_t) = \Lambda.$$

Mit T wurde die betreffende Planzeitgrenze und mit Λ der Vektor bezeichnet, der sich aus den Entwicklungsprogrammen ergibt.

Durch Anwendung von Prognoseverfahren und durch Nutzung von Methoden der ökonomischen Logistik werden in Abhängigkeit vom Bereich der zulässigen Steuerungsmaßnahmen, von der Struktur der Entwicklungsgleichung und der Restriktionen die Beobachtbarkeits-, die Zugänglichkeits-, und die Steuerungsbereiche bestimmt.

Unter Berücksichtigung dessen, daß es um die Erhöhung des Volkswohlstandes geht, grenzt das System der Leitung für jede Etappe und innerhalb des Zugänglichkeitsbereiches die durch P_t bezeichnete Zone des allgemeinen Fortschritts ab. Bei der Festlegung dieser Zone berücksichtigt das Leitungsorgan auf der Ebene der Volkswirtschaft die Notwendigkeit einer Vergrößerung des Nationalreichtums und auf dieser Grundlage eine Erhöhung des Volkswohlstandes, wobei die gegenwärtigen Interessen der Nation mit den zukünftigen harmonisch verknüpft werden müssen.

Die Kontrolle der Entwicklung des Systems in der „Fortschrittszone" erfolgt mit Hilfe des Vektors der Ausgangsgrößen, der durch $\boldsymbol{y}_t$ bezeichnet wird.

Die Komponenten des Vektors $\boldsymbol{y}_t$ beziehen sich auf die Größe und die Struktur des Nationaleinkommens, auf die Komponenten des Nationalreichtums sowie auf die Kennziffern, die den Volkswohlstand, den Stand der Arbeitsproduktivität und der ökonomischen Effektivität sowie den Umfang d und Effektivität des Außenhandels usw. beschreiben.

Die Entwicklung des kybernetischen Gesamtsystems in der festgelegten Fortschrittszone P_t wird beschrieben durch

$$\boldsymbol{y}_t = \varphi_t(\boldsymbol{z}_t, \boldsymbol{u}_t, \boldsymbol{x}_t) \in P_t.$$

Zusammenfassend ergibt sich für das kybernetische Leitungsmodell

1. $\boldsymbol{z}_{t+1} = G_t(\boldsymbol{z}_t, \boldsymbol{u}_t, \boldsymbol{x}_t)$

2. $\sum_{t=0}^{T} H_t(\boldsymbol{z}_t, \boldsymbol{u}_t, \boldsymbol{x}_t) = \Lambda$ und

3. $\boldsymbol{y}_t = \varphi_t(\boldsymbol{z}_t, \boldsymbol{u}_t, \boldsymbol{x}_t) \in P_t$.

Der Umfang und die Komplexität dieses Modells ist außerordentlich groß. Konkrete Berechnungen bringen schwierige methodologische, statistische und mathematische Probleme mit sich. Die Bereitstellung der für die Berechnungen notwendigen Daten ist schwierig und obliegt dem System der ökonomischen Information.

Aus der Vielzahl der vom ökonomisch-kybernetischen Leitungsmodell während eines wiederholten Optimierungsvorgangs ermittelten Trajektorien wählt man diejenige aus, die ein optimales, ausgewogenes und proportionales Wachstum des Gesamtsystems im Volkswirtschaftsraum gewährleistet.

Zum Zweck der Optimierung werden dem ökonomisch-kybernetischen Leitungsmodell mehrere Zielfunktionen zugeordnet und die verschiedenen Wachstumstrajektorien mit Hilfe eines Elektronenrechners nachgebildet. Auf dieser Grundlage kann die Wachstumstrajektorie ausgewählt werden, die dem beabsichtigten Zweck am besten entspricht. Die mit dem ökonomisch-kybernetischen Leitungsmodell verbundenen Zielfunktionen müssen zur Wachstumstrajektorie führen, die eine Vergrößerung des Nationaleinkommens, des Nationalreichtums und des Volkswohlstandes gewährleisten. Sie haben die folgende allgemeine Form:

$$\max I(\boldsymbol{z}, \boldsymbol{u}) = \max \sum_{t=0}^{T} \beta_t(\boldsymbol{z}_t, \boldsymbol{u}_t, \boldsymbol{x}_t).$$

Auf diese Weise wird das kybernetische Letungsmodell zu einem Modell der dynamischen Optimierung.

Durch Anwendung der behandelten Algorithmen der ökonomischen Logistik erhält man eine optimale Steuerung für das ökonomisch-kybernetische Leitungsmodell:

$$\bar{\boldsymbol{u}}_t = \zeta_t(\boldsymbol{z}_t, \boldsymbol{z}_{t-1}, \ldots, \boldsymbol{z}_{t-k}, \boldsymbol{x}_t, \boldsymbol{x}_{t-1}, \ldots, \boldsymbol{x}_{t-k}).$$

Die konkrete Art und Weise der Festlegung einer optimalen Entscheidung durch die Leitung verdeutlicht der Steueralgorithmus (Abb. 9.1.). Die Untersuchung des Steueralgorithmus ist eines der Hauptkapitel der ökonomischen Logistik.

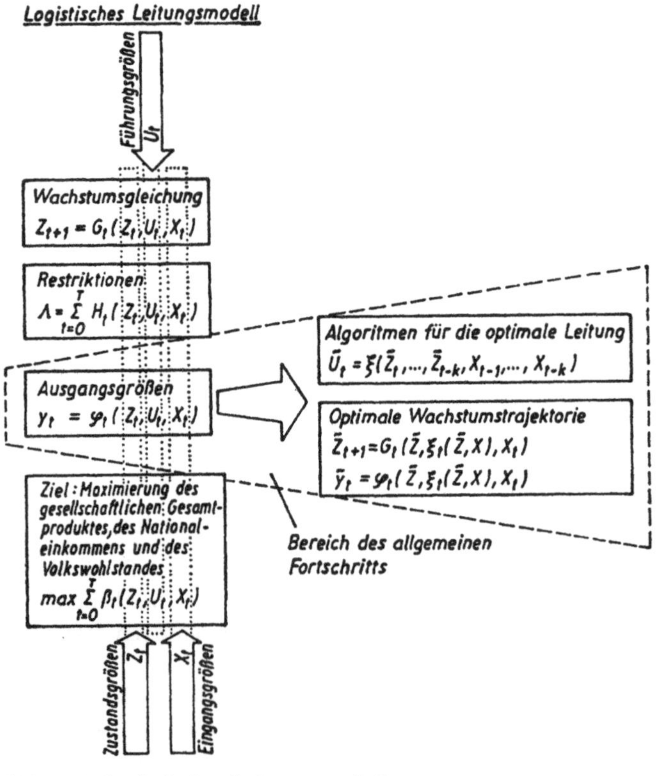

Abb. 9.1. Logistisches Leitungsmodell

Die Trajektorien für ein optimales, ausgewogenes und proportionales Wachstum des Gesamtsystems der Volkswirtschaft in der Fortschrittszone werden charakterisiert durch:

$$\boldsymbol{z}_{t+1} = G_t\left(\tilde{\boldsymbol{z}}, \zeta_t(\tilde{\boldsymbol{z}}, \boldsymbol{x}), \boldsymbol{x}_t\right) \quad \text{und}$$

$$\boldsymbol{y}_{t+1} = \varphi_t\left(\tilde{\boldsymbol{z}}, \zeta_t(\boldsymbol{z}, \boldsymbol{x}), \boldsymbol{x}_t\right).$$

9.2. *Ein ökonomisch-kybernetisches Modell für die Entwicklung der Volkswirtschaft unter territorialen Gesichtspunkten*

Die Verteilung der Produktivkräfte hat unter territorialen Gesichtspunkten eine homogene Entwicklung der Volkswirtschaft zum Ziel.

Sie gewährleistet, daß alle Landesgebiete stärker in den Wirtschaftskreislauf einbezogen werden und daß sich in jedem dieser Landesgebiete neue Produktionszweige entwickeln.

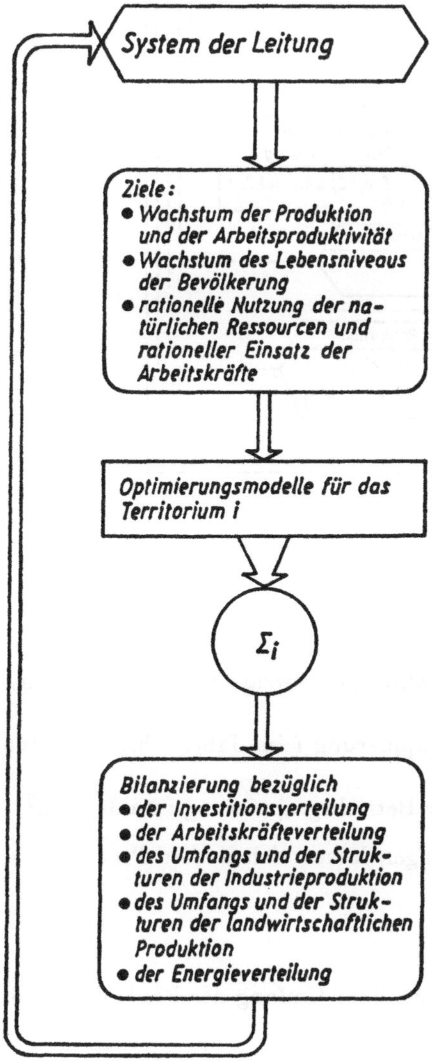

Abb. 9.2. Arbeitsweise des Systems der Leitung

Das führt auch zu einer Vergrößerung des Nationalreichtums und letztlich zur Erhöhung des Lebensstandards.

Die Behandlung des Problems erfolgt auf der makroökonomischen und territorialen Ebene bei Berücksichtigung der Zusammenhänge zwischen ihnen.

Das kybernetische Modell für eine homogene Entwicklung der Volkswirtschaft unter territorialen Gesichtspunkten arbeitet iterativ (Abb. 9.2.).

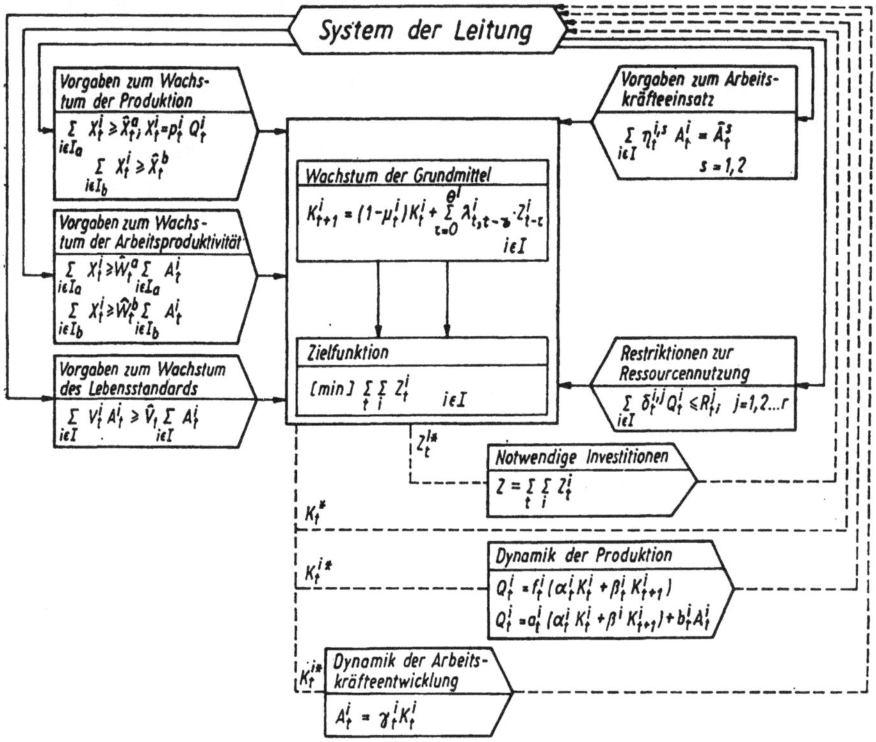

Abb. 9.3. Modell für die territoriale Leitung

Im kybernetischen Modell (vgl. Abb. 9.3.) bedeuten:

G_t^i — Umfang der Grundmittel, die zu Beginn des Jahres t im Zweig bzw. in der Betriebsgruppierung i vorhanden sind,

A_t^i — Anzahl der im Zweig bzw. in der Betriebsgruppierung i im Jahre t beschäftigten Arbeitskräfte,

Q_t^i — Umfang der Produktion im Zweig bzw. in der Betriebsgruppierung i im Jahre t.

Für die Industriezweige bzw. Betriebsgruppierungen lassen sich lineare Produktionsfunktionen in folgender Form aufstellen:

$$Q_t^i = f_t^i(\alpha_t^i G_t^i + \beta_t^i G_{t+1}^i) \quad \text{und} \quad \alpha_t^i + \beta_t^i = 1.$$

Diese drücken die funktionelle Abhängigkeit zwischen dem Umfang der Produktion und den Grundmitteln aus.

Der Zusammenhang zwischen Arbeitskräften und Grundmitteln wird beschrieben durch:

$$A_t^i = \gamma_t^i G_t^i.$$

Die landwirtschaftlichen Bereiche können wie folgt charakterisiert werden:

$$Q_t^i = a_t^i(\alpha_t G_t^i + \beta_t G_{t+1}^i) + b_t^i A_t^i.$$

Der dynamische Charakter des Modells findet seinen Ausdruck in

$$G_{t+1}^i = (1 - \mu_t^i)\, G_t^i + \sum_{\tau=0}^{\theta_i} \lambda_{t,t-\tau}^i u_{t-\tau}^i.$$

Hierbei bedeutet:

μ_t^i — Aussonderung von Grundmitteln,
$\lambda_{t,t-\tau}^i$ — Anteil der im Jahre $t - \tau$ im Zweig i getätigten Investitionen, die im Jahre t als vergegenständlichte Grundmittel wirksam sind,
θ_i — Zeitspanne bis zum Wirksamwerden von Investitionen im Zweig bzw. in der Betriebsgruppierung i,
u_t^i — grundlegende Steuergröße, die den Umfang der im Jahre t im Zweig i getätigten Investitionen angibt.

Restriktionen sind

1. Beschränkungen bezüglich des Arbeitskräfteeinsatzes.

Eines der Ziele des Modells besteht darin, die Entwicklung der territorialen Wirtschaft sichtbar zu machen, und zwar so, daß die Vollbeschäftigung der männlichen und weiblichen Arbeitskräfte gewährleistet ist. Da die verschiedenen Volkswirtschaftszweige in unterschiedlicher Weise männliche bzw. weibliche Arbeitskräfte beschäftigen, wird jeweils eine Beschränkung für jede Gruppe aufgenommen:

$$\sum_i \eta_t^{i,s} A_t^s = \hat{A}_t^s,$$

Folgende Kurzbezeichnungen gelten

$\hat{A}_t^s$ — Anzahl der Arbeitskräfte, die im Jahre t beschäftigt werden müssen; ($s = 1$, männliche Arbeitskräfte; $s = 2$, weibliche Arbeitskräfte).
$\eta_t^{i,s}$ — Anteil der männlichen bzw. weiblichen Arbeitskräfte im Zweig i, wobei $\eta_t^{i,1} + \eta_t^{i,2} = 1$ gilt.

2. Beschränkungen bezüglich der natürlichen Ressourcen.

Es wird angenommen, daß innerhalb eines Zweiges r natürliche Ressourcen benötigt werden. Das Wirtschaftsgefüge dieses Bereiches ist so zu entwickeln, daß keine Überziehung erfolgt, das heißt

$$\sum_i \delta_t^{i,j} Q_t^i \leqq R_t^j.$$

Darin wurde mit $\delta_t^{i,j}$ der spezifische Verbrauch der Ressource j für den Zweig i im Jahre t und mit R_t^j der verfügbare Umfang der Hilfsquelle vom Typ j im Jahre t bezeichnet.
Von den Normativen $\delta_t^{i,j}$ wird angenommen, daß sie sinken, zum Beispiel infolge von Maßnahmen zur Senkung des Materialverbrauches u. a.

3. Allgemeine Restriktionen.

In das Modell zur homogenen Entwicklung der Volkswirtschaft unter territorialen Gesichtspunkten müssen untere Grenzen bezüglich des zu sichernden Lebensstandards, der Industrie- und Landwirtschaftsproduktion, der Arbeitsproduktivität usw. aufgenommen werden, deren Überbietung nach oben gezielt angestrebt wird.

Im Hinblick auf den Lebensstandard der Bevölkerung enthält das Modell Elemente, die die Relation zwischen dem durchschnittlichen Einkommen eines in einem bestimmten Gebiet tätigen Arbeiters zum durchschnittlichen Einkommen in der Gesamtwirtschaft erfaßt und steuern hilft.

Die erste Iteration im Modell beinhaltet, ausgehend von den volkswirtschaftlichen Zielen und dem Stand der gekoppelten Gesamtproduktionskennwerte, festzustellen, wie gesteuert werden muß, um die Arbeitsproduktivität und das je Arbeiter vorgesehene mittlere Einkommen zu sichern. Die folgenden Iterationen berücksichtigen Beschränkungen in bezug auf die Höchst- und Mindestgrenzen, innerhalb derer die Produktion eines jeden Zweiges sowie importierte oder zentral verteilte Rohstoffe und Materialien u. a. liegen dürfen. Diese Beschränkungen haben die folgende Form:

$$\hat{A}_{t,k} \geqq \sum_i a_{t,k} Q_t^i \quad \text{und} \quad \hat{B}_{t,k} > \sum_i b_{z,k}^i Q_t^i .$$

Die Unbekannten des Modells sind die z_t^i-Werte, d. h. die im Jahre t und im Zweig i der territorialen Wirtschaft zu tätigenden Investitionen. Die z_t^i-Unbekannten lassen sich unter der Bedingung bestimmen, daß die Größe $\sum_t \sum_i z_t^i$ minimal ist, d. h., daß die von der volkswirtschaftlichen Ebene gestellten Ziele mit minimalen Investitionen verwirklicht werden. Im Falle, daß alle Relationen des Modells linear sind, ergibt sich ein lineares und dynamisches Optimierungsmodell.

Die Ergebnisse des Modells beinhalten:

$Z_t = \sum_i z_t^i$ — Gesamtumfang der erforderlichen Jahresinvestitionen,

$Z_t^{\text{Imp.}} = \sum_i \omega_t^i z_t^i$ — Jahresumfang der aus dem Import benötigten Investitionen.

Mit ω_t^i wurde der Anteil der aus dem Import benötigten Investitionen am Gesamtumfang der im Zweig i getätigten Investitionen bezeichnet. Weitere Ergebnisgrößen des Modells sind:

$A_{t,k} = \sum_i a_{t,k}^i \cdot Q_t^i$ — notwendige Menge aus den zentral verteilten Rohstoffen und Materialien der Inlandsproduktion,

$B_{t,k} = \sum_i b_{t,k}^i \cdot Q_t^i$ — notwendige Menge von den Rohstoffen und Materialien aus dem Import.

Die mit Hilfe des Modells gewonnenen Ergebnisse müssen noch durch wirtschaftliche und gesellschaftliche Analysen im Hinblick auf weitere Gesichtspunkte einer homogenen Entwicklung der Volkswirtschaft in territorialer Hinsicht ergänzt werden.

10. Das System der ökonomischen Information

Die Leitung der Volkswirtschaft gewährleistet, daß die Ziele bezüglich der wirtschaftlichen und gesellschaftlichen Entwicklung des Landes erreicht werden. Dazu ist es erforderlich, ein System aufzubauen, das Informationen über die Prozesse und ihren Verlauf im Volkswirtschaftsraum liefert.

Das System der ökonomischen Information schafft die notwendigen Voraussetzungen für die bestmögliche Erfüllung der Aufgaben des Leitungssystems mit seiner Steuerungs-, Kontroll- und Entscheidungsfunktion.

10.1. Zur Stellung im Gesamtsystem

Zwischen dem System der ökonomischen Information und den übrigen Systemen im Volkswirtschaftsraum besteht eine enge Beziehung. Jedem Bestandteil der Volkswirtschaft entspricht eine Zelle innerhalb des Systems der ökonomischen Information, in der die Informationen über die entsprechenden Prozesse und Erscheinungen gesammelt und verarbeitet werden. Sie werden dann dem System der Leitung übermittelt. Die Daten, über die das System der ökonomischen Information verfügt, gestatten die Analyse der Entwicklung aller Bestandteile des Gesamtsystems der Volkswirtschaft.

Das System der ökonomischen Information bedient sich weitgehend der modernen Rechentechnik, der neuesten Ergebnisse der Kybernetik, der Informationstheorie, der Mathematik, der Statistik usw.

Eine Forderung, die an das System der ökonomischen Information gestellt wird, betrifft die Genauigkeit der Daten sowohl im statischen Sinne (fehlerfreies Sammeln, Speichern, Übermitteln und Verarbeiten der Information) als auch im dynamischen Sinne (Erfassung und Übermittlung der Daten unter Berücksichtigung der Dynamik und Schnelligkeit der Wirtschaftsprozesse).

Um das Informationsbedürfnis der hierarchisch gegliederten Leitungsebenen zu befriedigen, werden im System der ökonomischen Information Datenbanken benutzt, die nach Tätigkeitsbereichen organisiert sind. Eine Hauptforderung, die im Zusammenhang mit dem Aufbau von Datenbanken erhoben wird, betrifft die schnelle Zugänglichkeit des Datenbestandes und die Bereitstellung leistungsfähiger Programme zur Verarbeitung der Information in Übereinstimmung mit den Bedürfnissen der Planung und der Leitung.

Eine Aufgabe von großer Wichtigkeit fällt dem System der ökonomischen Information in Zusammenhang mit der Erfüllung des Volkswirtschaftsplanes zu. Sie besteht darin, das System der Leitung operativ über neue Reserven oder über Abweichungen vom Plan zu informieren, damit entsprechende Entscheidungen schnell abgeleitet und durchgesetzt werden können.

Zwischen dem System der ökonomischen Information und dem System der Arbeitsproduktivität sowie dem System der Effektivität und Rentabilität bestehen enge Beziehungen in der Hinsicht, daß durch das System der ökonomischen Information ein Messen der Wirksamkeit der Arbeitskräfte bzw. des Verhältnisses von Aufwand und Ergebnis in den Bestandteilen wie der Volkswirtschaft insgesamt, möglich wird. Ähnlich sind die Beziehungen des Systems der ökonomischen Information zu den Systemen der Finanzen und Preise, der Bevölkerung und Arbeitskräfte, der Wissenschaft und Technik.

Mit Hilfe des ökonomischen Informationssystems kann das System des gesellschaftlichen Gesamtprodukts und Nationaleinkommens den gesamten Prozeß der erweiterten sozialistischen Reproduktion, die Geschwindigkeiten, die Proportionen und die Wechselbeziehungen analysieren und das System der Leitung strategische und taktische Entscheidungen ableiten zum Verhältnis zwischen Akkumulation und Konsumtion, zu strukturellen Veränderungen in den Produktionszweigen, zur Verteilung der Investitionen in der Volkswirtschaft u. a.

10.2. Ökonomisch-kybernetische Informationsmodelle

Das ökonomische Informationssystem ermöglicht eine Kontrolle darüber, wie die sich aus dem Volkswirtschaftsplan der wirtschaftlichen und gesellschaftlichen Entwicklung ergebenden Aufgaben verwirklicht werden.

Dazu muß es Informationen über den Zustand sowie die Eingangs- und Ausgangsgrößen eines jeden Systems und Teilsystems im Volkswirtschaftsraum bereitstellen.

Um die Arbeitsweise des ökonomischen Informationssystems mathematisch zu beschreiben, bezeichnen wir mit α_{jkl}^{i} eine Kennziffer zur Charakterisierung des Umfangs der Industrieproduktion, der Dienstleistungen, der Investitions- und Bautätigkeit, des Exports, der Produktionskosten, des Material-, Energie- und Brennstoffverbrauches u. a. Hierbei bedeutet i die Art der Kennziffer, d. h. finanziell oder materiell, der Index j gibt den Betrieb an, k das Erzeugnis und l das Territorium, in dem der Betrieb j liegt. Innerhalb des ökonomischen Informationssystems werden die Kennziffern α_{jkl}^{i} ausgewertet, aggregiert sowie aktualisiert und dann dem System der Leitung übermittelt.

Eine Aggregation der Kennziffern α_{jkl}^{i} erfolgt vor allem nach

— Erzeugnissen und Erzeugnishauptgruppen,
— Ministerien und Zweigen sowie
— Territorien.

Dadurch entstehen neue Aussagen bezüglich

— einzelner Erzeugnisse,
— der Erzeugnisgruppen,
— der Betriebe, Kombinate und Ministerien sowie
— des Territoriums.

Ausgehend von den Grundinformationen α_{jkl}^{i} stellt das ökonomische Informationssystem unter Verwendung der Auswertungsalgorithmen Informationen über die Arbeitsproduktivität, die Effektivität und Rentabilität, über den Nutzungsgrad der natürlichen Ressourcen und der Produktionskapazitäten, über die Preise, das Nationaleinkommen, den Lebensstandard der Bevölkerung u. a. bereit.

Die informationellen Verbindungen, die zwischen den Bestandteilen der Volkswirtschaft bestehen, werden erfaßt durch die Teilmenge R_i:

$$R_i \subseteq E_V \times E_V.$$

Mit E_V bezeichnen wir die Menge der Elemente des Systems der Volkswirtschaft.

Zwischen den beiden Systemen S_A und S_B des Volkswirtschaftsraumes existieren Informationsbeziehungen, wenn gilt

$$(S_A, S_B) \quad \text{oder} \quad (S_B, S_A) \in R_i.$$

Die Klasse der ökonomisch-kybernetischen Systeme, denen S_A Informationen übermittelt, wird beschrieben durch S_AR und die Klasse, von denen das System S_A Informationen erhält, durch ES_A analog wie im Abschnitt 2.1.

Wie in Kapitel 2 ausgeführt wurde, können die informationellen Verbindungen mit Hilfe von Verbindungsmatrizen beschrieben werden. Wenn man die informationellen Verbindungen in p Klassen entsprechend den Bedürfnissen der Leitung einteilt, so ergeben sich Matrizen in der Form:

$$\Phi_t^h = (\varphi_{AB}^{th}) \quad \text{und} \quad h = 1, \ldots, p.$$

Die Elemente dieser Matrizen nehmen folgende Werte an:

$$\varphi_{AB}^{th} = \begin{cases} 1, & \text{wenn das System } S_A \text{ zum Zeitpunkt } t \text{ dem System } S_B \text{ Informationen vom Typ } h \text{ übermittelt;} \\ 0, & \text{wenn vom System } S_A \text{ zum System } S_B \text{ zum Zeitpunkt } t \text{ keine informationelle Verbindung vom Typ } h \text{ besteht.} \end{cases}$$

Infolge der Dynamik der Volkswirtschaft verändern sich auch die Informationsströme, neue Verbindungen entstehen, andere Verbindungen fallen weg.

In diesem Zusammenhang fällt bei der Vervollkommnung des ökonomischen Informationssystems der Aktualisierung der informationellen Verbindungen, mit ψ_t^h bezeichnet, eine bedeutende Rolle zu. Es handelt sich dabei um eine Matrix, deren Elemente folgendermaßen bestimmt werden:

$$\psi_{AB}^{th} = \begin{cases} 0, & \text{wenn zwischen den Systemen } S_A \text{ und } S_B \text{ zum Zeitpunkt } t+1 \text{ keine Veränderungen im Hinblick auf die informationellen Verbindungen vom Typ } h \text{ eintreten;} \\ 1, & \text{wenn zwischen den Systemen } S_A \text{ und } S_B \text{ zum Zeitpunkt } t+1 \text{ neue informationelle Verbindungen vom Typ } h \text{ entstehen,} \\ -1, & \text{wenn zwischen den Elementen } S_A \text{ und } S_B \text{ die informationellen Verbindungen vom Typ } h \text{ wegfallen, da sie zum Zeitpunkt } t+1 \text{ nicht mehr erforderlich sind.} \end{cases}$$

Als informationelle Verbindungsmatrix zum Zeitpunkt $t + 1$ ergibt sich damit

$$\Phi_{t+1}^h = \Phi_t^h + \Psi_t^h.$$

Die Vervollkommnung der Methoden zur Planung und Leitung steht in engem Zusammenhang mit der Verbesserung informationeller Beziehungen bei gleichzeitiger Modernisierung des gesamten ökonomischen Informationssystems, seiner Struktur und Arbeitsweise.

11. Das System der Arbeitsproduktivität

Das Wachstum der Arbeitsproduktivität ist die Quelle für die Vergrößerung des Nationaleinkommens und des Nationalreichtums, der entscheidende Faktor für die Erhöhung des materiellen und kulturellen Lebensstandards der Bevölkerung.

11.1. Charakteristika des Systems

Das System der Arbeitsproduktivität steht in enger Beziehung zu dem System der Leitung. Innerhalb des Wirtschaftsmechanismus ist das System der Arbeitsproduktivität die Triebkraft, die die Entwicklung aller Bestandteile des Systems der Volkswirtschaft vorantreibt.

Das Wirtschaftswachstum, die Erhöhung des Lebensstandards der Bevölkerung und die Annäherung an die wirtschaftlich fortgeschrittenen Länder hängen wesentlich davon ab, wie die natürlichen und menschlichen Ressourcen genutzt werden und welchen Stand die Arbeitsproduktivität erreicht hat.

Für jedes Land wird die Fähigkeit zur Steigerung des Wirtschaftspotentials und zur Vergrößerung des Nationalreichtums in entscheidender Weise dadurch bestimmt, inwieweit mehr Erzeugnisse in der gleichen Zeiteinheit hergestellt werden können.

Der Stand der Arbeitsproduktivität und die Richtung ihres Wachstums ergibt sich als Resultierende aus einer Vielzahl wirtschaftlicher und gesellschaftlicher Faktoren, die sich wechselseitig bedingen und beeinflussen.

Die dialektische Analyse von Faktoren, die auf das Wachstum der Arbeitsproduktivität wirken, macht sichtbar, daß sie sich in drei Gruppen einteilen lassen:

— Faktoren im Zusammenhang mit Ausbildung und Qualifizierung der Arbeitskräfte,
— Faktoren im Zusammenhang mit der Durchsetzung des wissenschaftlich-technischen Fortschritts und
— Faktoren im Zusammenhang mit der wissenschaftlichen Arbeitsorganisation.

Die Klassifizierung der Wachstumsfaktoren der Arbeitsproduktivität und die Untersuchung ihrer Wirkungsweise haben theoretische und praktische Bedeutung für das Wirtschaftswachstum. Die Erarbeitung von Möglichkeiten zur Erhöhung der Arbeitsproduktivität ist eine entscheidende Aufgabe bei der Verwirklichung der Wirtschaftsprogramme und beim Aufbau der entwickelten sozialistischen Gesellschaft.

11.2. Ökonomisch-kybernetische Modelle

Um Möglichkeiten der Arbeitsproduktivitätserhöhung im Wirtschaftsorganismus zu erschließen und damit den nationalen Arbeitszeitvorrat wirksamer zu nutzen, werden im System der Arbeitsproduktivität zahlreiche ökonomisch-kybernetische Analyse- und Optimierungsmodelle benutzt.
Hierzu zählen solche Modelle wie

— zum Wachstum der Arbeitsproduktivität,
— zu den Wechselbeziehungen zwischen Arbeitsproduktivität und Grundfondsausstattung,
— zur Arbeitskräfteverteilung u. a.

Die ökonomisch-kybernetischen Modelle des Systems der Arbeitsproduktivität ermöglichen einen Vergleich zwischen den Systemen im Volkswirtschaftsraum und führen zu Kennziffern für die Leitung der Volkswirtschaft.

11.2.1. Zur Wachstumsrate der Arbeitsproduktivität

Die Arbeitsproduktivität im Volkswirtschaftsraum hängt von einer Vielzahl von Faktoren ab, von der Qualifikation der Arbeitskräfte, von den Grundmitteln und ihrer Altersstruktur, von der Arbeitsorganisation usw.

Wenn wir mit W_t den Stand der Arbeitsproduktivität im Volkswirtschaftsraum im Jahre t bezeichnen, so können wir die Wachstumsrate beschreiben durch

$$\frac{\dot{W}_t}{W_t} = \xi(\alpha_t, \beta_t, k_t, z_t, \boldsymbol{m}_t, \gamma_t, \boldsymbol{h}_t, q_t).$$

Es wurden die folgenden Kurzbezeichnungen verwendet:

$\frac{\dot{W}_t}{W_t}$ — Wachstumsrate der Arbeitsproduktivität und $\dot{W}_t = \frac{\mathrm{d}W_t}{\mathrm{d}t}$

α_t — Vektor zur berufssoziologischen Zusammensetzung der Berufstätigen

β_t — Vektor zur Qualifikation und den Produktionserfahrungen der Berufstätigen

k_t — Grundfondsausstattung

z_t — Vektor zur zweiglichen Struktur des Systems der materiellen Produktion und der Dienstleistungen

$\boldsymbol{m}_t$ — Vektor zur Struktur der Grundmittel

γ_t — Vektor zum wissenschaftlich-technischen Stand

$\boldsymbol{h}_t$ — Vektor zum Stand der komplexen Mechanisierung, Automatisierung und Kybernetisierung der Produktionsprozesse

q_t — Kennziffer zur wissenschaftlichen Arbeitsorganisation.

11.2.2. Ein Modell für die Beziehungen zwischen Arbeitsproduktivität und Grundmitteln

Der Zusammenhang zwischen der Arbeitsproduktivität und den Grundmitteln läßt sich mit Hilfe von Produktionsfunktionen quantifizieren sowohl auf der makro- als auch auf der mikroökonomischen Ebene (vgl. Abb. 11.1a und b).

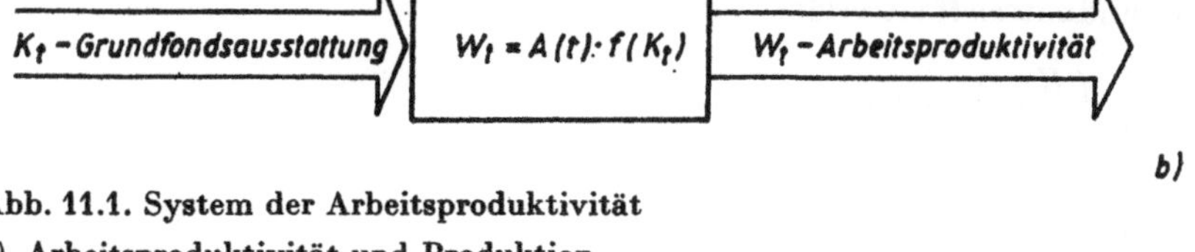

Abb. 11.1. System der Arbeitsproduktivität
a) Arbeitsproduktivität und Produktion
b) Modell zur Arbeitsproduktivität

Bei der Anwendung der Produktionsfunktionen in ökonomisch-kybernetischen Modellen treten folgende Hauptprobleme in Erscheinung:

1. Aufstellung einer wissenschaftlich begründeten Methodologie zur Berechnung der Kennziffern.
2. Aufstellung von Kriterien für die Wahl der konkreten mathematischen Funktionstypen für die Produktionsfunktionen.

Mit Hilfe einer Produktionsfunktion soll nun die funktionelle Abhängigkeit zwischen den folgenden Faktoren modelliert werden:

L — Anzahl der verfügbaren Arbeitskräfte,
K — Umfang der Grundmittel,
Y — Ergebnis der Produktion.

Wenn wir homogene Produktionsfunktionen ersten Grades verwenden,

$$\frac{Y}{L} = f\left(\frac{K}{L}; t\right) \quad \text{und} \quad \frac{Y}{K} = \varphi\left(\frac{L}{K}; t\right)$$

so können durch die Produktionsfunktionen die folgenden Kennziffern abgeleitet werden:

— durchschnittliche Arbeitsproduktivität:

$$y(L, K; t) = f\left(\frac{K}{L}; t\right),$$

— durchschnittliche Grundmitteleffektivität:

$$z(L, K; t) = \varphi\left(\frac{L}{K}; t\right),$$

— technische Ausstattung der Arbeit:

$$k = \frac{K}{L},$$

— differentielle Arbeitsproduktivität:

$$\eta_L(L, K; t) = f\left(\frac{K}{L}; t\right) - \frac{K}{L} \cdot f'_{K/L}\left(\frac{K}{L}; t\right) \quad \text{oder}$$

$$\eta_L(L, K; t) = \varphi'_{L/K}\left(\frac{L}{K}; t\right),$$

— differentielle Grundmitteleffektivität:

$$\eta_K(L, K; t) = f'_{K/L}\left(\frac{K}{L}; t\right) \quad \text{oder}$$

$$\eta_K(L, K; t) = \varphi\left(\frac{L}{K}; t\right) - \frac{L}{K}\, \varphi'_{L/K}\left(\frac{L}{K}; t\right),$$

— Produktionselastizität bezüglich der Arbeitskräfte:

$$E_L(L, K; t) = 1 - \frac{K}{L} \frac{f'_{K/L}\left(\frac{K}{L}; t\right)}{f\left(\frac{K}{L}; t\right)} \quad \text{oder}$$

$$E_L(L, K; t) = \frac{L}{K} \frac{\varphi'_{L/K}\left(\frac{L}{K}; t\right)}{\varphi\left(\frac{L}{K}; t\right)},$$

— Produktionselastizität bezüglich der Grundmittel:

$$E_K(L, K; t) = \frac{K}{L} \frac{f'_{K/L}\left(\frac{K}{L}; t\right)}{f\left(\frac{K}{L}; t\right)} \quad \text{oder}$$

$$E_K(L, K; t) = 1 - \frac{L}{K} \frac{\varphi'_{L/K}\left(\frac{L}{K}; t\right)}{\varphi\left(\frac{L}{K}; t\right)},$$

— Substitutionsnorm der Faktoren:

$$r(L, K; t) = \frac{f\left(\frac{K}{L}; t\right)}{f'_{K/L}\left(\frac{K}{L}; t\right)} - \frac{K}{L} \quad \text{oder}$$

$$r(L, K; t) = \frac{\varphi'_{L/K}\left(\frac{L}{K}; t\right)}{\varphi\left(\frac{L}{K}; t\right) - \frac{L}{K} \varphi'_{L/K}\left(\frac{L}{K}; t\right)},$$

— Elastizitätskoeffizient der Substitution der Produktionsfaktoren

$$\sigma(L, LK; t) = \frac{K}{L} \frac{f\left(\frac{K}{L}; t\right) \cdot f''_{K/L,K/L}\left(\frac{K}{L}; t\right)}{f'_{K/L}\left(\frac{K}{L}; t\right)\left[\frac{K}{L} \cdot f'_{K/L}\left(\frac{K}{L}; t\right) - f\left(\frac{K}{L}; t\right)\right]} \quad \text{oder}$$

$$\sigma(L, K; t) = \frac{L}{K} \frac{\varphi\left(\frac{L}{K}; t\right) \cdot \varphi''_{L/K,L/K}\left(\frac{L}{K}; t\right)}{\varphi'_{L/K}\left(\frac{L}{K}; t\right)\left[\frac{L}{K} \cdot \varphi'_{L/K}\left(\frac{L}{K}; t\right) - \varphi\left(\frac{L}{K}; t\right)\right]}.$$

Es ist festzustellen, daß jede dieser Kennziffern von der technischen Ausstattung der Arbeit K/L und der Zeit t abhängig ist.

Die Wirkung des wissenschaftlich-technischen Fortschritts wird charakterisiert durch die folgenden beiden Kennziffern

$$T\big(L(t), K(t); t\big) = \frac{\dfrac{\partial F\big(L(t), K(t); t\big)}{\partial t}}{F\big(L(t), K(t); t\big)}$$

und

$$D\big(L(t), K(t); t\big) = \frac{\dfrac{\partial r\big(L(t), K(t); t\big)}{\partial t}}{T\big(L(t), K(t); t\big)}.$$

Die Kennziffer T mißt die Geschwindigkeit des wissenschaftlich-technischen Fortschritts, und D charakterisiert die Richtung der Entwicklung des wissenschaftlich-technischen Fortschritts. Auch charakterisiert die zweite Kennziffer die zeitliche Veränderung des Substitutionskoeffizienten.

Mit Hilfe der eingeführten Kennziffern läßt sich das Wachstum von Kennziffern quantifizieren.

— Wachstum der Produktion:

$$\frac{\dot{Y}(t)}{Y(t)} = T\big(L(t), K(t); t\big) + E_L\big(L(t), K(t); t\big) \cdot \frac{\dot{L}(t)}{L(t)} + E_K\big(L(t), K(t); t\big) \cdot \frac{\dot{K}(t)}{K(t)}.$$

Diese Gleichung macht sichtbar, daß die Wachstumsgeschwindigkeit der Produktion im Prinzip gleich der Summe der Wachstumsgeschwindigkeiten der beiden Produktionsfaktoren (Arbeitskraft und Grundmittel) plus der Geschwindigkeit des wissenschaftlich-technischen Fortschritts ist.

— Wachstum der Arbeitsproduktivität

$$\frac{\dot{\eta}_L\big(L(t), K(t); t\big)}{\eta_L\big(L(t), K(t); t\big)} = E_K\big(L(t), K(t); t\big) \cdot \sigma\big(L(t), K(t); t\big) \cdot \left[\frac{\dot{K}(t)}{K(t)} - \frac{\dot{L}(t)}{L(t)}\right]$$
$$- E_K\big(L(t), K(t); t\big) \cdot D\big(L(t), K(t); t\big) + T\big(L(t), K(t); t\big),$$

— Wachstum des wissenschaftlich-technischen Fortschritts:

$$T(L, K; t) = E_L(L, K; t) \cdot \frac{\dot{\eta}_L(L, K; t)}{\eta_L(L, K; t)} + E_K(L, K; t) \cdot \frac{\dot{\eta}_K(L, K; t)}{\eta_K(L, K; t)}.$$

Die obige Gleichung macht sichtbar, daß die Wachstumsgeschwindigkeit des technischen Fortschritts gleich der gewichteten Summe der Wachstumsgeschwindigkeit der Arbeitsproduktivität und der Grundmitteleffektivität ist, wobei die Elastizitäten E_L und E_K die Gewichte bilden.

Um das ökonomisch-mathematische Modell zur Wechselbeziehung zwischen der Arbeitsproduktivität und den Grundmitteln näher zu beschreiben, wird angenommen, daß die Produktionsfunktion homogen ist und der wissenschaftlich-technische Fortschritt sich durch einen Operator $A(t)$ darstellen läßt. Dann kann man schreiben:

$$W_t = A(t) \cdot f(k_t).$$

Darin bedeuten:

W_t — Arbeitsproduktivität im Jahre t,
k_t — Grundmittelausstattung je Beschäftigten,
$A(t)$ — wissenschaftlich-technischer Fortschritt.

Die Wechselbeziehung zwischen der Wachstumsrate der Arbeitsproduktivität einerseits und der der Grundmittelausstattung andererseits wird durch die nachstehende Gleichung verdeutlicht:

$$\frac{\dot{W}_t}{W_t} = \frac{\dot{A}(t)}{A(t)} + \dot{k}_t \frac{f'(k_t)}{f(k_t)}.$$

Sie läßt sich auch folgendermaßen schreiben:

$$\frac{\dot{W}_t}{W_t} = \frac{\dot{A}(t)}{A(t)} + \frac{\dot{k}_t}{k_t} \cdot E_K f(k_t).$$

Die verwendeten Kurzbezeichnungen haben die folgende Bedeutung:

$\frac{\dot{W}_t}{W_t}$ — Wachstumsrate der Arbeitsproduktivität und $\dot{W}_t = \frac{dW}{dt}$,

$\frac{\dot{A}_t}{A_t}$ — Wachstumsrate des wissenschaftlich-technischen Fortschritts, $\dot{A}_t = \frac{dA}{dt}$,

$\frac{\dot{k}_t}{K_t}$ — Wachstumsrate der Grundmittelausstattung,

$E_k f(k_t)$ — Elastizitätskennziffer und $E_k f(k_t) = \frac{f(k_t) \cdot k_t}{f(k_t)}$.

Eine solche Beschreibung ermöglicht es, den Beitrag des wissenschaftlich-technischen Fortschritts und der Grundmittelausstattung zum Wachstum der Arbeitsproduktivität zu quantifizieren. Für die Industrie, den Hauptbestandteil des Systems der materiellen Produktion, soll dies näher erläutert werden.

Die Festlegung des Funktionstyps und die Ermittlung der konkreten Produktionsfunktion erfolgt unter Verwendung von Daten über die Industrieproduktion, über den Umfang der Grundmittel und über die Beschäftigtenzahl in der Industrie (vgl. Tab. 11.2).

Anhand der Angaben über die Industrie der SR Rumänien für den Zeitraum 1965 bis 1976 wurde die folgende konkrete Form der Produktionsfunktion berechnet:

$$Y_t = 0{,}9772 k_t^{0{,}516761} L_t^{0{,}483239} e^{0{,}0036377t}.$$

Die obige Gleichung macht sichtbar, daß die Geschwindigkeit des wissenschaftlich-technischen Fortschritts in der rumänischen Industrie im Zeitraum 1965 bis 1976 um 3,6 Prozent gewachsen ist.

Tabelle 11.2: Industrieproduktion

Jahr	Gesamtproduktion in Milliard. Lei	Grundmittel in Milliarden Lei	Beschäftigte in der Industrie in 10000	Grundfondsausst. in Lei je 1000 Beschäftigte	Arbeitsproduktivität in 1000 Lei je Beschäftigten
1965	180,0	151,7	186,29	81,432	96,623
1966	205,2	166,7	193,14	86,310	106,244
1967	233,4	189,1	197,14	95,921	118,393
1968	260,1	212,5	203,14	104,607	128,039
1969	287,2	237,6	216,15	109,923	132,870
1970	307,2	265,2	227,68	116,523	134,926
1971	361,0	282,7	245,71	115,054	146,921
1972	402,8	315,9	260,12	121,443	154,851
1973	462,0	352,7	279,76	126,072	165,141
1974	528,5	398,4	298,32	133,547	177,158
1975	586,9	455,7	310,97	146,541	188,732
1976	660,6	520,1	326,79	159,154	202,148

Quelle: Statistisches Jahrbuch der SR Rumänien 1977

Die Beziehung zwischen der durchschnittlichen Arbeitsproduktivität und der Grundmittelausstattung in der Industrie wird durch folgende Gleichung beschrieben

$$W_t = 0{,}9772 k_t^{0{,}516761}\, e^{0{,}036377t}.$$

Die Wachstumsrate der Arbeitsproduktivität in Abhängigkeit von der Wachstumsrate der Grundmittelausstattung in der Industrie im Zeitraum 1965 bis 1976 ergibt sich aus folgender Gleichung

$$\frac{\dot{W}_t}{W} = 0{,}036377 + 0{,}516761\,\frac{\dot{k}_t}{k_t}.$$

Die durchschnittliche Jahreswachstumsgeschwindigkeit der Arbeitsproduktivität in der Industrie der SR Rumänien im Zeitraum 1965 bis 1976 betrug 7 Prozent. Die oben wiedergegebene Wachstumsgleichung der Arbeitsproduktivität verdeutlicht, daß auf Grund der konsequenten Politik der Ausstattung der Industrie mit modernen und hochleistungsfähigen Technologien, der ständigen Verbesserung der Qualifikation der Arbeitskraft sowie der wissenschaftlichen Arbeitsorganisation der Beitrag des technischen Fortschritts zur jährlichen Steigerung der Arbeitsproduktivität im Zeitraum 1965 bis 1976 über 50 Prozent betrug.

Ein besonderes Problem im Hinblick auf das vorgelegte Modell liegt in der Bestimmung der Bedingungen, unter denen die Geschwindigkeit der Arbeitsproduktivität größer ist als die der Grundmittelausstattung der Beschäftigten im produktiven Bereich. Aus der obigen Darstellung geht hervor, daß die folgende Bedingung erfüllt sein muß, damit die Wachstumsgeschwindigkeit der Arbeitsproduktivität die der technischen Ausstattung der Arbeit übertrifft

$$\frac{\dot{A}(t)}{A(t)} > [1 - E_k f(k_t)] \frac{\dot{k}_t}{k_t}.$$

Eine weitere wichtige Beziehung wird durch die Wachstumsgeschwindigkeit der Grundmittel beschrieben

$$\dot{k}_t = \beta_t[v_t L_t A(t) f(k_t) + a_t K_t] - \mu_t K_t.$$

Es wurden folgende Kurzbezeichnungen verwendet:

ν_t Akkumulationsrate,
β_t Anteil der für das System der materiellen Produktion und der Dienstleistungen bestimmten Investitionen,
a_t Abschreibungsfaktor,
μ_t Aussonderungsfaktor der Grundmittel.

Die vorgelegte Gleichung enthält als volkswirtschaftliche Kennziffer die Akkumulationsrate und den Anteil der für das System der materiellen Produktion und der Dienstleistungen bestimmten Investitionen.

Für die Wachstumsgeschwindigkeit der technischen Ausstattung der Arbeit gilt

$$\dot{k}_t = \beta_t v_t A(t) f(k_t) + g_t k_t.$$

Darin sind:

$$g_t = a_t - \mu_t - l_t \quad \text{und}$$

$$l_t = \frac{\dot{L}_t}{L_t}.$$

Es zeigt sich, daß die Beziehung zwischen Arbeitsproduktivität und technischer Ausstattung dargestellt werden kann durch

$$\frac{\dot{W}_t}{W_t} = \frac{\dot{A}(t)}{A(t)} + E_k f(k_t) \cdot \frac{\dot{k}_t}{k_t} \quad \text{und}$$

$$\frac{\dot{k}_t}{k_t} = \beta_t \nu_t A(t) \frac{f(k_t)}{k_t} + g_t,$$

wobei v_t und β_t volkswirtschaftliche Entscheidungsgrößen sind.

Durch diese Darstellungen wurden die Beziehungen zwischen den Bestandteilen des Nationalreichtums und dem System der Arbeitsproduktivität sichtbar. Auf das Wachstum der Arbeitsproduktivität wirken als Wachstumsfaktoren neben den Grundmitteln auch der wissenschaftlich-technische Fortschritt, die Wissenschaft und das Bildungswesen sowie die schöpferischen Fähigkeiten der Nation.

11.2.3. Das Modell der Verflechtungsbilanz

Das Modell der Verflechtungsbilanz in Arbeitseinheiten ermöglicht eine Quantifizierung der Arbeitsproduktivität (Abb. 11.2.).

Bei der Analyse der Arbeitsproduktivität geht man von den direkten Kosten je Erzeugniseinheit aus. Diese werden auf Grund technologischer Kennziffern und der tatsächlich aufgewandten Arbeitszeit berechnet.

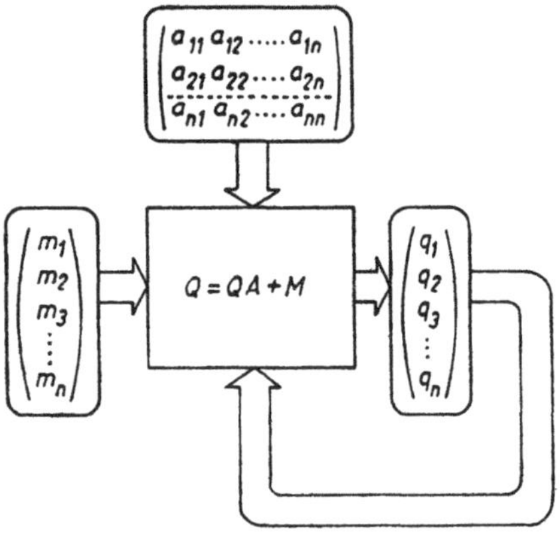

Abb. 11.2. Verflechtungsmodell

Die Verflechtungsbilanz in Arbeitseinheiten enthält ebenso wie andere Varianten des gleichen Modelltyps drei Felder.

Die Beziehungen zwischen den Bestandteilen des Systems der materiellen Produktion werden im ersten Feld dargestellt. Die Elemente des zweiten Feldes beinhalten Aussagen zu der individuellen und gesellschaftlichen Konsumtion, zu den Investitionen, zum Export, zur Vergrößerung der Bestände und Reserven u. a. Im dritten Feld findet man Aussagen zu den Aufwendungen an lebendiger Arbeit.

Bei der mathematischen Darstellung wollen wir die folgenden Kurzbezeichnungen verwenden:

X_i Produktion des Zweiges i (wertmäßig),
M_i Aufwand an lebendiger Arbeit im Zweig i (in Stunden),
x_{ij} Menge der Produktion des Zweiges i, die im Produktionsprozeß des Zweiges j verbraucht wird,
q_{ij} in Arbeitseinheiten ausgedrückte Menge der Produktion des Zweiges i, die im Produktionsprozeß durch den Zweig j für die Herstellung einer wertmäßig gemessenen Erzeugniseinheit verbraucht wird,
q_i Gesamtarbeitsaufwendungen für die Herstellung einer Erzeugniseinheit im Zweig i,
m_i Arbeitsaufwand für die Herstellung einer Erzeugniseinheit im Zweig i.

Folgende Kennziffern lassen sich nun bestimmen:

$$m_i = \frac{M_i}{X_i}; \quad q_{ij} = a_{ij} \cdot q_i;$$

$$b_{ij} = \frac{x_{ij}}{X_j}; \quad a_{ij} = b_{ij} + c_{ij}.$$

Mit c_{ij} wurde der Koeffizient bezeichnet, der den spezifischen Verbrauch an Arbeitsmitteln wiedergibt.

Bezeichnen wir mit $\boldsymbol{A} = (a_{ij})$ die Matrix der Koeffizienten des direkten Aufwandes für Arbeitsgegenstände und Arbeitsmittel, mit $\boldsymbol{Q} = (q_1, \ldots, q_n)$ den Vektor der Gesamtarbeitsaufwendungen und mit $\boldsymbol{M} = (m_1, \ldots, m_n)$ den Vektor der direkten Arbeitsaufwendungen, so ergibt sich in Matrizenschreibweise:

$$\boldsymbol{Q} = \boldsymbol{Q}\boldsymbol{A} + \boldsymbol{M}.$$

Hieraus folgt:

$$\boldsymbol{Q} = \boldsymbol{M}(\boldsymbol{E} - \boldsymbol{A})^{-1}.$$

Darin wurde mit $\boldsymbol{E}$ die Einheitsmatrix bezeichnet. Wenn wir mit α_{ij} die Elemente der inversen Matrix $(\boldsymbol{E} - \boldsymbol{A})^{-1}$ bezeichnen, so ergibt sich für die Gesamtgröße der lebendigen und vergegenständlichten Arbeit, die im Zweig j je Erzeugniseinheit verbraucht wird, in wertmäßigen Einheiten:

$$q_i = \sum_{i=1}^{n} \alpha_{ij} m_i \quad \text{und} \quad j = 1, \ldots, n.$$

Die Gesamtarbeitsaufwendungen für die Produktion des Zweiges i ergeben sich aus:

$$Q_i = q_i X_i = \sum_{j=1}^{n} \alpha_{ij} m_j X_i.$$

Die abgeleiteten Beziehungen bringen die funktionelle Abhängigkeit zwischen dem Gesamtarbeitsaufwand in jedem Zweig und dem direkten Arbeitsaufwand zum Ausdruck.

Die Senkung der direkten Arbeitsaufwendungen je Erzeugniseinheit in einem bestimmten Zweig hat positive Auswirkungen, die sich auch in den anderen Zweigen der Volkswirtschaft zeigen. Die Senkung der direkten Arbeitsaufwendungen im Zweig i um eine Einheit führt dazu, daß der Gesamtarbeitsaufwand im Zweig j um α_{ij} Einheiten gesenkt wird. Diese Senkung beruht auf den Kopplungen und Rückkopplungen im Volkswirtschaftsraum.

Die Auswirkung, die mit der Senkung der direkten Arbeitsaufwendungen im Zweig i um eine Einheit verbunden ist, läßt sich beschreiben durch:

$$e_i = \sum_{j=1}^{n} \alpha_{ij}.$$

Die Analyse der Arbeitsproduktivität auf Grund der obigen Kennziffern macht es möglich, Richtungen sichtbar zu machen, um die Arbeitsaufwendungen ständig zu senken.

Die Förderung des wissenschaftlich-technischen Fortschritts, die Nutzung vervollkommneter technologischer Verfahren sowie die bessere Organisation der Arbeit und der Produktion führen nicht nur zu einer Einsparung an lebendiger Arbeit, sondern auch zu einer Senkung des spezifischen Rohstoff- und Materialverbrauchs. Auf Grund der beschriebenen Wirkung über den einzelnen Zweig hinaus führt das letztlich zur Erhöhung der Arbeitsproduktivität in allen Wirtschaftszweigen und damit in der Volkswirtschaft als Ganzheit.

12. Das System der Effektivität und Rentabilität

Die Erreichung einer hohen Effektivität in allen Bereichen der Volkswirtschaft ist eine entscheidende Voraussetzung für ein hohes Wirtschaftswachstum und für die Erhöhung des materiellen und kulturellen Lebensstandards. Eine Analyse der in Natur und Gesellschaft auftretenden Erscheinungen und Prozesse verdeutlicht den allumfassenden Charakter des Gesetzes von der Effektivitätssteigerung. In der Mechanik haben D'ALEMBERT, HAMILTON und JACOBI das Variationsprinzip im Zusammenhang mit Minimalprinzipien formuliert, ein Gesetz, durch das die Bewegung physikalischer Körper charakterisiert wird. Solche Minimalprinzipien sind in vielen Erscheinungen anzutreffen, so zum Beispiel beim Verlauf des Lichtstrahls auf dem kürzesten Weg oder bei der Bewegung eines Körpers unter der Schwerkraft.

Im Unterschied zu den Erscheinungsformen in der Natur tritt das Gesetz der maximalen Effektivität im Wirtschaftsraum in besonders vielschichtigen Formen auf.

12.1. Charakteristika des Systems

Grundlegende Kennwerte für die Arbeitsweise der Volkswirtschaft sind die Effektivität und die Rentabilität.

Die Effektivität drückt ihrem Wesen nach die bewußte Einwirkung des Menschen auf den Arbeitsgegenstand aus und macht die Notwendigkeit sichtbar, ständig die Kosten mit dem Nutzen der Tätigkeit zu vergleichen und sie zu messen. Die Rentabilität charakterisiert unmittelbar die Arbeitsweise der Bestandteile der Volkswirtschaft. Sie ist ein operatives Kriterium für die Bewertung der Effektivität der in der Volkswirtschaft ablaufenden Tätigkeiten.

Das Gesetz der Effektivitäts- und Rentabilitätssteigerung wirkt auf alle Phasen des Reproduktionsprozesses, auf die Produktion, Distribution, Zirkulation und Konsumtion. Das System der Effektivität und Rentabilität ist daher eines der Systeme, mit dessen Hilfe das System der Leitung die Qualität der auf allen Ebenen sich vollziehenden Tätigkeiten querschnittsmäßig mißt und mit dessen Hilfe es alle im Volkswirtschaftsraum auftretenden Erscheinungen und Prozesse auf die Erreichung einer maximalen Effektivität hinlenkt.

Im System der Effektivität und Rentabilität findet ein Vergleich der Kosten mit den erzielten Ergebnissen statt. Als Hauptkriterium für die Effektivität im Wirtschaftsraum wird davon ausgegangen, welcher Beitrag zur Vergrößerung des Nationalreichtums und des Volkswohlstandes geleistet wurde.

Zwischen dem System der Effektivität und Rentabilität sowie dem des Nationalreichtums und dem der materiellen Produktion und der Dienstleistungen besteht eine starke Symbiose. Die Entwicklung der Volkswirtschaft auf den Wachstumstrajektorien des Wirtschaftsraumes erfordert immer größere Rohstoff-, Material- und Energiemengen für die beschleunigte Steigerung der Produktion und Arbeitsproduktivität, eine Einführung moderner Technologien und eine erhöhte Qualifikation der Arbeitskräfte, damit eine erweiterte Reproduktion auf immer höherem Niveau gewährleistet werden kann. Daher ist die höchst wirksame Nutzung materieller und energiewirtschaftlicher Ressourcen ein wichtiger Faktor für die Beschleunigung der Entwicklung im Volkswirtschaftsraum.

Eine besondere Bedeutung für die wirksame Nutzung der natürlichen Ressourcen hat die Festlegung wissenschaftlich begründeter Normen, die Verbesserung der Erzeugnisse hinsichtlich der Verringerung ihrer Masse und ihrer Abmessungen, die Vervollkommnung der Technologien und der Arbeitsorganisation.

Eine weitere wichtige Möglichkeit für die Steigerung der Effektivität und Rentabilität ist die rationelle Nutzung aller Umlaufmittel und die Beschleunigung ihrer Umlaufgeschwindigkeit. In diesem Sinne ist die Festlegung von Materialien und Rohstoffbeständen von besonderer Wichtigkeit. Daher werden im System der Effektivität und Rentabilität die Material- und Rohstoffbestände analysiert und Festlegungen derart vorgeschlagen, daß ein normaler Produktionsrhythmus gewährleistet ist.

Unter den Bedingungen der Produktionssteigerung einerseits und andererseits der im Weltwirtschaftsraum zutage tretenden Energiequellenverknappung erlangt die wirksame Nutzung der Energie eine besondere Bedeutung. Daher werden durch das System der Effektivität und Rentabilität auch Wege zur umsichtigen und rentablen Nutzung von Energie und Brennstoffen festgelegt. Für die Effektivität und Rentabilität in der Industrie ist wesentlich die intensive Nutzung der Grundmittel. Hierbei werden ökonomisch-mathematische Modelle umfassend eingesetzt, zum Beispiel zur Maschinenbelegung, zur Festlegung des optimalen Zeitpunktes für die Ausführung von Generalreparaturen usw.

Die rationelle Bodennutzung, die Erhaltung und die Steigerung der Bodenfruchtbarkeit und die intensive Entwicklung der Landwirtschaftsproduktion sind ein wesentlicher Bestandteil der Gesamteffektivität der Volkswirtschaft. Im System der Effektivität und Rentabilität wird analysiert, auf welche Weise die landwirtschaftlichen Flächen genutzt werden, und auf dieser Grundlage werden Lösungen zur intensiven Nutzung und gleichzeitig zur Erhaltung und Vergrößerung der Fruchtbarkeit dieser Flächen vorgeschlagen.

Zusammengefaßt kann gesagt werden, daß das System der Arbeitsproduktivität und das System der Effektivität und Rentabilität die sich im Wirtschaftsraum vollziehenden Tätigkeiten analysiert und dem System der Leitung Informationen liefert, um Lösungsvorschläge für ein optimales, ausgewogenes und proportionales Wirtschaftswachstum zu erarbeiten.

12.2. Ökonomisch-kybernetische Modelle

Im System der Effektivität und Rentabilität werden ökonomisch-kybernetische Modelle angewandt, mit deren Hilfe eine Senkung der Produktionskosten, des Brennstoff- und Energieverbrauchs, des Rohstoff- und Materialverbrauchs u. a. möglich ist. Diese ökonomisch-kybernetischen Modelle basieren auf der linearen und nichtlinearer Optimierung, der stochastischen Optimierung sowie dem Gesetz der Rückkopplung.

12.2.1. Modelle vom Typ der Verflechtungsbilanz

Bei der Quantifizierung von Rückkopplungen und Wechselwirkungen im Volkswirtschaftsraum haben sich die Modelle vom Typ der Verflechtungsbilanz als nutzbringend erwiesen.

Ausgehend vom Matrizenmodell

$$\boldsymbol{x} = \boldsymbol{A}\boldsymbol{x} + \boldsymbol{y},$$

worin mit $\boldsymbol{A}$ die Matrix der Aufwendungen, mit $\boldsymbol{x}$ der Vektor der Bruttoqroduktion und mit $\boldsymbol{y}$ der Vektor des Endproduktes bezeichnet wird, erhält man $\boldsymbol{x} = (\boldsymbol{E} - \boldsymbol{A})^{-1}\,\boldsymbol{y}$. Die inverse Matrix $(\boldsymbol{E} - \boldsymbol{A})^{-1}$ hat eine besondere Bedeutung.

Das Element a_{ij} der Matrix $(\boldsymbol{E} - \boldsymbol{A})^{-1}$ beinhaltet die Aufwendungen des Zweiges i zur Erzielung einer Einheit des Endproduktes im Zweig j. Der Ausdruck

$$\Gamma_j = \sum_{i=1}^{n} a_{ij}$$

entspricht dementsprechend den Gesamtaufwendungen in der Volkswirtschaft zur Erzielung einer Einheit des Endproduktes im Zweig j.

Die Komponenten des Vektors

$$\boldsymbol{\Gamma} = (\Gamma_1, \Gamma_2, \ldots, \Gamma_n)$$

widerspiegeln querschnittsförmig auf der Ebene der Volkswirtschaft die Aufwendungen für jede Einheit des Endproduktes i. Von Bedeutung für die Effektivität und Rentabilität ist die Analyse dieser Kennwerte der Zweige und auf dieser Grundlage der Nachweis von Reserven zur Senkung der Material- und Energieverbrauchswerte.

Ausgehend von den Kenziffern Γ_i $(i = 1, \ldots, n)$ läßt sich ebenso der Einfluß feststellen, den die zweigliche Zusammensetzung des Endverbrauchs auf den Materialkostenanteil am Bruttoprodukt ausübt. Tatsächlich ergibt sich aus der Relation

$$\sum_{i=1}^{n} x_i = \sum_{j=1}^{n} \sum_{i=1}^{n} a_{ij} y_i$$

die nachstehende Formel, die die Abhängigkeit zwischen dem Materialkostenanteil am gesellschaftlichen Gesamtprodukt und der zweiglichen Zusammensetzung des Endverbrauchs sichtbar macht

$$C = 1 - \frac{1}{\sum_{i=1}^{n} \Gamma_i y_i^*}.$$

Mit C wurde der Materialkostenanteil am Bruttoprodukt und mit y_i^* der Anteil des Endverbrauchs des Zweiges i am Anfang des Nationaleinkommens bezeichnet.

Mit Hilfe der Elemente der Matrix $(\boldsymbol{E} - \boldsymbol{A})^{-1}$ lassen sich auch die Kennwerte gewinnen, die den Gesamtverbrauch von verschiedenen Ressourcen ausdrücken, der erforderlich ist, um eine Enderzeugniseinheit in einem bestimmten Wirtschaftszweig zu erzielen. Bezeichnet man mit

$$r_{jk} = \frac{R_k}{x_j}$$

den spezifischen Ressourcenverbrauch in bezug auf die Ressource R_k, die für die Produktion einer Erzeugniseinheit im Zweig j benötigt wird, so wird der Gesamtbedarf unter Berücksichtigung der im Volkswirtschaftsraum auftretenden Überlagerungen durch die nachstehende Formel bestimmt

$$\gamma_i = \sum_{j=1}^{n} r_{jk} a_{ij}.$$

Analog läßt sich der Bedarf an Grundmitteln, an Wasservorräten oder aber Importen bezüglich der Schaffung des Endproduktes ermitteln.

12.2.2. Ökonomisch-kybernetische Modelle für die Optimierung des Ressourceneinsatzes

Unter den gegenwärtigen Bedingungen, da sich im gesamten Weltwirtschaftsraum eine starke Rohstoff- und Energieverknappung bemerkbar macht, besitzt die möglichst wirksame und wirtschaftliche Nutzung der Ressourcen eine besondere Bedeutung.

Eine wichtige Aufgabe ist die wirkungsvolle Verteilung der vorhandenen Ressourcen nach Zweigen und Kombinaten in Übereinstimmung mit den sich aus dem Volkswirtschaftsplan ergebenden Aufgaben.

Zur Erläuterung ein Beispiel: Sei q die Anzahl von Betrieben, die sich in s Territorien befinden. Um die ihnen planmäßig zufallenden Aufgaben zu erfüllen, benötigen die q Produktionseinrichtungen η Ressourcen, wobei ein Teil örtliche Ressourcen des jeweiligen Territoriums, beispielsweise Wasservorräte, sind. Ein Problem in diesem Zusammenhang ist die möglichst wirksame Nutzung der örtlichen Ressourcen sowie der Energie-, Brennstoff-, Rohstoff- und Materialressourcen, die zentral verteilt werden.

Im ökonomisch-mathematischen Modell für die optimale Ressourcennutzung werden nachstehende Kurzbezeichnungen verwendet:

Q_α — Produktionseinrichtungen im Territorium ($\alpha = 1, \ldots, s$),
R_α^k — Höchstmenge der Ressource k, die sich im Territorium α befindet ($k = 1, \ldots, \eta$),
J — Anzahl der zu produzierenden Sortimente,
$\hat{x}_j$ — Umfang des in der Volkswirtschaft zu produzierenden Sortiments j und $j = 1, \ldots, J$,
$x_{\alpha j}$ — Umfang des zu produzierenden Sortiments j in den Produktionseinrichtungen des Territoriums α,
$\beta_{\alpha jk}$ — spezifischer Normverbrauch der Ressource k für die Herstellung des Sortiments j in den Produktionseinrichtungen des Territoriums α,
$y_{\alpha jk}$ — spezifischer Verbrauch der Ressource k für die Herstellung des Sortiments j durch die Nutzung örtlicher Reserven in den Produktionseinrichtungen des Territoriums α.

Das ökonomisch-kybernetische Modell zur Nutzung örtlicher Ressourcen, zur Senkung des Energie- und Brennstoffverbrauchs sowie des Verbrauchs zentral verteilter Rohstoffe und Materialien nimmt folgende Gestalt an

$$\sum_{\alpha=1}^{s} x_{\alpha j} \geqq \hat{x}_j .$$

Diese Ungleichung beinhaltet die Forderung der Erfüllung bzw. Übererfüllung der Planaufgaben bezüglich der J Sortimente. Weiter muß gelten:

1. $x_{\alpha j} \geqq 0$ (Nichtnegativitätsbedingung),
2. $\sum_{j=1}^{J} y_{\alpha jk} \cdot x_{\alpha j} \geqq R_\alpha^k$ für jedes α und k,
3. $y_{\alpha jk} \geqq \beta_{\alpha jk}$.

Die Zielfunktion des Modells lautet:

$$\sum_{\alpha=1}^{s} \sum_{j=1}^{J} \sum_{k=1}^{\eta} (\beta_{\alpha jk} - y_{\alpha jk})\, x_{\alpha j} = \min!$$

Durch die Lösung dieses Modells erhält man Hinweise für die Nutzung der örtlich vorhandenen Ressourcen in den Territorien sowie für die zentral zu verteilenden Ressourcen.

In jedem Territorium α werden die folgenden Mengen von Ressourcen genutzt

$$\mathfrak{R}_\alpha{}^k = \sum_{j=1}^{J} y_{\alpha jk} \cdot x_{\alpha j},$$

wobei der Produktionseinrichtung i die folgenden Mengen zugeteilt werden:

$$\mathfrak{R}^k_{\alpha,i} = \sum_{j=1}^{J} y_{\alpha jk} \cdot x_{ij}.$$

Die Ressourcenmenge k, die das Territorium α aus dem zentralen Bestand zur Erfüllung der planmäßigen Produktionsauftagen erhält, ist gleich:

$$H_\alpha{}^k = \sum_{k=1}^{\eta} \sum_{j=1}^{J} \gamma_{\alpha jk} \cdot x_{\alpha j},$$

wobei

$$\gamma_{\alpha jk} = \beta_{\alpha jk} - y_{\alpha jk} \qquad \text{ist.}$$

Durch die Lösung ökonomisch-kybernetischer Modelle wird die Minimierung der Mengen $H_\alpha{}^k$ erreicht

$$\sum_{\alpha=1}^{s} \sum_{k=1}^{\eta} H_\alpha{}^k \to \min!$$

Ein weiteres Problem ist die Senkung der spezifischen Verbrauchswerte sowie die Minimierung von Abfällen. Hier wird mit Erfolg die mathematische Optimierung, insbesondere für Zuschnittprobleme, angewandt

12.2.3. Ökonomisch-mathematisches Modell für die optimale Nutzung von Produktionskapazitäten

Ein besonders wichtiges Problem für die Erhöhung der Effektivität ist die Nutzung der Grundmittel und Produktionskapazitäten. In diesem Bereich hat die ökonomisch-kybernetische Modellierung bewiesen, daß durch sie Reserven erschlossen werden können. Als Beispiel betrachten wir einen Betrieb, der über m Typen von Fließstraßen und Anlagen verfügt, mit denen Erzeugnisse herstellbar sind. Es wird die Hypothese aufgestellt, daß die stündliche Produktivität der Anlagen und erzielten spezifischen Verbrauchswerte von der Fließstraße und vom Typ des gefertigten Sortiments abhängen.

Folgende Kurzbezeichnungen werden verwendet:

a_j — Menge des Sortiments j, das im Planzeitraum hergestellt werden soll,
D_i — Produktionskapazität der Fließstraße i (in Stunden),
C_k — Höchstmenge der Ressource k, die eingesetzt werden kann ($k = 1, 2, \ldots K$),
p_{ij} — Produktivität der Fließstraße bezüglich des Sortiments j,
a_{ij}^k — spezifischer Verbrauch der Ressource k bei der Produktion des Sortiments j auf der Fließstraße i,
I_j — Fließstraßen, auf denen das Sortiment j hergestellt werden kann,
I_i — Sortimente, die auf der Fließstraße i gefertigt werden können,
x_{ij} — Anzahl der Stunden für die Produktion des Sortiments j auf der Fließstraße i.

Das mathematische Modell zur Ermittlung des Produktionsplans beinhaltet

— Restriktionen in bezug auf die Erfüllung der planmäßigen Produktionsaufgaben

$$\sum_{i \in I_j} p_{ij} \cdot x_{ij} \geqq a_j \quad \text{und} \quad j = 1, \ldots, n,$$

— Restriktionen in bezug auf die vorhandenen Produktionskapazitäten

$$\sum_{j \in I_i} x_{ij} \leqq D_i \quad \text{und} \quad i = 1, \ldots, m,$$

— Restriktionen in bezug auf den Ressourcenverbrauch

$$\sum_i \sum_j \alpha_{ij}^k p_{ij} x_{ij} \leqq C_k \quad \text{und} \quad k = 1, \ldots, K,$$

— Restriktionen in bezug auf die Erfüllung der Plankennziffern

$$\sum_i \lambda_j{}^k p_{ij}\, x_i \geqq \Lambda_h \quad \text{und} \quad h = 1, \ldots, H,$$

— Nichtnegativitätsbedingung:

$$x_{ij} \geqq 0$$

Die Forderung, Höchstauslastung der Anlagen, läßt sich beschreiben durch.

$$\sum_i \sum_j x_{ij} \to \max!$$

Falls die Warenproduktion wertmäßig ausgedrückt wird, lautet die Zielfunktion:

$$\sum_i \sum_j q_j p_{ij} x_{ij} \to \max!$$

Darin wurde mit q_j der Preis des Sortiments j bezeichnet.

Durch die Anwendung der Algorithmen zur Lösung mathematischer Optimierungsmodelle erhält man Informationen, die besonders nützlich sind zur Ermittlung der wirksamsten Möglichkeiten für die Erfüllung der Planaufgaben und gleichzeitig für die maximale Nutzung der Grundmittel sowie aller vorhandenen Produktionskapazitäten.

12.2.4. Ökonomisch-kybernetische Modelle zur Optimierung der Effektivität von Investitionen

Unter den zahlreichen Gesichtspunkten, die die umsichtige Nutzung der für die Entwicklung der Volkswirtschaft bereitgestellten Investitionsmittel betreffen, sind auch diejenigen zu nennen, die mit dem Standort und mit der Kapazitätsbestimmung neuer Industrievorhaben sowie mit der Modernisierung und Weiterentwicklung vorhandener Objekte zusammenhängen.

Um den Typ eines solchen ökonomisch-kybernetischen Modells zu erläutern, wollen wir den Fall annehmen, daß zwecks Befriedigung der wachsenden Bedürfnisse der Volkswirtschaft eine bestimmte Investitionssumme zur Entwicklung eines Industriebereiches bereitgestellt worden sei. Das sich ergebende Problem betrifft die optimale Nutzung der bereitgestellten Investitionsmittel unter Berücksichtigung der möglichen Standorte für die neuen Vorhaben, der technologischen Varianten, der Entwicklungs- und Modernisierungsmöglichkeiten für vorhandene Industriezentren.

Ausgangspunkte des Modells sind die technisch-ökonomischen Untersuchungen, insbesondere

- Standorte, technologische Varianten und projektierte Höchstkapazitäten,
- Höchstkapazitäten, mit denen vorhandene Industriezentren weiterentwickelt werden können,
- geographische Standorte der Rohstoffvorkommen und der Nutzer,
- für die Entwicklung des Bereichs notwendiger Investitionsumfang,
- spezifische Investitionen entsprechend jedem Entwicklungsprojekt.

Es wurden folgende Kurzbezeichnungen verwendet:

m_1 — Anzahl neu zu schaffender Standorte,
m_2 — Anzahl der vorhandenen Produktionseinrichtungen,
m — Gesamtanzahl der künftigen Produktionseinrichtungen $m = m_1 + m_2$,
p_i — Anzahl der für den Standort i $(i = 1, 2, \ldots, m_1)$ vorhandenen Projektvarianten. Diese beziehen sich auf die Kapazitäten, die vorgesehen werden können, auf Technologietypen u. a.,
r — Zahl der für den Bau genehmigten neuen Vorhaben,
n — Zahl der Verbraucher,
$e_i(\nu_k)$ — spezifische Investitionen, falls für den Standort i die technologische Variante vorgesehen wird.

Alle oben dargestellten Elemente sind Eingabedaten in das kybernetisch-mathematische Modell. Die Unbekannten, deren Optimalwert durch die Lösung des Modells unter Verwendung spezifischer Mittel der ökonomischen Logistik abgeleitet wird, lauten folgendermaßen:

X_i — Produktionskapazität des neuen Vorhabens i $(i = 1, \ldots, m_1)$,
Q_j — Produktionskapazität der vorhandenen Produktionseinrichtungen $(j = m_1 + 1, \ldots, m)$,
Y_j — Kapazität der weiterentwickelten vorhandenen Produktionseinrichtungen;

$$\alpha_i \begin{cases} 1, & \text{wenn am Standort 1 ein neues Vorhaben angesiedelt wird,} \\ 0, & \text{sonst} \quad (i = 1, \ldots, m_1), \end{cases}$$

$\beta_j(\nu_k)$ $\begin{cases} 1, & \text{wenn für den Standort } i \text{ die technologische Variante } V_k \text{ vorgesehen wird,} \\ 0, & \text{sonst} \quad (i = 1, 2, \ldots, m_1; k = 1, 2, \ldots, p_i), \end{cases}$

Z_{iq} Menge der Erzeugnisse, die die Produktioneinrichtung i dem Verbraucher q liefert $(i = 1, 2, \ldots, m_1; q = 1, 2, \ldots, n)$.

Die erste Gruppe von Restriktionen für das Modell bezieht sich auf die Sicherstellung der von allen Nutzern benötigten Mengen durch den analysierten Bereich:

$$\sum_{i=1}^{m} Z_{iq} + \sum_{i=m_1+1}^{m} Z_{iq} + \sum_{i=m_1+1}^{m} Z_{iq}^* \geqq \delta_q \; (q = 1, \ldots, n).$$

Mit δ_q bezeichnen wir den Bedarf des Nutzers q (Inland oder Ausland) und mit Z_{iq}^* die Mengen, die geliefert werden infolge der Weiterentwicklung bestehender Produktionseinrichtungen.

Die zweite Gruppe von Restriktionen für das Modell bezieht sich auf die Produktionskapazitäten:

neue Kapazitäten: $\sum_{q=1}^{n} Z_{iq} = X_i$ und

$$X_i = \alpha_i \sum_{k=1}^{p_i} \beta_i(\nu_k) \, A_i(\nu_k)$$

alte Kapazitäten: $\sum_{q=1}^{n} Z_{iq} = Q_j \leqq B_j$ und

$$\sum_{j=1}^{n} Z_{iq}^* = Y_j \leqq B_j^*.$$

Mit $A_i(\nu_k)$ wurde die Produktionskapazität eines neuen Vorhabens bezeichnet, das am Standort i angesiedelt wurde und für das die technologische Variante ν_k vorgesehen wurde. Mit B_j wurde die Kapazität der vorhandenen Produktionseinrichtung j $(j = m_1 + 1, \ldots, m)$ und mit B_j^* die erweiterte Produktionskapazität bezeichnet.

Eine wichtige Restriktion des Modells ist der Investitionsumfang:

$$\sum_{i=1}^{m_1} \sum_{k=1}^{p_i} e_i(\nu_k) \, \alpha_i \beta_i(\nu_k) \, X_i + \sum_{j=m_1+1}^{m} e_j Y_j \leqq I.]$$

Mit e_j bezeichnen wir die spezifische Investition entsprechend der Entwicklung der Produktionseinrichtung j $(j = m_1 + 1, \ldots, m)$. Da aus der Gesamtheit der untersuchten m_1 Standortvarianten eine Zahl von r Zentren ausgewählt werden muß, damit neue Vorhaben errichtet werden können, ergibt sich:

$$\sum_{i=1}^{m_1} \alpha_i = r \qquad \text{und} \qquad \sum_{k=1}^{p_i} \beta_i(\nu_k) = \alpha_i.$$

Aus der Zahl der zulässigen Lösungen des Modells muß diejenige ausgewählt werden, die in Übereinstimmung mit dem festgelegten Optimalkriterium eine maximale Effektivität gewährleistet.

13. Das System der Finanzen und Preise

Bei der Leitung des gesamten wirtschaftlichen und gesellschaftlichen Lebens auf der Basis des Volkswirtschaftsplanes fallen dem System der Finanzen und Preise besonders wichtige Aufgaben zu.

Beim Aufbau der entwickelten sozialistischen Gesellschaft zeigt die Praxis die Steuerungsmöglichkeiten der im Volkswirtschaftsraum sich vollziehenden Erscheinungen und Prozesse in Richtung der Realisierung der planmäßig festgelegten Ziele mit Hilfe der Finanzen. Gleichzeitig hat das System der Finanzen und Preise auch Aufgaben bei der Sicherung des Dialogs zwischen Mikro- und Makroökonomie und bei der Gewährleistung des dynamischen Gleichgewichts in der Volkswirtschaft.

Mit Hilfe des Systems der Finanzen und Preise wird die Effektivität und Rentabilität der Prozesse in der Volkswirtschaft gemessen. Es werden die finanziellen Mittel konzentriert und so verteilt, daß der Volkswohlstand systematisch erhöht werden kann.

13.1. Zur Stellung des Systems im Gesamtsystem

Das System der Finanzen und Preise spielt eine aktive Rolle beim Gesamtnachweis des Nationalreichtums und seiner ordnungsgemäßen Nutzung unter den Bedingungen verstärkter Ordnung und Finanzdisziplin beim Umgang mit öffentlichem Eigentum.

Mit Hilfe moderner Verfahren und Methoden und Nutzung der elektronischen Rechentechnik sorgt das System der Finanzen und Preise zusammen mit dem System der ökonomischen Information für die Widerspiegelung der Bewegung der Geldströme, der Finanzmittel und der ökonomisch finanziellen Ergebnisse der Wirtschaftseinheiten. Auf diese Weise trägt das System der Finanzen und Preise unmittelbar zum Schutz und zur Festigung des sozialistischen Eigentums bei und liefert gleichzeitig dem Leitungssystem notwendige Informationen für die Entscheidungsfindung. Durch seine Teilsysteme und ihr koordiniertes Zusammenwirken sichert das System der Finanzen und Preise eine optimale Stärke aller Finanzströme der Wirtschaft, was eine conditio sine qua non für den wirksamen Ablauf des Gesamtsystems der Volkswirtschaft ist.

Durch die Ausarbeitung von Finanzplänen auf allen Ebenen wird im System der Finanzen und Preise eine Konzentration und Verteilung der finanziellen Ressourcen derart gewährleistet, so daß die Grundziele der wirtschaftlichen und gesellschaftlichen Entwicklung erreicht werden. Gleichzeitig wird durch Hebel und spezifische Mechanismen des Systems der Finanzen und Preise die Selbständigkeit jeder Wirtschaftseinheit bei der verantwortungsbewußten und wirksamen Nutzung der ihr anvertrauten Mittel des Volksvermögens gewährleistet.

Die Gesamtheit der Finanzströme wird querschnittsmäßig zusammengefaßt.

Die Haupteingabeströme des zentralen Finanzplanes kommen aus dem System der materiellen Produktion und der Dienstleistungen. Ebenso werden dem zentralen Finanzplan die Ströme aus dem System der internationalen Wirtschaftsbeziehungen zugeführt. Sie beinhalten die Einnahmen aus der Außenhandelstätigkeit.

Die Ausgabeströme des zentralen Finanzplanes fließen zu allen Bestandteilen der Volkswirtschaft. Sie charakterisieren die Größe der Investitionen, Ausgaben für die Außenhandelstätigkeit, die Ausgaben für soziale und kulturelle Maßnahmen u. a.

Zwischen den Eingabe- und den Ausgabeströmen bilden sich starke Verbindungen heraus, wobei Ausgaben nur in dem Maße getätigt werden können, wie erforderliche Einnahmequellen geschaffen wurden. Der zentrale Finanzplan ist in dieser Hinsicht auch eines der Hauptmittel zur Prüfung des dynamischen Gleichgewichtszustandes.

Für die Erhöhung des Volkswohlstandes ist die genaue Kenntnis der Stärke der Geldströme zum System der Bevölkerung und der Arbeitskräfte wichtig. Diese Aufgabe wird mit Hilfe der Bilanz der Geldeinnahmen und -ausgaben der Bevölkerung erfüllt. Sie hat den Zweck, eine optimale Proportionalität zwischen den Einnahmen und Ausgaben der Bevölkerung zu sichern.

Die Eingabeströme innerhalb der Bilanz der Geldeinnahmen und -ausgaben der Bevölkerung stammen im wesentlichen aus den produktiven Systemen bzw. aus der Arbeitsentlohnung, aus dem Verkauf landwirtschaftlicher Erzeugnisse sowie aus gesellschaftlichen Fonds, zum Beispiel in Form von Renten, Kindergeldern, Stipendien, Sozialhilfen, Ausbildungsbeihilfen u. a.

Die Ausgabeströme in der Bilanz beziehen sich auf den Kauf von Waren, die Inanspruchnahme von Dienstleistungen, den Kauf von Wohnungen, die Tätigung von Spareinlagen u. a.

Die Bilanz der Geldeinnahmen und -ausgaben der Bevölkerung charakterisiert somit Beziehungen zwischen Verteilung und Verbrauch innerhalb des komplexen Prozesses der erweiterten Reproduktion, insbesondere der Endnutzung des Nationaleinkommens und der Erhöhung des Volkswohlstandes.

Die Finanz- und Preispolitik, die Gestaltung der Finanzbeziehungen und der Preiskategorien und die Entscheidungen über die Struktur, die Befugnisse und die Verantwortlichkeiten des Systems der Finanzen und Preise gehören zur Kompetenz des Systems der Leitung, durch die die Grundrichtung der gesellschaftlichen Entwicklung sowie die Ziele und Aufgaben aller sich im Volkswirtschaftsraum entwickelnden Systeme vorgezeichnet wird.

Eines der Hauptziele der Finanz- und Preispolitik betrifft gerade die Senkung des Verbrauchs an lebendiger und vergegenständlichter Arbeit bzw. die Steigerung der Arbeitsproduktivität, die Senkung des spezifischen Materialverbrauchs und die Steigerung der Effektivität und Rentabilität aller im Volkswirtschaftsraum ausgeführten Tätigkeiten auf dieser Grundlage.

Eine große Bedeutung hat das Teilsystem der Preise bei der genauen Widerspiegelung der Tätigkeitsergebnisse aller Bestandteile der Volkswirtschaft.

Die komplexe ökonomische Kategorie „Preis“ ist ein wichtiger Hebel des Systems der Leitung zur Nutzung des Nationalreichtums, zur Anhebung des Volkswohlstandes und für eine gerechte Verteilung der Einkünfte auf die Mitglieder der Gesellschaft.

Im Grunde vollziehen sich die Bildung, Verteilung und Nutzung des gesellschaftlichen Gesamtprodukts und des Nationaleinkommens über die Preise. Sie sind ein Hauptinstrument zur Messung des Aufwandes an gesellschaftlicher Arbeit.

Die Preispolitik ist zusammen mit der Finanzpolitik ein Bestandteil der Wirtschafts-Politik und liegt in der Verantwortung der Leitung des Staates.

Auf dem Wege über die Preise fördert das System der Leitung das Wachstum der Arbeitsproduktivität, die Einführung des wissenschaftlich-technischen Fortschritts, die umsichtige Nutzung des Arbeitszeitvorrats, der Grundmittel und der natürlichen Ressourcen sowie die Interessiertheit der Wirtschaftseinheiten am Verbrauch inländischer Erzeugnisse und an der Erweiterung des Exports.

Die Preise, der Gewinn, die Kredite und andere wertbezogene Hebel, über die das System der Finanzen und Preise verfügt, werden bewußt genutzt, um die im Volkswirtschaftsplan vorgesehenen Ziele zu erreichen und um die sich im Volkswirtschaftsraum entwickelnden Systeme und Teilsysteme in einem Zustand des dynamischen Gleichgewichts zu halten. Das führt letztlich zu einer Sicherung des Finanz- und Währungsgleichgewichts auf makroökonomischer Ebene.

13.2. Ein ökonomisch-mathematisches Modell der Geldströme im Volkswirtschaftsraum

Ein wichtiges Modell des Systems der Finanzen und Preise beinhaltet die Geldströme der Wirtschaft, ihre Entstehung und Nutzung.

In einer Bilanz (vgl. Tab. 13.1.) sind die Systeme und Teilsysteme zusammengestellt, in denen die Hauptgeldströme des Volkswirtschaftsraumes sich bilden.

Tabelle 13.1: Verflechtungsbilanz zu den Geldströmen im Volkswirtschaftsraum

Einnahmen → Ausgaben ↓	System der materiellen Produktion und der Dienstleistungen (Industrie, Landwirtschaft, Bauwesen, Verkehrs- und Transportwesen, Handel, sonstige Zweige)	System der Finanzen und Preise (Staatshaushalt, Banken, Sparkassen, Versicherungen)	System der Bevölkerung und der Arbeitskräfte	System der internationalen Wirtschaftsbeziehungen	Saldo	Gesamt
1 Industrie Landwirtschaft Bauwesen Verkehrs- und Transportwesen Handel sonstige Zweige	A_{11}	A_{12}	A_{13}	A_{14}	δ_1	Y_1
2 Staatshaushalt Banken Sparkassen Versicherungen	A_{21}	A_{22}	A_{23}	A_{24}	δ_2	Y_2
3 System der Bevölkerung und der Arbeitskräfte	A_{31}	A_{32}	A_{33}	A_{34}	δ_3	Y_3
4 System der internationalen Wirtschaftsbeziehungen	A_{41}	A_{42}	A_{43}	A_{44}	δ_4	Y_4
Saldo	Δ_1	Δ_2	Δ_3	Δ_4		
Gesamt	X_1	X_2	X_3	X_4		

Feld A_{11} weist die Geldströme aus, die sich zwischen den Bestandteilen des System der materiellen Produktion und der Dienstleistungen herausbilden.

In Feld A_{12} findet man die Geldströme, die sich zwischen den Bestandteilen des Systems der materiellen Produktion und der Dienstleistungen und dem System der Preise und Finanzen vollziehen. Sie betreffen Warenumsatzsteuern, Gewinnabführungen an den Staatshaushalt, Sozialversicherungsbeiträge u. a.

Feld A_{13} enthält Geldströme, die vom System der materiellen Produktion und der Dienstleistungen zum System der Bevölkerung und der Arbeitskräfte führen. Zu ihnen zählt die Entlohnung, vertragliche Begleichung der von Genossenschaftsbauern gelieferten landwirtschaftlichen Erzeugnisse u. a.

Analog lassen sich die anderen in der Wirtschaft auftretenden Geldströme mit Hilfe der Bilanz charakterisieren. In diese Bilanz können auch Prozesse aus dem System des gesellschaftlichen Gesamtproduktes und des Nationaleinkommens sowie des Systems des Volkswohlstandes einbezogen werden.

Zur mathematischen Beschreibung der Geldströme werden die nachstehenden Kurzbezeichnungen verwendet:

φ_{ij} Stärke des Geldstromes vom Bestandteil i zum Bestandteil j $(i, j = 1, 2, \ldots, n)$,
x_j Summe der Geldströme in den Bestandteil j $(j = 1, 2, \ldots, n)$,
y_i Summe der Geldausgaben des Bestandteils i $(i = 1, 2, \ldots, n)$,

Anhand der eingeführten Relationen lassen sich die folgenden Gleichgewichtsgleichungen schreiben

$$\sum_{i=1}^{n} \varphi_{ij} = x_j \qquad \text{und}$$

$$\sum_{=1}^{n} \varphi_{ij} = y_i .$$

Gehen wir zunächst von der Hypothese aus, daß das Verhältnis von den Gesamtgeldeinnahmen des Bestandteils j zu dem Geldstrom, der vom Element i kommt, konstant ist, d. h.

$$\frac{\varphi_{ij}}{x_j} = \lambda_{ij} = \text{const.}$$

Unter dieser Voraussetzung kann man das nachstehende System von Gleichungen für die Geldströme aufstellen

$$\sum_{j=1}^{n} \varphi_{ij} x_i = y_i .$$

In Matrizenschreibweise ergibt sich:

$$\boldsymbol{\Lambda X} = \boldsymbol{Y}$$

Wenn $x_i = y_i$, d. h. die Summe der Einnahmen gleich der Summe der Ausgaben ist, kann man schreiben:

$$\boldsymbol{\Lambda X} = \boldsymbol{X}$$

und damit

$$\boldsymbol{AX} - \boldsymbol{X} = (\boldsymbol{A} - \boldsymbol{E})\,\boldsymbol{X} = 0.$$

Mit Hilfe dieser Gleichung können Einflüsse untersucht werden, die aus der Änderung der Stärke einiger Ströme resultieren, beispielsweise aus der Erhöhung der Entlohnung in bestimmten Wirtschaftsbereichen, der Veränderung der Betriebsgewinne u. a.

Bei den ökonomisch-kybernetischen Modellen des Systems der Finanzen und Preise kommt der Haushaltsgleichung eine große Bedeutung zu; folgende Kurzbezeichnungen werden verwendet:

- X Ergebnisse der materiellen Produktion und der Dienstleistungen,
- σ Umsatzsteuer für verschiedene Waren,
- β Gewinn der Bereiche der materiellen Produktion und Dienstleistungen,
- $\hat{\beta}$ Höhe der Gewinnabführungen,
- γ Steuern bezüglich der Einnahmen der Genossenschaften, Betriebe und gesellschaftliche Organisationen,
- δ Höhe der vom Staatshaushalt aus dem System der materiellen Produktion und der Dienstleistungen erzielten Einnahmen,
- Y Einnahmen des Staatshaushalts aus der staatlichen Sozialversicherung,
- Z Einnahmen aus dem Außenhandel,
- $\hat{Z}$ Vereinnahmung erhaltener Außenkredite und Zugänge aus fälligen Raten für gewährte Außenkredite,
- C Zunahme der Spareinlagen,
- α Übertragkoeffizient aus dem wachsenden Betrag der Spareinlagen,
- ξ sonstige Einnahmen des Staatshaushaltes.

Wenn man mit V die Einnahmen des Staatshaushalts bezeichnet, so ergibt sich:

$$V = (\sigma + \hat{\beta}\beta + \gamma + \delta)\,X + Y + Z + \hat{Z} + \alpha C + \xi.$$

Diese in die Gleichung eingegangenen Größen sind ihrerseits wieder die Funktionen einer bedeutenden Anzahl von Veränderlichen.

Um die Ausgaben des Staatshaushalts mathematisch zu beschreiben, werden nachstehende Bezeichnungen verwendet:

- I Finanzierung von Investitionen,
- H Finanzierung von Vorhaben und Maßnahmen aus dem Nationalfonds der wirtschaftlichen und gesellschaftlichen Entwicklung,
- S Ausgaben für das System Wissenschaft und Technik,
- B Ausgaben für die Finanzierung von Maßnahmen zugunsten des Systems des Volkswohlstandes, des Bildungswesens, der Kultur und der Kunst, der Gesundheitswesens u. a.,
- E Gewährung von Außenkrediten und Begleichung fälliger Raten bei erhaltenen Außenkrediten,
- m Fonds der Staatshaushaltsreserve,
- e Staatshaushaltsüberschuß.

Die Haushaltsgleichung lautet nun folgendermaßen:

$$(\sigma + \beta\hat{\beta} + \gamma + \delta)\,X + Y + Z + \hat{Z} + \alpha C + \xi = I + H + S + B + G + m + e.$$

Das System der Finanzen und Preise bedient sich als Hauptinstrument zur Messung des Aufwandes an gesellschaftlicher Arbeit, zur Bewertung der Produktivität und zur Einschätzung der Rentabilität und Effektivität einer Reihe ökonomisch-kybernetischer Modelle, von denen die folgenden die wichtigsten sind:

a) Makromodell zur allgemeinen Regelung der Produktions- und Endverbraucherpreise,
b) Modelle zur Bestimmung der Einflüsse, die mit der Veränderung der Rohstoffpreise verbunden sind,
c) Modelle zur Bestimmung der Einflüsse, die Veränderungen bezüglich der spezifischen Materialverbrauchswerte, der Vergütungen u. a. mit sich bringen.

Wenn man in Betracht zieht, daß die Volkswirtschaft zu jedem Zeitpunkt von einem bestimmten Umfang menschlicher und materieller Ressourcen abhängig ist, so sind deren optimale Verteilung auf die Wirtschaftszweige und Tätigkeitsbereiche, die Senkung der Materialkosten und die ständige Steigerung der Arbeitsproduktivität objektive Gesetze und entscheidende Voraussetzungen für die volkswirtschaftliche Entwicklung.

Die Ausnutzung dieser Faktoren führt dazu, daß die Senkung des Aufwandes an gesellschaftlicher Arbeit infolge einer Steigerung der Arbeitsproduktivität ihre Widerspiegelung in den Preisen findet.

Hieraus ergibt sich die Notwendigkeit, ökonomisch-kybernetische Modelle zu benutzen, mit deren Hilfe entsprechend den inneren und äußeren Einflüssen operative Maßnahmen abgeleitet werden können. Um die Preisbildung zu beschreiben, benutzen wir folgende Bezeichnungen:

$\boldsymbol{P}$ Vektor der Preise;
$\boldsymbol{A}$ Matrix der direkten Kosten;
$\boldsymbol{R}$ Vektor der Vergütung;
$\boldsymbol{V}$ Vektor des Nettoeinkommens.

Für die Preisbildung ergibt sich

$$\boldsymbol{P} = \boldsymbol{P} \cdot \boldsymbol{A} + \boldsymbol{R} + \boldsymbol{V}$$

und hieraus folgt

$$\boldsymbol{P} = (\boldsymbol{R} + \boldsymbol{V}) \cdot (\boldsymbol{E} - \boldsymbol{A})^{-1}.$$

Anhand dieser Gleichung und unter Verwendung von spezifischen Algorithmen lassen sich die Einflüsse bestimmen, deren Ursache in der Veränderung der Preise für bestimmte importierte Rohstoffe bzw. der Senkung der spezifischen Verbrauchswerte liegen. Gleichzeitig kann das Modell auch für die Preisregelung verwendet werden.

14. Das System der Bevölkerung und der Arbeitskräfte

Die Bedeutung des Systems der Bevölkerung und der Arbeitskräfte im Mechanismus des planmäßigen Wirtschaftswachstums leitet sich daraus her, daß die Werktätigen mit der Arbeiterklasse an der Spitze die entscheidende Rolle bei der Abwicklung aller Tätigkeiten in der Volkswirtschaft spielen. Sie sind die Schöpfer aller materiellen und geistigen Güter der Gesellschaft.

Die berufstätige Bevölkerung des Landes und insbesondere die Arbeiterklasse als führende Klasse in unserer sozialistischen Gesellschaft ist die entscheidende Kraft bei der Verwirklichung der allgemeinen Strategie der wirtschaftlichen und gesellschaftlichen Entwicklung des Landes, bei der ständigen Vergrößerung des Nationaleinkommens und des Nationalreichtums, der Steigerung des materiellen und kulturellen Lebensstandards und der Anhebung des Volkswohlstandes.

14.1. Charakteristika des Systems

Die Steigerung der materiellen Produktion und der Produktivität der gesellschaftlichen Arbeit, die Vergrößerung des Nationaleinkommens und auf dieser Grundlage des Nationalreichtums sowie die Anhebung des Volkswohlstandes hängen wesentlich von der Bevölkerung und ihrer Zusammensetzung, vom Anteil der berufstätigen Bevölkerung an der Gesamtbevölkerung, von der Ausbildung und der Bildung der Bevölkerung und von der Verteilung der Arbeitskräfte auf die wirtschaftlichen und gesellschaftlichen Tätigkeitsbereiche ab.

In der allgemeinen Topologie des kybernetischen Gesamtsystems nimmt das System der Bevölkerung und der Arbeitskraft einen zentralen Platz ein. Wie aus dem in Kapitel 3 beschriebenen Modell des allgemeinen kybernetischen Systems der Volkswirtschaft hervorgeht, ist Ausgangs- und Endpunkt das System der Bevölkerung und der Arbeitskräfte.

Die Verwirklichung der Entwicklungsprogramme und die Sicherung einer hohen Wachstumsgeschwindigkeit für alle Bestandteile des Systems der Volkswirtschaft stehen in enger Verbindung zur Dynamik der Prozesse, die im System der Bevölkerung und der Arbeitskräfte ablaufen. Zu ihnen gehört die Kaderausbildung, die Schaffung einer optimalen berufssoziologischen Zusammensetzung der berufstätigen Bevölkerung, die Verteilung der Arbeitskräfteströme auf die Wirtschaftszweige und Tätigkeitsbereiche entsprechend der allgemeinen Strategie der wirtschaftlichen und gesellschaftlichen Entwicklung des Landes sowie die Verteilung der Produktivkräfte über die Bezirke des Landes und die Industrialisierung der Bezirke.

Eine wesentliche Eigenschaft des Systems der Bevölkerung und der Arbeitskräfte ist seine Dynamik, die von seiner Gesamtentwicklung hervorgerufen wird, und zwar als Resultierende aus der natürlichen Bevölkerungsbewegung, der berufssoziologischen Bewegung im Zusammenhang mit der wissenschaftlich-technischen Revolution sowie der Wanderungsbewegung zwischen Stadt und Land und zwischen den verschiedenen Landesteilen.

Die ökonomisch-kybernetische Analyse der vielfältigen Prozesse und Erscheinungen im System der Bevölkerung und der Arbeitskräfte und ihre Beziehungen zum planmäßigen Wirtschaftswachstum lassen es als zweckmäßig erscheinen, das System zu zerlegen in die Teilsysteme

— Bevölkerung,
— berufstätige Bevölkerung.

Im Teilsystem Bevölkerung geht es um demographische Gesichtspunkte wie der Geburtenrate, Fruchtbarkeit, Eheschließungsrate, Sterberate, demographische Alterung, Dynamik der sozialen Struktur in Stadt und Land.

Wenn wir mit P_t die Veränderliche bezeichnen, die den Zustand des Teilsystems Bevölkerung zum Zeitpunkt t bzw. die Einwohnerzahl wiedergibt, so lautet die Gleichung des Bevölkerungszuwachses folgendermaßen

$$P_{t+1} = P_t + \sum_{i=15}^{49} f_t^i p_t^{f,i} - \sum_{j=0}^{100} \beta_t^{m,j} P_t^{m,j} - \sum_{i=0}^{100} \beta_t^{f,i} P_t^{f,i}.$$

Es wurden darin die folgenden Kurzbezeichnungen verwendet:

$P_t^{f,i}$ Anzahl der weiblichen Personen im Alter i,
$p_t^{m,i}$ Anzahl der männlichen Personen im Alter i,
f_t^i Fruchtbarkeitskennziffer der weiblichen Personen im Alter i,
$\beta_t^{m,i}$, $\beta_t^{f,i}$ spezifische Sterberate der männlichen bzw. der weiblichen Personen im Alter i.

Um die Analyse zu vertiefen, kann das Teilsystem der Bevölkerung weiter detailliert werden nach Verteilung der Geschlechter, den Altersgruppen, dem Territorium usw.

Das Teilsystem berufstätige Bevölkerung ist der Kern des Systems der Bevölkerung und der Arbeitskräfte. Die Zusammensetzung und das Potential dieses Teilsystems der berufstätigen Bevölkerung ist entscheidend für das planmäßige Wachstum aller Bestandteile der Volkswirtschaft. Durch die schöpferischen Fähigkeiten der berufstätigen Bevölkerung, durch die wissenschaftlich-technischen und beruflichen Kenntnisse sowie durch ihre Produktionserfahrung sind die Werktätigen die Hauptproduktivkraft der Volkswirtschaft.

Die Verteilung der Arbeitskräfte auf alle Bestandteile des Volkswirtschaftssystems — sowohl nach Wirtschaftszweigen als auch nach Tätigkeitsbereichen und territorialen Gesichtspunkten — erfolgt in Übereinstimmung mit der allgemeinen Strategie der wirtschaftlichen und gesellschaftlichen Entwicklung des Landes und mit dem allgemeinen Gesetz der optimalen Wirtschaftszeit im Volkswirtschaftsraum.

Von entscheidender Bedeutung für die Sicherung des Bevölkerungszuwachses sind Entscheidungen, die das System der Leitung in Bezug auf die Steuerung des demographischen Verhaltens auf die Steigerung des materiellen und kulturellen Lebensstandards der Bevölkerung, auf die Unterstützung kinderreicher Familien usw. faßt.

Durch die vom System der Leitung gefaßten Entscheidungen und durch die Gesamtheit der Maßnahmen zur allseitigen Steigerung des materiellen und kulturellen Lebensstandards der Bevölkerung wird gleichzeitig die Sterberate aller Altersgruppen gesenkt und die Lebenserwartung der Bevölkerung erhöht. Besondere Aufmerksamkeit gilt der Senkung der Kindersterblichkeit als wichtiges Element zur Sicherung des natürlichen Bevölkerungszuwachses.

14.2. Ökonomisch-kybernetische Modelle des Bevölkerungszuwachses

Im komplexen Prozeß der Erkennung, Beherrschung und Steuerung der im System der Bevölkerung und der Arbeitskräfte auftretenden Erscheinungen besitzen die ökonomisch-mathematischen Modelle eine große Bedeutung. Eine erste Klasse von Modellen, die für das System der Bevölkerung und der Arbeitskräfte ausgearbeitet worden sind, sind Prognosemodelle. Es muß im übrigen hervorgehoben werden, daß in der Demographie und bei der Erforschung des Bevölkerungszuwachses Prognoseberechnungen eine lange Tradition haben.

Von den ökonomisch-mathematischen Modellen, die eine besondere Bedeutung für die Erforschung der beim Bevölkerungswachstum auftretenden Prozesse und Erscheinungen haben, sind zu nennen ökonomisch-mathematische Modelle:

— zum Bevölkerungswachstum,
— zur Land- und Stadtbevölkerung,
— zur berufstätigen Bevölkerung sowie
— zur berufssoziologischen Zusammensetzung.

Es muß hervorgehoben werden, daß diese Modelle stochastischer Art sind.

14.2.1. Ein ökonomisch-mathematisches Modell zum Bevölkerungswachstum

Wenn man die beiden Hauptbestandteile des Teilsystems der Bevölkerung, d. h. die männliche und die weibliche Bevölkerung, in Betracht zieht, so lauten die Zuwachsgleichungen folgendermaßen:

— für die männliche Bevölkerung

$$P^m_{t+1} = P_t^m + \alpha_t \sum_{i=15}^{49} f_t^i p_t^{f,i} - \sum_{i=0}^{100} \beta_t^{m,i} P_t^{m,i}$$

— für die weibliche Bevölkerung

$$P^f_{t+1} = P_t^f + (1 - \alpha_t) \sum_{i=15}^{49} f_t^i P_t^{f,i} - \sum_{i=0}^{100} \beta_t^{f,i} P_t^{f,i}.$$

Im Modell (vgl. Abb. 14.1.) wurden folgende Kurzbezeichnungen verwendet:

P_t^m Anzahl der männlichen Personen im Jahre t,
P_t^f Anzahl der weiblichen Personen im Jahre t,
$P_t^{m,i}$, $P_t^{f,i}$ Anzahl der männlichen und weiblichen Personen der Altersgruppe i im Jahre t,
α_t Anteil der Jungen an der Zahl der Lebendgeborenen im Jahre t,
$\beta_t^{m,i}$, $\beta_t^{f,i}$ Sterblichkeitsrate der männlichen und weiblichen Personen der Altersgruppe i.

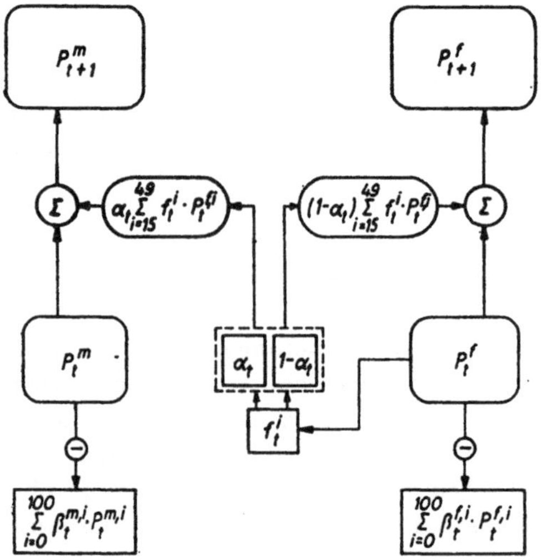

Abb. 14.1. Struktur des Bevölkerungsmodells

Es muß darauf verwiesen werden, daß die Elemente f_t^i, $\beta_t^{m,i}$ und $\beta_t^{f,i}$ wiederum von einer Reihe demographisch-ökonomischer Faktoren abhängig sind. Diese Elemente des Modells werden anhand wahrscheinlichkeitstheoretischer und mathematisch-statistischer Verfahren ermittelt.

Unterteilt man die Bevölkerung in q Altersgruppen, so wird jede von ihnen durch eine Zustandsveränderliche gekennzeichnet. Wenn man mit P_t^i die Zustandsveränderliche der Gruppe i ($i = 1, 2, \ldots, q$) bezeichnet, so lautet die Entwicklungsgleichung

$$P_{t+1}^i = (1 - S_t^{i,i+1} - \beta_t^i)\, P_t^i + S_t^{i-1,i} P_t^{i-1}.$$

Hierbei bedeuten:

$S_t^{i,i+1}$ die Wahrscheinlichkeit des Übergangs von der Altersgruppe i in die Gruppe $i + 1$,

$S_t^{i-1,i}$ die Wahrscheinlichkeit des Übergangs von der Altersgruppe $i - 1$ in die Gruppe i,

β_t^i die Sterblichkeitsrate für die Altersgruppe i.

Für die Gruppe Null und für die letzte Altersgruppe verwandelt sich die Gleichung in

$$P_{t+1}^0 = (1 - S_t^{0,1} - \beta_t) \cdot P_t + Q_t \quad \text{und}$$

$$P_{t+1}^q = (1 - \beta_t^q) \cdot P_t^q + S_t^{q-1,q} \cdot P_t^{q-1}$$

Darin stellt Q_t den Anfangswert dar.

Falls die Bevölkerung nach dem Kriterium von Geschlecht und Alter untergliedert wird und die letzte Gruppe ω ist, so enthält der Zustandsvektor $\hat{P}_t$ des Systems 2ω Komponenten. Zwischen den Kennziffern des Übergangs von einer Altersgruppe in die nächste, $S_{t,m}^{i,i+1}$ und $S_{t,f}^{i,i+1}$ und den Sterblichkeitsraten $\beta_t^{m,i}$ und $\beta_t^{f,i}$ bestehen die folgenden Beziehungen:

$$S_{t,m}^{i,i+1} + \beta_t^{m,i} = 1 \quad \text{und} \quad S_{t,f}^{i,i+1} + \beta_t^{f,i} = 1.$$

Das ergibt sich daraus, daß die Kennziffern $S_{t,m}^{i,i+1}$ bzw. $S_{t,f}^{i,i+1}$ in der Tat die Überlebenswahrscheinlichkeit für die männliche bzw. für die weibliche Bevölkerung der Altersgruppe i darstellen.

Das Wachstum der Bevölkerung nach Alter und Geschlecht kann beschrieben werden:

— für die männliche Bevölkerung

$$P_{t+1}^{m,0} = \alpha_t \sum_{i=15}^{49} f_t^i \cdot P_t^{f,i},$$

$$P_{t+1}^{m,i} = S_{t,m}^{i-1,i} P_t^{m,i-1}, \quad i = 1, \ldots, \omega - 1,$$

$$P_{t+1}^{m,\omega} = (1 - \beta_t^{m,\omega})\, P_t^{m,\omega} + S_{t,m}^{i-1,i} \cdot P_t^{m,\omega-1},$$

— für die weibliche Bevölkerung:

$$P_{t+1}^{f,0} = (1 - \alpha_t) \sum_{i=1}^{49} f_t^i P^{f,i},$$

$$P_{t+1}^{f,i} = S_{t,f}^{i-1,i} P_t^{m,i-1}, \quad i = 1, \ldots, \omega - 1$$

$$P_{t+1}^{f,\omega} = (1 - \beta_t^{f,\omega})\, P_t^{f,\omega} + S_{t,f}^{i-1,i} P_t^{f,\omega-1}.$$

Um das Wachstum der Bevölkerung vektoriell zu beschreiben, werden die nachstehenden Kurzbezeichnungen verwendet:

— Bevölkerungsvektor:

$$\hat{P}_t = (P_t^{m,0}, P_t^{m,1}, \ldots, P_t^{m,\omega}, P_t^{f,0}, \ldots, P_t^{f,\omega}),$$

— Matrix der Bevölkerungszuwachstypologie Λ_t:

$$\Lambda_t = \begin{array}{r} \\ \\ \\ \\ \omega \rightarrow \\ \omega+1 \rightarrow \\ \\ 2\omega \rightarrow \end{array} \left\| \begin{array}{cccccccccc} & & 14 & 15 & 16 \quad 49 & \omega-1 & \omega & \omega+1 \quad 2\omega-1 & 2\omega \\ & & \downarrow & \downarrow & \downarrow \quad\;\; \downarrow & \downarrow & \downarrow & \downarrow \quad\;\; \downarrow & \downarrow \\ 0 & 0 & 0\cdots 0 & \alpha_t f_t^{15} & \alpha_t f_t^{16} \cdots \alpha_t f_t^{49} & 0\cdots 0 & 0 & 0\cdots\cdots 0 & 0 \\ 0 & S_t^{0,1} & 0\cdots 0 & 0 & 0\cdots 0 & 0\cdots 0 & 0 & 0\cdots\cdots 0 & 0 \\ 0 & 0 & S_t^{1,2}\cdots 0 & 0 & 0\cdots 0 & 0\cdots 0 & 0 & 0\cdots\cdots 0 & 0 \\ \hdashline 0 & 0 & 0\cdots 0 & 0 & 0\cdots 0 & 0\cdots S_t^{\omega-1,\omega} & 1-\beta_t^{f,\omega} & 0\cdots\cdots 0 & 0 \\ 0 & 0 & 0\cdots 0 & (1-\alpha_t) f_t^{15} & (1-\alpha_t) f_t^{16} \cdots (1-\alpha_t) f_t^{49} & 0\cdots 0 & 0 & 0\cdots\cdots 0 & 0 \\ \hdashline 0 & 0 & 0\cdots 0 & 0 & 0\cdots 0 & 0\cdots 0 & 0 & 0\cdots\cdots S_t^{2\omega-1,2\omega} & 1-\beta_t^{m,2\omega} \end{array} \right\| .$$

In der obigen Matrix wurden die folgenden Kurzbezeichnungen verwendet:

$$S_{t,m}^{i-1,i} = S_t^{i1,i},$$

$$S_{t,f}^{i-1,i} = S_t^{\omega+i-1,\omega+i} \quad \text{und} \quad i = 1, \ldots, \omega.$$

Das Bevölkerungsmodell vektoriell beschrieben lautet nun:

$$\hat{P}_{t+1} = A_t \cdot \hat{P}_t.$$

Es ergibt sich, daß $\hat{P}_t$ den Zustandsvektor des untersuchten Teilsystems darstellt. Dieser hat 2ω Komponenten, wobei sich das erste ω auf die männlichen Personen und das zweite ω auf die weiblichen Personen nach Altersgruppen bezieht.

Gehen wir von der Bevölkerung zum Zeitpunkt $t = 0$, das heißt $\hat{P}_0$ aus, so ergibt sich:

$$\hat{P}_t = A_{t-1} A_{t-2} \ldots A_0 \hat{P}_0.$$

Falls die Matrizen A_i und $i = 0, \ldots, t-1$ gleich sind, das heißt zeitlich invariant, so lautet das Modell allgemein:

$$\hat{P}_t = A_t \hat{P}_0.$$

14.2.2. Ökonomisch-mathematische Modelle des Bevölkerungszuwachses im Territorium

Der Bevölkerungszuwachs in jedem Gebiet des Landes wird bestimmt vom natürlichen Bevölkerungszuwachs und von der Stärke der Wanderungsströme. Die Stärke der Wanderungsströme im Staatsgebiet wird von einem Komplex gesellschaftlicher und demographischer Faktoren bestimmt. Zu ihnen gehören zum Beispiel die Abwanderungen vom Land in die Stadt, Veränderungen in der territorialen Verteilung der Produktivkräfte aufgrund neuer Industrievorhaben, schließlich auch Veränderungen infolge Familiengründungen.

Um den Bevölkerungszuwachs im Territorium zu beschreiben, benutzen wir folgende Kurzbezeichnungen:

$P_{t,j}^m$ Anzahl der männlichen Personen im Jahre t im Gebiet j,

$P_{t,j}^f$ Anzahl der weiblichen Personen im Jahre t im Gebiet j.

Die Entwicklung der Bevölkerung im Territorium j kann den beschrieben werden für

— die männliche Bevölkerung durch

$$P_{t,j}^m = \sum_{k \in K} (1 - q_{t,m}^{j,k}) P_{t,j}^m + \alpha_t^j \sum_{i=15}^{49} f_t^{i,j} P_{t,j}^{f,i} - \sum_{i=0}^{100} \beta_{t,j}^{m,i} P_{t,j}^{m,i} + \sum_{k \in K} q_{t,m}^{k,j} P_{t,k}^m,$$

— die weibliche Bevölkerung durch

$$P_{t,j}^f = \sum_{k \in K} (1 - q_{t,f}^{j,k}) P_{t,j}^f + (1 - \alpha_t^j) \sum_{i=15}^{49} f_t^{i,j} P_{t,j}^{f,i} - \sum_{i=0}^{100} \beta_{t,j}^{f,i} P_{t,j}^{f,i} + \sum_{k \in K} q_{t,f}^{k,j} P_{t,k}^f.$$

Hierbei bedeuten:

K — die Anzahl der im Modell berücksichtigten Gebiete (Bezirke, Städte und Gemeinden),

$q_{t,m}^{j,k}$, $q_{t,f}^{j,k}$ — Wahrscheinlichkeit der Wanderung von männlichen bzw. weiblichen Personen vom Territorium j in das Territorium k zum Zeitpunkt t und $j, k \in K$.

Gleichzeitig wurden im vorliegenden Modell die Koeffizienten zur Fruchtbarkeitsziffer sowie die Sterbenswahrscheinlichkeit nach Gebieten aufgegliedert, da sie von einer Reihe demographisch-ökonomischer und geographischer Faktoren des jeweiligen Gebietes beeinflußt werden.

Was die Wahrscheinlichkeiten $q_{t,m}^{j,k}$ und $q_{t,f}^{j,k}$ betrifft, so hängen diese von zahlreichen Faktoren ab, insbesondere vom wirtschaftlichen Entwicklungsstand des Gebietes.

14.3. Ein ökonomisch-mathematisches Modell zur Bevölkerungswanderung zwischen Stadt und Land

Ein besonders wichtiges Problem für die Sicherung des optimalen und ausgewogenen Wachstums des Systems der Bevölkerung und der Arbeitskraft betrifft den Prozeß der gesellschaftlichen Gleichsetzung. Ein wesentlicher Gesichtspunkt dieses komplexen Prozesses steht im Zusammenhang mit der allmählichen Beseitigung der Unterschiede zwischen Stadt und Land.

Mit P_t^u bezeichnen wir die Anzahl der in der Stadt lebenden Bevölkerung und mit P_t^r die Anzahl der auf dem Land lebenden Bevölkerung. Für die Entwicklung der Bevölkerung ergibt sich

— Stadtbevölkerung

$$P_{t+1}^u = (1 - \gamma_t^{ur})\, P_t^u + \gamma_t^{ru} P_t^r + \sum_{i=15}^{49} f_t^{u,i} P_{t,i}^{f,u} - \sum_{i=0}^{100} \beta_t^{i,u} P_{t,i}^u,$$

— Landbevölkerung

$$P_{t+1}^r = (1 - \gamma_t^{ru})\, P_t^r + \gamma_t^{ur} P_t^u + \sum_{i=15}^{49} f_t^{i,r} P_{t,i}^{f,r} - \sum_{i=0}^{100} \beta_t^{i,r} P_{t,i}^r.$$

Hierbei bedeuten:

γ_t^{ru}, γ_t^{ur} Koeffizienten des Übergangs von Personen vom Land in die Stadt bzw. von der Stadt aufs Land im Jahre t,

$f_t^{i,u}$, $f_t^{i,r}$ Fruchtbarkeitskoeffizienten für die weiblichen Personen der Altersgruppe i in der Stadt bzw. auf dem Land,

$\beta_t^{i,u}$, $\beta_t^{i,r}$ Sterblichkeitskoeffizienten für die Bevölkerung der Altersgruppe i in der Stadt bzw. auf dem Land,

$P_{t,i}^u$, $P_{t,i}^r$ Anzahl der Personen der Altersgruppe i in der Stadt bzw. auf dem Land.

Die Koeffizienten $\gamma_t^{u,r}$ und $\gamma_t^{r,u}$ hängen von einer Vielzahl von demographisch-ökonomischen Faktoren ab, von der Stärke der sozialistischen Industrialisierung, den konkreten Lebensbedingungen und -gewohnheiten, der erhaltenen Ausbildung und dem entsprechenden Kaderbedarf.

14.4. Ökonomisch-mathematische Modelle zur berufstätigen Bevölkerung

Ausgehend von der großen Bedeutung der berufstätigen Bevölkerung im Wirtschaftsmechanismus wurden für dieses Teilsystem ökonomisch-mathematische Modelle ausgearbeitet, die sein Potential in territorialer Hinsicht sowie nach Wirtschaftszweigen und

Tätigkeitsbereichen widerspiegeln. Zugleich sind ökonomisch-mathematische Modelle ausgearbeitet worden, die die berufssoziologische Beweglichkeit der berufstätigen Bevölkerung als wichtigen Teil des Prozesses der gesellschaftlichen Gleichsetzung ausdrücken.

14.4.1. Zum Wachstum der berufstätigen Bevölkerung

Wenn wir mit R_t die Zahl der berufstätigen Bevölkerung bzw. den Arbeitskräftebestand der Volkswirtschaft im Jahre t bezeichnen, so erfolgt ein Zuwachs an Werktätigen aus der Bevölkerung durch die das 16. Lebensjahr vollendenden Personen, durch die Aufnahme der Absolventen aus den verschiedenen Bildungseinrichtungen sowie die Einbeziehung eines bestimmten Teils der Hausfrauen in die Produktion. Der Arbeitskräftebestand verringert sich um die Personen, die in Rente gehen, und vergrößert sich um diejenigen, die krankheitshalber zeitweilig berentet werden (G_t) und die im Laufe des Jahres $t+1$ wieder arbeitsfähig werden.

Damit ergibt sich für das Jahr $t+1$ folgender Arbeitskräftebestand:

$$R_{t+1} = R_t + \gamma_t \cdot P_{t+1}^{16} + \delta_{t+1} H_t + \varepsilon_{t+1} \cdot Q_{t+1} - (1 - h_{t+1}^m) \cdot R_{t+1}^{m,60} - (1 - h_{t+1}^f) \cdot R_{t+1}^{f,55}$$
$$+ \xi_{t+1} \cdot G_t - h_{t-1}^m S_{t,m}^{60,61} S_{t+1,m}^{61,62} \cdot R_{t-1}^{m,60} - h_{t-1}^f \cdot S_{t,f}^{55,56} \cdot S_{t+1,f}^{56,57} \cdot R_{t-1}^{f,55} - (\beta_t + \pi_t) \cdot R_t .$$

In dieser Gleichung bedeuten:

P_{t+1}^{16}	Anzahl der Personen im Alter von 16 Jahren,
γ_t	Anzahl der Personen, die das 16. Lebensjahr vollendet haben und im Jahre $t+1$ in die Produktion einbezogen werden.
H_t	Anzahl der Personen, die sich in verschiedenen Formen der Ausbildung im Jahre t befinden,
δ_{t+1}	Anteil der Absolventen an der Gesamtzahl der in der Ausbildung stehenden Personen,
Q_{t+1}	Anzahl der im Arbeitsalter stehenden Bevölkerung, die in der Hauswirtschaft tätig ist,
ε_{t+1}	Anzahl der in der Hauswirtschaft Tätigen, die in die Produktion einbezogen werden,
$R_{t+1}^{m,60}$	Anzahl der männlichen Werktätigen, die im Laufe des Jahres $t+1$ das 60. Lebensjahr vollenden,
h_{t+1}^m	Anzahl der männlichen Werktätigen, die im Laufe des Jahres $t+1$ das 60. Lebensjahr vollenden und weiterarbeiten,
$R_{t+1}^{f,55}$	Anzahl der weiblichen Werktätigen, die im Laufe des Jahres $t+1$ das 55. Lebensjahr vollenden,
h_{t+1}^f	Anzahl der weiblichen Werktätigen, die im Laufe des Jahres $t+1$ das 55. Lebensjahr vollenden und weiterarbeiten,
$S_{t,f}^{i,i+1}$, $S_{t,m}^{i,i+1}$	Koeffizienten des Übergangs aus der Altersgruppe i in die Altersgruppe $i+1$ für männliche und weibliche Werktätige,
β_t	Sterblichkeitskoeffizient im Jahre t,
π_t	Erkrankungskoeffizient im Jahre t.

Es muß hervorgehoben werden, daß die meisten Kennziffern des vorgelegten Modells von wirtschafts- und gesellschaftspolitischen Entscheidungen beeinflußt werden. Zugleich hängen einige Kennziffern des Modells von einer Reihe demographisch-ökonomischer Elemente ab.

Um den Arbeitskräftebestand unter territorialen Gesichtspunkten und unter Berücksichtigung des Geschlechts mathematisch zu beschreiben, bezeichnen wir mit $R_{t,j}^m$, $R_{t,j}^f$ die Anzahl der männlichen bzw. weiblichen Arbeitskräfte, die im Jahre t im Gebiet j (Bezirk, Stadt, Gemeinde) vorhanden sind.

Für die Anzahl der Arbeitskräfte im Gebiet j im Jahr $t + 1$ ergibt sich bezüglich

— der männlichen Arbeitskraft:

$$\begin{aligned} R_{t+1,j}^m = \sum_{k \in K} (1 - \hat{q}_{t,m}^{j,k}) \cdot R_{t,j}^m + \gamma_{t,j}^m \cdot P_{t+1,j}^{m,16} \\ + \delta_{t+1,j}^m \cdot H_t^m + \varepsilon_{t+1,j}^m Q_{t+1,j}^m - (1 - h_{t+1,j}^m) \cdot R_{t+1,j}^{m,60} \\ + \xi_{t+1,j}^m \cdot G_{t,j}^m - h_{t-1,j}^m \cdot S_{t,m}^{60,61} \cdot S_{t+1,m}^{61,62} \cdot R_{t-1,j}^{m,60} \\ - (\beta_{t,j}^m + \pi_{t,j}^m) \cdot R_{t,j}^m + \sum_{k \in K} \hat{q}_{t,m}^{k,j} \cdot R_{t,k}^m, \end{aligned}$$

— der weiblichen Arbeitskraft:

$$\begin{aligned} R_{t+1,j}^f = \sum_{k \in K} (1 - \hat{q}_{t,f}^{j,k}) \cdot R_{t,j}^f + \gamma_{t,j}^f \cdot P_{t+1,j}^{f,16} \\ + \delta_{t+1,j}^f \cdot H_t^f + \varepsilon_{t+1,j}^f \cdot Q_{t+1,j}^f - (1 - h_{t+1,j}^f) \cdot R_{t+1,j}^{f,55} \\ + \xi_{t+1,j}^f \cdot G_{t,j}^f - h_{t-1,j}^f \cdot S_{t,f}^{55,56} \cdot S_{t+1,f}^{56,57} \cdot R_{t-1,j}^{f,55} \\ - (\beta_{t,j}^f + \pi_{t,j}^f) \cdot R_{t,j}^f + \sum_{k \in K} \hat{q}_{t,f}^{k,j} \cdot R_{t,k}^f. \end{aligned}$$

Mit $\hat{q}_{t,m}^{k,j}$ und $\hat{q}_{t,f}^{k,j}$ wurden die Wanderungskoeffizienten der Arbeitskräfte nach Geschlechtern aus dem Gebiet k in das Gebiet j bezeichnet.

14.4.2. Ökonomisch-mathematisches Modell zur Verteilung der Arbeitskräfte nach Wirtschaftszweigen und Tätigkeitsbereichen

Die wirksame Verteilung der Arbeitskräfte auf die Wirtschaftszweige und Tätigkeitsbereiche ist ein entscheidender Faktor für die Sicherung des optimalen, ausgewogenen und proportionalen Wirtschaftswachstums.

Um die Verteilung der Arbeitskräftebestände mathematisch zu beschreiben, wird angenommen, daß die Volkswirtschaft in n Zweige unterteilt ist. Bei der Ausarbeitung des ökonomisch-mathematischen Modells wurden die folgenden Kurzbezeichnungen verwendet:

R_t Umfang der verfügbaren Arbeitskräfte im Jahre t für die gesamte Volkswirtschaft,
W_t^i Arbeitsproduktivität im Wirtschaftszweig i im Jahre t,
V_t^i geschaffenes Nationaleinkommen pro Beschäftigter im Zweig i im Jahre t,
$\hat{X}_t^i$ Planaufgabe zur Produktion im Zweig i im Jahre t,
y_t^i Anzahl der Arbeitskräfte im Zweig i im Jahre t,
Y_t Werktätige in gesellschaftlichen und kulturellen Tätigkeitsbereichen (außerhalb der im Modell berücksichtigten n Produktionszweige).

Die Zielfunktion des Modells beinhaltet, die Arbeitskräfte auf Wirtschaftszweige und Tätigkeitsbereiche so zu verteilen, daß die vorgesehenen Planaufgaben erfüllt werden und eine Erhöhung des produzierten Nationaleinkommens erreicht wird, also

$$\sum_{i=1}^{n} V_t^i y_t^i \to \max!$$

Die Veränderlichen des Modells müssen folgende Restriktionen erfüllen (vgl. Abb. 14.2.):

— Erfüllung der für alle Volkswirtschaftszweige vorgesehenen Planaufgaben

$$W_t^i \cdot y_t^i \geqq \hat{X}_t^i \quad \text{für} \quad i = 1, \ldots, n,$$

— Arbeitskräftebilanz

$$\sum_{i=1}^{n} y_t^i + Y_t = R_t,$$

— Einschränkungen im Hinblick auf die im Zweig vorhandenen technischen Grundlagen

$$W_t^i \cdot y_t^i \leqq \gamma_t^i a_t^i K_t^i.$$

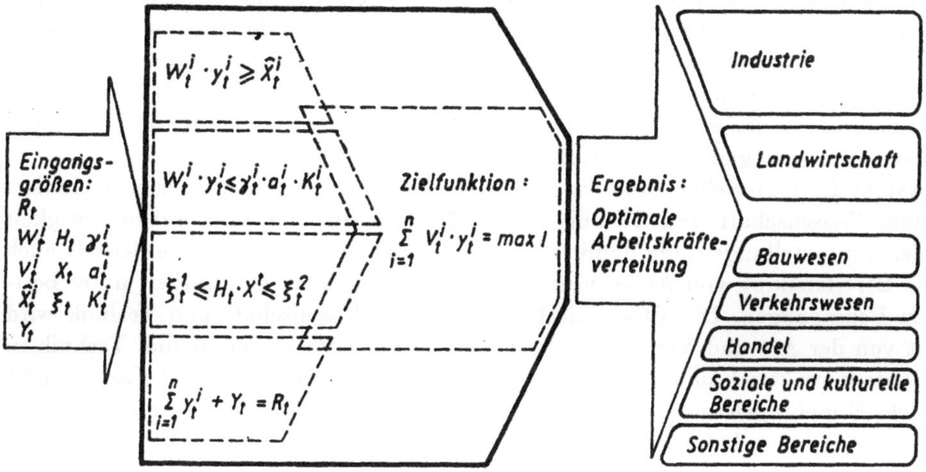

Abb. 14.2. Modell zur Arbeitskräfteverteilung

Wir bezeichneten mit γ_t^i den erreichbaren Schichtfaktor im Jahre t im Zweig i, mit K_t^i den Umfang der im Zweig vorhandenen Grundmittel und mit a_t^i die Grundmitteleffektivität.

Neben den genannten Einschränkungen enthält das Modell noch eine Reihe von Gleichungen in bezug auf die Wechselbeziehungen, die bei der in jedem Zweig erreichbaren Planübererfüllung eingehalten werden müssen. Die entsprechenden Einschränkungen haben die folgende Form:

$$\xi_t^1 \leqq \boldsymbol{H}_t \boldsymbol{X}_t \leqq \xi_t^2.$$

Wir bezeichnen mit $\boldsymbol{X}_t$ den Produktionsvektor und mit $\boldsymbol{H}_t$ die Strukturmatrix vom Typ (n, n) der Wechselbeziehungen, während ξ_t^1 und ξ_t^2 konstante Vektoren sind.

Das vorliegende ökonomisch-mathematische Modell ist mit einer linearen Optimierungsaufgabe verbunden. Es enthält n Unbekannte, y_t^i, die Arbeitskräfteverteilung, die so zu bestimmen ist, daß die Zielfunktion ihr Maximum annimmt und damit ein optimales, ausgewogenes und proportionales Wirtschaftswachstum erreicht wird.

15. Das System Wissenschaft und Technik

Unter den Bedingungen der wissenschaftlich-technischen Revolution ist die Forschung und technologische Entwicklung ein wesentlicher Faktor für die Vergrößerung des Nationaleinkommens und des Nationalreichtums sowie für die Anhebung des Volkswohlstandes. Die wissenschaftliche Forschung und technologische Entwicklung führt zu neuen Kenntnissen, Erzeugnissen, Fertigungsverfahren sowie zur Verbesserung der Arbeitsorganisation. Die wissenschaftlich-technische Revolution bewirkt, daß die Wissenschaft zu einer unmittelbaren Produktivkraft wird.

15.1. Charakteristika des Systems

Die im System Wissenschaft und Technik erbrachten Ergebnisse und Leistungen beeinflussen sehr stark die Prozesse und ihren Ablauf im System der materiellen Produktion und der Dienstleistungen. Die Leistungen dieses Systems haben Auswirkungen auf Arbeitsgegenstände und Arbeitsmittel, auf Energiequellen, auf die zweigliche Struktur, auf die Erzeugnisgruppen und die Erzeugnisse sowie auf die Vervollkommnung der Organisation und Leitung im gesamten Produktionsprozeß.

Das System der materiellen Produktion und der Dienstleistungen wiederum stimuliert das System Wissenschaft und Technik durch die sich aus der praktischen Tätigkeit ergebenden Fragestellungen, die damit zum Gegenstand der Forschung werden als auch durch die Bereitstellung von Anlagen und Geräten für die Forschungsarbeit unter bestmöglichen Bedingungen. Die Effektivität des Systems Wissenschaft und Technik wird bestimmt von der Art und Weise, wie die Ergebnisse aus Wissenschaft und Technik in der Produktion praktisch genutzt werden. Vom System Wissenschaft und Technik gibt es zahlreiche Kopplungen und Rückkopplungen zu den anderen Bestandteilen des Gesamtsystems der Volkswirtschaft (vgl. Abb. 15.1.).

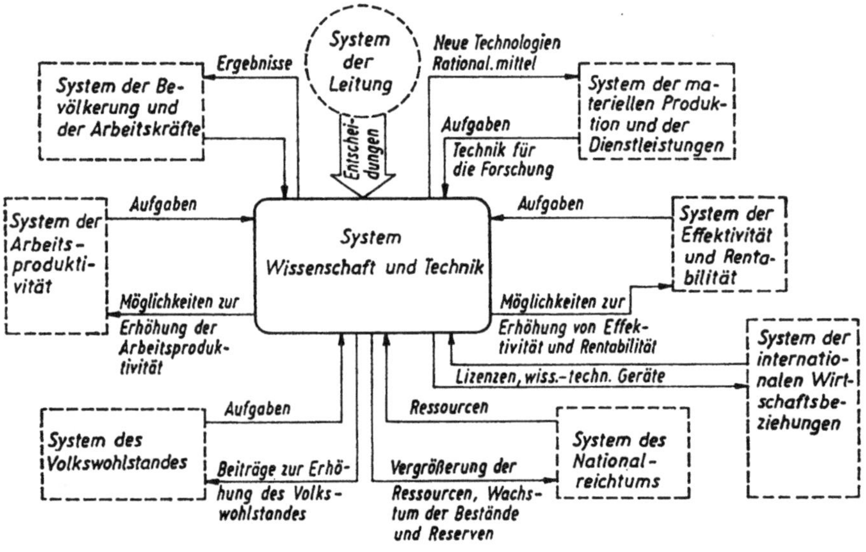

Abb. 15.1. System Wissenschaft und Technik

Die Wirkungsweise des Systems Wissenschaft und Technik läßt sich mit der eines Katalysators vergleichen. Es trägt dazu bei, daß alle Prozesse im Volkswirtschaftsraum schneller und effektiver ablaufen.

15.2. Ökonomisch-kybernetische Modelle

In der gegenwärtigen Entwicklungsetappe der Produktivkräfte sind Wissenschaft und Technik wichtige Faktoren für die Sicherung der optimalen Entwicklung. Unter Berücksichtigung der Komplexität von Wissenschaft und Technik sowie der Vielzahl der Beziehungen zu den übrigen Bestandteilen der Volkswirtschaft müssen zur Festlegung optimaler Wachstumstrajektorien des Systems von Wissenschaft und Technik folgende Klassen ökonomisch-kybernetischer Modelle herausgearbeitet werden:

a) Modelle für die Festlegung der allgemeinen Tendenzen in Wissenschaft und Technik, insbesondere im Zusammenhang mit einem maximalen Wachstum des Gesamtsystems der Volkswirtschaft,
b) Modelle für die Entwicklung der wissenschaftlichen Forschung für spezielle Zweige der materiellen Produktion, insbesondere für solche Zweige, die einen großen Einfluß auf das gesamte Wirtschaftswachstum der Volkswirtschaft haben, wie zum Beispiel Energiewirtschaft, Metallurgie, Maschinenbau und Chemie,
c) Modelle für den optimalen Einsatz menschlicher und materieller Ressourcen im System Wissenschaft und Technik,
d) Modelle für die Festlegung optimaler Strategien für die Entwicklung der Schwerpunktbereiche der rumänischen Wissenschaft und Technik,
e) Prognosemodelle für die Gesamtentwicklungstendenzen der Wissenschaft und Technik im internationalen Maßstab,
f) Modelle zur Festlegung optimaler Formen der internationalen wissenschaftlich-technischen Zusammenarbeit.

15.2.1. Ein ökonomisch-mathematisches Modell für allgemeine Wachstumstendenzen des Systems Wissenschaft und Technik

Für die Ausarbeitung von Prognosen zu den allgemeinen Wachstumstendenzen des Systems Wissenschaft und Technik hinsichtlich der Gesamtentwicklung des Gesamtsystems der Volkswirtschaft läßt sich eine Reihe ökonomisch-kybernetischer Modelle nutzen. Mit ihnen kann beispielsweise der Einfluß analysiert werden, den die Ausgaben für Wissenschaft und Technik auf die materielle Produktion haben. Auch sind sie sehr nützlich für die Analyse der Effektivität der Forschungstätigkeit, für die Messung der Wirksamkeit der Forschung auf die Vergrößerung des Nationaleinkommens und des Nationalreichtums sowie auf die Anhebung des Volkswohlstandes.

Bei der Ausarbeitung des Modells wird ausgegangen von der makroökonomischen Produktionsfunktion

$$Y_t = F_t(L_t, K_t, D_t).$$

Darin sind:

Y_t Umfang des Nationaleinkommens im Jahre t,
L_t Anzahl der Arbeitskräfte in der Volkswirtschaft,

K_t Umfang der Grundmittel in der materiellen Produktion,
D_t Veränderliche, die die schöpferischen und wissenschaftlichen Potenzen der Nation quantifiziert.

Dem ökonomisch-mathematischen Modell werden die folgenden Gleichungen zugeordnet (Abb. 15.2 a) und b)):

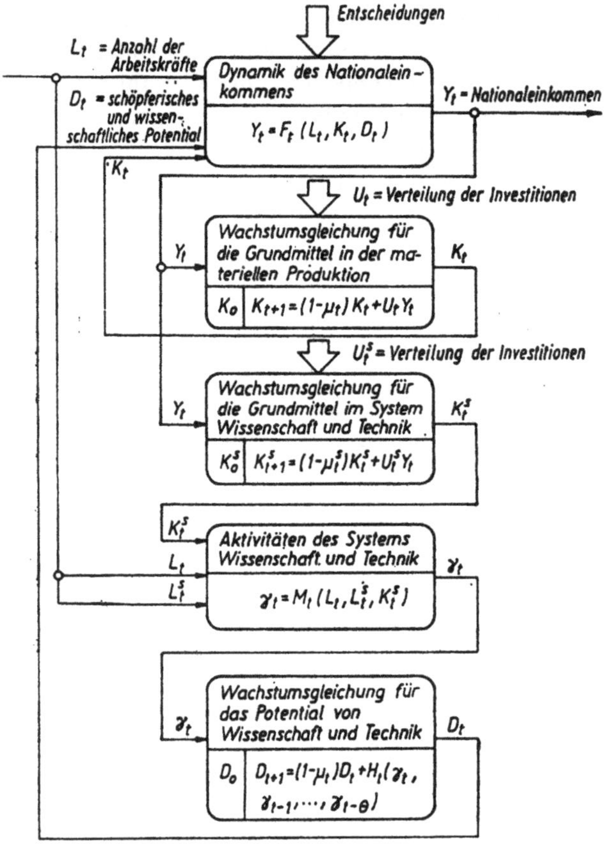

Abb. 15.2. Wachstumsmodell

— Wachstumsgleichung der Grundmittel des Systems der materiellen Produktion und der Dienstleistungen

$$K_{t+1} = (1 - \mu_t)\, K_t + U_t F_t(L_t, K_t, D_t).$$

Darin bezeichneten wir mit U_t den Anteil der für das System der materiellen Produktion bestimmten Investitionen und mit μ_t den Koeffizienten der Aussonderung von Grundmitteln,

— Wachstumsgleichung der Grundmittel des Systems Wissenschaft und Technik

$$K_{t+1}^s = (1 - \mu_t^s)\, K_t^s + U_t^s F_t(L_t, K_t, D_t).$$

Darin bezeichneten wir mit U_t^s den Anteil der für das System Wissenschaft und Technik bestimmten Investitionen,

— Wachstumsgleichung des wissenschaftlichen und technologischen Potentials:

$$D_{t+1} = (1 - \mu_t^d)\, D_t + H_t(\gamma_t, \gamma_{t-1}, \ldots, \gamma_{t-\theta}).$$

Mit H_t wird der funktionelle Zusammenhang zwischen dem Wachstum des wissenschaftlichen und technologischen Potentials und den im System ausgeführten Tätigkeiten beschrieben.

Der Stand der Tätigkeiten hängt ab von der Anzahl der Arbeitskräfte in der wissenschaftlichen Forschung und technologischen Entwicklung sowie auch vom Umfang der vorhandenen Grundmittel. Da eine Reihe von Entdeckungen, Rationalisierungen und Neuerungen auch unabhängig vom System Wissenschaft und Technik gemacht werden, ist es zweckmäßig, daß die in der wissenschaftlichen Forschung und technologischen Entwicklung erzielten Ergebnisse auch in Abhängigkeit von der Gesamtzahl der Arbeitskräfte in der Wirtschaft gesehen werden. Somit kann der Stand der Tätigkeiten in der wissenschaftlichen Forschung und technologischen Entwicklung charakterisiert werden durch

$$\gamma_t = M_t(L_t, L_t^s, K_t^s).$$

Mit L_t bezeichnen wir den Gesamtumfang der Arbeitskräfte in der Wirtschaft, mit L_t^s die Anzahl der Arbeitskräfte in Wissenschaft und Technik und mit K_t^s die Grundmittel in diesem Bereich.

15.2.2. Ökonomisch-mathematisches Modell zur Schaffung einer optimalen Struktur nach Tätigkeitsbereichen

Wir bezeichnen mit $I = (I_1, \ldots, I_{n_1})$ die Menge der Tätigkeitsbereiche im System Wissenschaft und Technik, mit $J = (J_1, \ldots, J_{n_2})$ die Menge der Fachgebiete der Beschäftigten und T sei der Zeithorizont des Modells (vgl. Abb. 15.3).

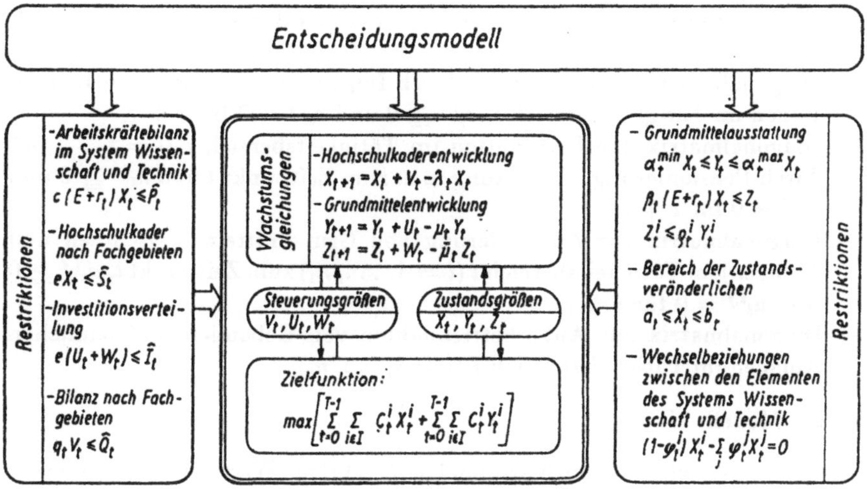

Abb. 15.3. Entscheidungsmodell für eine optimale Struktur

Der Zustand des Systems Wissenschaft und Technik kann mit Hilfe des Modells charakterisiert werden durch:

$\boldsymbol{X}_t = (x_t^i)$ — Vektor der Beschäftigten mit Hochschulbildung im System Wissenschaft und Technik im Tätigkeitsbereich i ($i = 1, \ldots, n_1$) zum Zeitpunkt t,

$\boldsymbol{Y}_t = (y_t^i)$ — Vektor der Grundmittel in Form von Maschinen und Ausrüstungen im Tätigkeitsbereich i ($i = 1, \ldots, n_1$) zum Zeitpunkt t,

$\boldsymbol{Z}_t = (z_t^i)$ — Vektor der Grundmittel in Form von Gebäuden und baulichen Anlagen im Tätigkeitsbereich i ($i = 1, \ldots, n_1$) zum Zeitpunkt t.

Eine Steuerung im Modell wird erreicht durch:

$\boldsymbol{V}_t = (v_t^i)$ — Vektor der Anzahl der Beschäftigten mit Hochschulbildung, die im Jahre t im Tätigkeitsbereich i ($i = 1, \ldots, n_1$) tätig werden sollen,

$\boldsymbol{U}_t = (u_t^i)$ — Vektor der Investitionen (Maschinen und Anlagen) im Tätigkeitsbereich i ($i = 1, \ldots, n_1$), die im Jahre t erfolgen sollen,

$\boldsymbol{W}_t = (w_t^i)$ — Vektor der Investitionen (Gebäude und bauliche Anlagen) im Tätigkeitsbereich i ($i = 1, \ldots, n_1$), die im Jahr t getätigt werden sollen.

Modellkennwerte sind:

$\boldsymbol{q}_t = (q_t^{i,j})$ — Matrix zur Verteilung der Beschäftigten, wobei q_t^{ij} die Anzahl der für den Tätigkeitsbereich i ($i = 1, \ldots, n_1$) und das Fachgebiet j ($j = 1, \ldots, n_2$) zum Zeitpunkt t vorgesehenen Mitarbeiter beinhaltet (als Normwert),

$\boldsymbol{r} = (r_t^{i,j})$ — Diagonalmatrix zur Zusammensetzung des Fachpersonals, wobei $r_t^{i,i}$ die Anzahl Mitarbeiter je Hochschulkader im Tätigkeitsbereich i ($i = 1, \ldots, n_1$) zum Zeitpunkt t angibt und $r_t^{i,j} = 0$ ist für $i \neq j$,

$\boldsymbol{\alpha}_t^{\min} = (\underline{\alpha}_t^{i,j})$, $\boldsymbol{\alpha}_t^{\max} = (\bar{\alpha}_t^{i,j})$ — Diagonalmatrizen zum Mindest- bzw. Höchstbestand der Grundmittelausstattung je Beschäftigten im Tätigkeitsbereich i ($i = 1, \ldots, n_1$) d. h., $\bar{\alpha}_t^{i,i}$ bzw. $\underline{\alpha}_t^{i,i}$ geben den Höchst- bzw. Mindestbestand im Bereich i an und $\bar{\alpha}^{i,j} = \underline{\alpha}^{i,j} = 0$ für $i \neq j$,

$\boldsymbol{\beta}_t = (\beta_t^{ij})$ — Diagonalmatrix der Koeffizienten der Grundmittelausstattung je Beschäftigten im Tätigkeitsbereich i, $\beta_t^{i,i} \geqq 0$ und $\beta_t^{i,j} = 0$ für $i \neq j$,

$\boldsymbol{\xi}_t = (\xi_t^i)$ — Vektor zum notwendigen Verhältnis zwischen den Grundmittelarten Y und Z in den Tätigkeitsbereichen i ($i = 1, \ldots, n_1$),

$\boldsymbol{\delta}_t = (\delta_t^{i,j})$ — Diagonalmatrix zum Anteil der durch Importe zu realisierenden Investitionen im Tätigkeitsbereich i, $\delta_t^{i,i} \geqq 0$ und $\delta_t^{i,j} = 0$ für $i \neq j$,

$\boldsymbol{\lambda}_t = (\lambda_t^{i,j})$ — Diagonalmatrix zur Fluktuation im Tätigkeitsbereich i ($i = 1, \ldots, n_1$) durch Pensionierung, Versetzung u. a. zum Zeitpunkt t und $\lambda_t^{i,i} \geqq 0$ und $\lambda_t^{i,j} = 0$ für $i \neq j$,

$\boldsymbol{\mu}_t = (\mu_t^{i,j})$ — Diagonalmatrix zur Aussonderung von Grundmitteln (Maschinen und Anlagen) im Tätigkeitsbereich i ($i = 1, \ldots, n_1$) zum Zeitpunkt t, $\mu_t^{i,i} \geqq 0$ und $\mu_t^{i,j} = 0$ für $i \neq j$,

$\bar{\boldsymbol{\mu}}_t = (\bar{\mu}_t^{i,j})$ — Diagonalmatrix zur Außerbetriebnahme von Gebäuden und baulichen Anlagen im Tätigkeitsbereich i ($i = 1, \ldots, n_1$).

Exogene Größen des Modells sind:

$\hat{S}_t$ — Gesamtanzahl der Hochschulkader im System Wissenschaft und Technik zum Zeitpunkt t,

$\hat{\boldsymbol{P}}_t$ — Gesamtanzahl der Arbeitskräfte im System Wissenschaft und Technik,

I_t — Gesamtumfang der Investitionen für das System Wissenschaft und Technik zum Zeitpunkt t,

$\hat{\boldsymbol{\Phi}}_t$ — Devisenmittel zur Realisierung von Maschinen-, Geräte- und Anlageninvestitionen im System Wissenschaft und Technik zum Zeitpunkt t,

$\hat{\boldsymbol{Q}}_t = (q_t^i)$ — Vektor zur Höchstzahl von Hochschulkadern nach Fachgebieten i ($i = 1, \ldots, n_2$) (Physik, Chemie, Elektronik usw.), die im Jahre t im System Wissenschaft und Technik wirksam werden können,

$\hat{\boldsymbol{a}}_t = (\hat{a}_t^i)$
$\hat{\boldsymbol{b}}_t = (\hat{b}_t^i)$ — Vektoren zum minimalen bzw. maximalen Bedarf an Hochschulkadern nach Fachgebieten i ($i = 1, \ldots, n_2$) zum Zeitpunkt t.

Die Dynamik läßt sich mit Hilfe des ökonomisch-mathematischen Modells beschreiben durch die

— Gleichungen des Zuwachses an Hochschulkadern nach Tätigkeitsbereichen:

$$\boldsymbol{X}_{t+1} = \boldsymbol{X}_t + \boldsymbol{V}_t - \lambda_t \boldsymbol{X}_t$$

— Gleichungen des Grundmittelzuwachses:

$$\boldsymbol{Y}_{t+1} = \boldsymbol{Y}_t + \boldsymbol{U}_t - \mu_t \boldsymbol{Y}_t$$

$$\boldsymbol{Z}_{t+1} = \boldsymbol{Z}_t + \boldsymbol{W}_t - \bar{\mu}_t \boldsymbol{Z}_t.$$

Restriktionen des Modells sind dabei:

a) verfügbare Hochschulkader:

$$\boldsymbol{e}\boldsymbol{X}_t \leqq \hat{\boldsymbol{S}}_t.$$

Darin ist $\boldsymbol{e}$ der Einheitsvektor.

b) Arbeitskräftebilanz des Systems Wissenschaft und Technik:

$$\boldsymbol{e}(\boldsymbol{E} + \boldsymbol{r}_t)\, \boldsymbol{X}_t \leqq \hat{\boldsymbol{P}}_t.$$

Darin ist E die Einheitsmatrix.

c) Bilanz nach Fachgebieten der Hochschulkader:

$$\boldsymbol{q}_t \boldsymbol{V}_t \leqq \hat{\boldsymbol{Q}}_t.$$

d) Investitionsbilanz:

$$\boldsymbol{e}(\boldsymbol{U}_t + \boldsymbol{W}_t) \leqq \hat{\boldsymbol{I}}_t.$$

e) Devisenmittel, die dem System für den Import nicht im Lande hergestellter Maschinen und Anlagen bereitgestellt werden:

$$\boldsymbol{e}\delta_t \boldsymbol{U}_t \leqq \hat{\boldsymbol{\Phi}}_t.$$

f) Technische Grundmittelausstattung:

$$\alpha_t^{\min} \cdot \boldsymbol{X}_t \leqq \boldsymbol{Y}_t \leqq \alpha_t^{\max} \boldsymbol{X}_t \quad \text{bzw.}$$

$$\beta_t(\boldsymbol{E} + \boldsymbol{r}_t)\, \boldsymbol{X}_t \leqq \boldsymbol{Z}_t \quad \text{und} \quad \boldsymbol{Z}_t \leqq \xi_t \boldsymbol{Y}_t.$$

g) Bereich der Hochschulkader X_t nach Fachgebieten:

$$\hat{\boldsymbol{a}}_t \leqq \boldsymbol{x}_t \leqq \hat{\boldsymbol{b}}_t.$$

Die Zielfunktion des Modells läßt sich gewinnen, indem man die Vorrangskoeffizienten $C_t{}^i$ im Hinblick auf die Entwicklung des untersuchten Systems in jedem Bereich im Zeitraum t einführt.

$$\sum_{t=0}^{T-1} \sum_{i \in I} C_t{}^i X_t{}^i + \sum_{t=0}^{T-1} \sum_{i \in I} C_t{}^i Y_t{}^i \to \max$$

Die Analyse des vorliegenden Modells läßt erkennen, daß sich die Wachstumsgleichungen auf die Dynamik der Grundmittel und der Forschungskader nach Tätigkeitsbereichen beziehen, während die Restriktionen des Modells die Entwicklungszonen eines jeden Tätigkeitsbereiches abgrenzen und die menschlichen, materiellen und devisenbezogenen Ressourcen zum Ausdruck bringen.

16. Das System der materiellen Produktion und der Dienstleistungen

Das System der materiellen Produktion und der Dienstleistungen nimmt eine zentrale Stellung im Gesamtsystem der Volkswirtschaft ein. Durch dieses System wird die Existenz und die Entwicklung der gesamten Gesellschaft gewährleistet. Es kann als das Herz des gesamten Wirtschaftsorganismus der Volkswirtschaft betrachtet werden.

16.1. Charakteristika des Systems

Vom Standpunkt der ökonomischen Kybernetik aus ist mit dem System der materiellen Produktion und der Dienstleistungen ein Makroprozeß verbunden, innerhalb dessen die Eingangsströme in den Ausgangsstrom gesellschaftliches Gesamtprodukt verwandelt werden.

Das System der materiellen Produktion und der Dienstleistungen wird im wesentlichen aus zwei „Energiereservoirs" gespeist, aus dem System der Bevölkerung und der Arbeitskräfte mit den Arbeitskräfteströmen und den materiellen Ressourcen aus dem System des Nationalreichtums. Ebenfalls wirken auf das System der materiellen Produktion und der Dienstleistungen die Ströme aus dem System Wissenschaft und Technik und dem System der internationalen Beziehungen.

Durch einen komplexen Umwandlungsprozeß im System der materiellen Produktion und Dienstleistungen entstehen neue Ströme von materiellen Gütern und Dienstleistungen, die auf alle sich im Volkswirtschaftsraum entwickelnden Systeme sowie auf den Weltwirtschaftsraum hingelenkt werden.

In einer modernen Wirtschaft haben materielle Produktion und Dienstleistungen vielfältige Aufgaben zu erfüllen und besitzen einen wesentlichen Einfluß auf eine einwandfreie Arbeitsweise des ganzen Wirtschaftsorganismus und eine Verkürzung der Wirtschaftszeit. Bei einer ersten Analyse lassen sich folgende Hauptbestandteile des Systems der materiellen Produktion und der Dienstleistungen erkennen. Es sind dies die Teilsysteme

— Industrie,
— Landwirtschaft,

— Bauwesen,
— Verkehrswesen,
— Handel und
— sonstige Zweige der materiellen Produktion.

In der Anatomie des Gesamtsystems der Volkswirtschaft spielen die Teilsysteme Industrie und Landwirtschaft eine besonders wichtige Rolle bezüglich eines optimalen, ausgewogenen und proportionalen Wirtschaftswachstums sowie Vergrößerung des Nationalreichtums und des Volkswohlstandes, da sie die Entwicklungsrichtung und die Dynamik aller übrigen sich im Volkswirtschaftsraum entwickelnden Systeme bestimmen.

16.2. Ein ökonomisch-kybernetisches Modell für das Wachstum des Systems der materiellen Produktion und der Dienstleistungen

Um die vielfältigen Tätigkeiten zu optimieren, die im System der materiellen Produktion und der Dienstleistungen ausgeführt werden, und um dessen optimale Wachstumstrajektorien zu bestimmen, finden zahlreiche Typen ökonomisch-kybernetischer Modelle Anwendung. Sie betreffen die Optimierung der Struktur nach Zweigen, Betriebsgruppierungen, Erzeugnissen und Erzeugnisgruppen sowie die Aufstellung optimaler Produktionsprogramme und Transportpläne, die Optimierung der materiell-technischen Versorgung, der Handelstätigkeit usw. Zu bemerken ist, daß sich im Zusammenhang mit der Analyse und Optimierung der Prozesse im Teilsystem Industrie ein neues Gebiet der Kybernetik, die Kybernetik von Industriesystemen, herausgebildet hat.

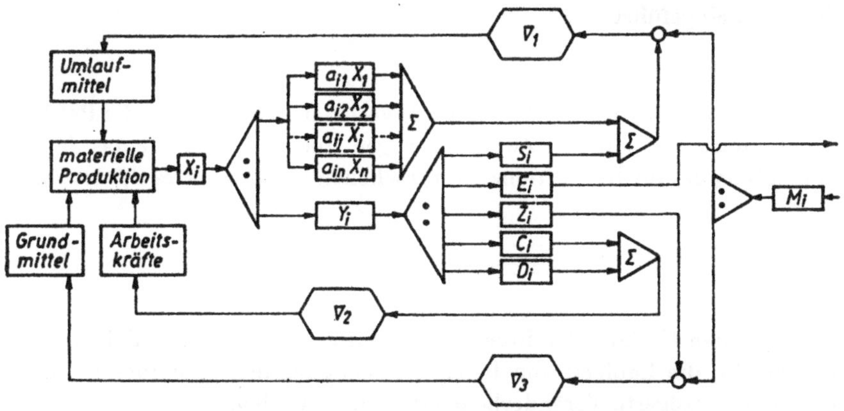

Abb. 16.1. Modell für das Wachstum der materiellen Produktion

Das Grundmodell (Abb. 16.1.) für das Wachstum des Systems der materiellen Produktion und der Dienstleistungen bezieht sich auf den Wachstumsprozeß nach Zweigen, wobei dieses Modell mit fast allen anderen Modellen des kybernetischen Gesamtsystems der Volkswirtschaft verbunden ist. Das System der materiellen Produktion und der Dienstleistungen besteht aus n Zweigen.

Es sei

$\boldsymbol{A}_t = (a_{ij}^t)$ — Matrix der technologischen Koeffizienten ($i, j = 1, \ldots, n$) im Jahr t,
$\boldsymbol{X}_t = (x_i^t)$ — Vektor der Bruttoproduktion der z Zweige im Jahr t,
$\boldsymbol{Y}_t = (y_i^t)$ — Vektor der Endprodukte der n Zweige im Jahr t.

Die Bilanzgleichung der Produktion für den Zweig i lautet dann:

$$X_i^t = \sum_{j=1}^{n} a_{ij}^t X_j^t + Y_i^t$$

wobei in Matrizenschreibweise sich für Y_t ergibt:

$$\boldsymbol{Y}_t = (\boldsymbol{E} - \boldsymbol{A})\, \boldsymbol{X}_t .$$

Der Vektor $\boldsymbol{Y}_t = (Y_1^t, \ldots, Y_n^t)$ beinhaltet die Endprodukte der Zweige i $(i = 1, \ldots, n)$, die für die Akkumulation, die individuelle und die gesellschaftliche Konsumtion, den Export und die Vergrößerung der Bestände und Reserven bestimmt sind.

Die Verwendung des Endproduktes Y_i^t der Zweige i läßt sich somit detaillieren in eine Verwendung für

Z_i^t — Investitionen,
C_i^t — individuelle Konsumtion,
D_i^t — gesellschaftliche Konsumtion,
S_i^t — Vergrößerung der Bestände und Reserven sowie
E_i^t — Export.

Damit ergibt sich als Gleichung der Struktur der Endprodukte

$$Y_i^t = Z_i^t + C_i^t + D_i^t + S_i^t + E_i^t, \quad i = 1, \ldots, n.$$

Um die Investitionsstruktur innerhalb des Modells zu beschreiben, wird die Matrix der Investitionskoeffizienten eingeführt

$$\boldsymbol{B}_t = (b_{ij}^t), \quad i, j = 1, \ldots, n.$$

Das Element b_{ij}^t der Matrix $\boldsymbol{B}_t$ gibt den Anteil der Investitionen an, die aus der Produktion des Zweiges i stammen und auf den Zweig j bezogen sind und zwar für das Jahr t. Bezüglich der Verwendung des für Investitionen vorgesehenen Endproduktes Z_i^t des Zweiges i gilt:

$$Z_i^t = \sum_{j=1}^{n} b_{ij} I_j^t .$$

Mit I_j^t bezeichnen wir den Umfang der Investitionen im Zweig j und dem Jahr t. Falls es sich erforderlich macht, die Laufzeit von Investitionsmaßnahmen zu berücksichtigen, so können in das Modell verzögerte Veränderliche eingeführt werden.

Das System des Volkswohlstandes erarbeitet für jedes Jahr die Vektoren zur Struktur der individuellen Konsumtion. Vom System der Leitung werden sie überprüft und korrigiert bzw. bestätigt. Der Vektor zur Struktur der individuellen Konsumtion im Jahre t sei

$$\alpha_t = (\alpha_1^t, \ldots, \alpha_n^t).$$

Die Komponente α_i^t gibt den Teil am Gesamtbevölkerungsverbrauch des Jahres t an, der vom Zweig i produziert wird, d. h.

$$\sum_{j=1}^{n} \alpha_j^t = 1 .$$

Wenn wir mit $\overline{C}_t$ den Gesamtumfang der individuellen Konsumtion im Jahre t bezeichnen, so muß der Zweig i der Bevölkerung die folgende Erzeugnismenge bereitstellen:

$$C_i^t = \alpha_i^t \cdot \overline{C}_t.$$

Ebenso wie bei der individuellen Konsumtion wird ein Vektor zur Struktur der gesellschaftlichen Konsumtion erklärt. Dieser Vektor sei

$$\beta_t = (\beta_1^t, \ldots, \beta_n^t) \quad \text{und} \quad \sum_{j=1}^{n} \beta_i^t = 1.$$

Die Größe, mit der der Zweig i an Produkten für die gesellschaftliche Konsumtion beteiligt ist, wird mit Hilfe der folgenden Relation bestimmt:

$$D_i^t = \beta_i^t \cdot \overline{D}_t.$$

Darin ist $\overline{D}_t$ der Gesamtumfang der gesellschaftlichen Konsumtion im Jahr t. Damit sind die Beziehungen bezüglich der Konsumtion zwischen dem System der materiellen Produktion und der Dienstleistungen und dem System des Volkswohlstandes kurz charakterisiert worden.

Es wird angenommen, daß das System der internationalen Wirtschaftsbeziehungen auf Grund ökonomisch-mathematischer Modelle dem System der materiellen Produktion den Vektor übermittelt, der die optimale Struktur des Exports für jedes Jahr angibt

$$\Gamma_t = (\gamma_1^t, \ldots, \gamma_n^t).$$

Wenn wir mit $\overline{E}_t$ den Gesamtumfang des Exports bezeichnen, der im Jahre t erreicht werden soll, so ergibt sich, daß der Zweig i die folgenden Mengen für den Export bereitstellen muß:

$$E_i^t = \gamma_i^t \cdot \overline{E}_t.$$

Somit ist auch die Beziehung zwischen dem System der materiellen Produktion und der Dienstleistungen und dem der internationalen Wirtschaftsbeziehungen hergestellt.

Zusammenfassend ergibt sich, daß die Struktur des Endproduktes sich beschreiben läßt durch:

$$Y_i^t = \sum_{j=1}^{n} b_{ij}^t I_j^t + \alpha_i^t \overline{C}_t + \beta_i^t \overline{D}_t + \gamma_i^t \overline{E}_t + \overline{S}_t.$$

Der Umfang des Endprodukts jedes Zweiges wird also bestimmt durch

- Umfang der Investitionen, die in den Volkswirtschaftzweigen zu tätigen sind,
- Umfang und Struktur der individuellen Konsumtion,
- Umfang und Struktur der gesellschaftlichen Konsumtion,
- Umfang und Struktur des Exports,
- Vergrößerung der Bestände und Reserven ($\overline{S}_t$).

Im weiteren wollen wir uns der Analyse des Wachstums der Grundmittel zuwenden, da sie in enger Beziehung zum System des Nationalreichtums stehen.

K_j^t — Umfang der vorhandenen Grundmittel im Jahre t und im Zweig j,

I_j^t, $I_{j,\mathrm{Imp.}}^t$ — Umfang der aus der Inlandsproduktion bzw. aus Importen zu tätigenden Investitionen im Zweig j und im Jahre t,

μ_j^t — Koeffizient der verschleißbedingten Aussonderung von Grundmitteln des Zweiges j im Jahre t.

Die Gleichung für die Dynamik der Grundmittel des Zweiges j lautet

$$K_j^{t+1} = K_j^t - \mu_j^t \cdot K_j^t + I_j^t + I_{j,\mathrm{Imp.}}^t .$$

Im folgenden soll angenommen werden, daß das Verhältnis zwischen den zu tätigenden Investitionen aus Importen und aus der Inlandsproduktion im Zweig j und im Jahre t durch folgenden Koeffizienten gegeben ist

$$\delta_j^t = \frac{I_{j,\mathrm{Imp.}}^t}{I_j^t} .$$

Das Wachstum der Grundmittel läßt sich dann folgendermaßen beschreiben:

$$K_j^{t+1} = (1 - \mu_j^t)\, K_j^t + (1 + \delta_j^t)\, I_j^t .$$

Hieraus folgt:

$$I_j^t = \frac{1}{1 + \delta_j^t} [K_j^{t+1} - (1 - \mu_j^t)\, K_j^t] .$$

Wenn wir diesen Wert für I_j^t in die Gleichung zur Verwendung des für Investitionen vorgesehenen Endprodukts Z_j^t des Zweiges i einsetzen, so erhalten wir

$$Z_j^t = \sum_{j=1}^{n} \frac{b_{ij}^t}{1 + \delta_j^t} [K_j^{t+1} - (1 - \mu_j^t)\, K_j^t] .$$

Dieses ökonomisch-mathematische Modell ist mit einer Reihe von Restriktionen verbunden. Sie betreffen Einschränkungen

a) zum Verbrauch natürlicher Ressourcen,
b) zur Arbeitskräftebilanz,
c) zur Grundmittelbilanz.

Die Restriktionen zum Verbrauch natürlicher Ressourcen werden in folgender Weise in das Modell einbezogen.
Es seien:

R_p^t — der höchstzulässige Umfang des Verbrauchs der Ressource p im Jahre t und

g_{pj}^t — der spezifische Verbrauch der Ressource p je Erzeugniseinheit im Zweig j im Jahre t.

Dann wird die Restriktion durch folgende zu erfüllende Ungleichung beschrieben

$$\sum_{j=1}^{n} g_{pj}^t X_j^t \leqq R_p^t .$$

Die Restriktionen bezüglich der vorhandenen Arbeitskräfte lassen sich formulieren mit Hilfe von:

$L_{j,k}^t$ — Bedarf an Arbeitskräften mit der Qualifikation k zur Herstellung einer Erzeugniseinheit im Zweig j im Jahre t ($j = 1, \ldots, n$, $k = 1, \ldots, h$) und

L_k^t — Anzahl der Arbeitskräfte mit der Qualifikation k im Jahre t in der Volkswirtschaft.

Für die Arbeitskräftebilanz ergibt sich damit:

$$\sum_{j=1}^{n} L_{j,k}^t \cdot X_j^t = L_k^t.$$

Bezüglich der Restriktionen zu den Grundmitteln ergibt sich, wenn mit

f_i^t — die Produktion je Grundmitteleinheit im Jahre t im Zweig i ($i = 1, 2, \ldots, n$) (Produktion je 1000 Lei Grundmittel)

bezeichnet wird, für die Grundmittelbilanz

$$X_i^t = f_i^t K_i^t.$$

Das ökonomisch-mathematische Modell des Systems der materiellen Produktion und der Dienstleistungen läßt sich zusammengefaßt beschreiben durch die

— Wachstumsgleichungen der Zweige des Systems der materiellen Produktion und der Dienstleistungen:

$$X_i^t = f_i^t K_i^t = \sum_{j=1}^{n} a_{ij}^t f_j^t K_j^t + \sum_{j=1}^{n} \frac{b_{ij}^t}{1 + \delta_j^t} [K_j^{t+1} - (1 - \mu_j^t) K_j^t]$$
$$+ \alpha_i^t \overline{C}_t + \beta_i^t \overline{D}_t + \gamma_i^t \overline{E}_t + \overline{S}_t, \quad i = 1, \ldots, n.$$

— Restriktionen zum Verbrauch natürlicher Hilfsquellen:

$$\sum_{i=1}^{n} g_{pi}^t f_i^t K_i^t \leqq R_p^t, \quad p = 1, \ldots, r.$$

— Restriktionen zur Arbeitskräftebilanz:

$$\sum_{i=1}^{n} L_{i,k}^t f_i^t K_i^t = L_k^t.$$

Die Zustandsgrößen des Modells sind die Grundmittelumfänge in jedem Zweig im Jahre t: $K_1^t, \ldots, K_n^t$.

Die Steuerungsgrößen, durch deren Festlegung Umfang und Struktur der Produktion nach Zweigen festgelegt wird, sind:

— Gesamtumfang der individuellen Konsumtion $\overline{C}_t$,
— Gesamtumfang der gesellschaftlichen Konsumtion $\overline{D}_t$,
— Gesamtumfang des Exports $\overline{E}_t$ und
— Vergrößerung der Bestände und Reserven $\overline{S}_t$.

Die Steuerungsgrößen werden vom System der Leitung erarbeitet. Die mit diesem Modell gewonnenen Informationen werden durch Ergebnisse anderer Modelle des Systems der materiellen Produktion und der Dienstleistungen ergänzt.

Die kybernetische Analyse des Systems der materiellen Produktion und der Dienstleistungen ermöglicht die Ausarbeitung eines Modellsystems, das für die Erarbeitung und Begründung möglichst wirksamer Entscheidungen zur ständigen Entwicklung und Modernisierung der materiellen Produktion als Triebkraft für den gesellschaftlichen Fortschritt, für die Vergrößerung des Nationalreichtums und des Nationaleinkommens ist.

17. Das System der internationalen Wirtschaftsbeziehungen

In der Gesamttopologie des kybernetischen Gesamtsystems der Volkswirtschaft spielt das System der internationalen Wirtschaftsbeziehungen durch seine Struktur und seine Arbeitsweise eine besonders wichtige Rolle, denn es stellt die Verbindung zwischen dem Volkswirtschaftsraum und seinem Umfeld, der Weltwirtschaft, her. Unter diesen Bedingungen fällt dem System der internationalen Wirtschaftsbeziehungen die Aufgabe zu, die sich zwischen dem Volkswirtschafts- und dem Weltwirtschaftsraum herausbildenden Ströme optimal zu gestalten und die sich aus der internationalen Arbeitsteilung ergebenden Vorteile voll zu nutzen.

17.1. Charakteristika des Systems

Damit die Vielfalt der Äußerungsformen der internationalen Wirtschaftsbeziehungen beschrieben werden kann, ist es zweckmäßig, zwei Teilsysteme zu betrachten:

— das Teilsystem Außenhandel,
— das Teilsystem wirtschaftliche Zusammenarbeit in Produktion sowie in Wissenschaft und Technik.

Das System der internationalen Wirtschaftsbeziehungen entwickelt sich entsprechend der allgemeinen Strategie der wirtschaftlichen und gesellschaftlichen Entwicklung des Landes, die vom volkswirtschaftlichen Leitungsorgan festgelegt wird. Es legt die zweckmäßigsten Wege und Mittel zur Beteiligung an der internationalen Arbeitsteilung und am Austausch materieller sowie wissenschaftlich-technischer Werte mit anderen Staaten so fest, daß eine möglichst starke Dynamik im planmäßigen Wirtschaftswachstum gewährleistet ist.

Ausgangsgrößen der Volkswirtschaft in Form des Exports sind materielle Güter, Technologien, Lizenzen, die Gewährung technischer Hilfe, die Lieferung von Studien und Projekten, die Erbringung von Leistungen im Verkehrswesen, im Fremdenverkehr, in der Ausbildung von Fachkräften u. a. In diesem Zusammenhang sind die Spezialisierung und Modernisierung in der Produktion bestimmende Elemente für die Dynamik und die Struktur des Exports von materiellen Gütern und Dienstleistungen sowie für die möglichst wirksame Nutzung der natürlichen Ressourcen und der menschlichen Fähigkeiten.

Eingangsgrößen in den Volkswirtschaftsraum sind die Importe von materiellen Gütern und Dienstleistungen in Form von Rohstoffen, Materialien, Technologien und Lizenzen, die in allen Systemen und Teilsystemen der Volkswirtschaft, insbesondere aber im System der materiellen Produktion und der Dienstleistungen, wirksam werden. Importierte Maschinen, Anlagen und Geräte führen letztlich zur strukturellen Veränderung der Bestandteile des Nationalreichtums bezüglich akkumulierter materieller Güter. Das Teilsystem Außenhandel beinhaltet den Export als Ausgangsstrom der Volkswirtschaft und den Import als Eingangsstrom, wobei zwischen beiden Strömen wesentliche Zusammenhänge bestehen.

Eine immer größere Bedeutung gewinnt bei der Herstellung optimaler Verbindungen zwischen Volkswirtschafts- und Weltwirtschaftsraum das Teilsystem internationale Zusammenarbeit. Seine Aufgabe besteht in der Vermittlung zahlreicher Formen der wirtschaftlichen Zusammenarbeit in der Produktion sowie in Wissenschaft und Technik einschließlich der Gründung gemischter Unternehmen.

Zwischen dem System der internationalen Wirtschaftsbeziehungen und den übrigen sich im Volkswirtschaftsraum entwickelnden Systemen bestehen zahlreiche Kopplungen und Rückkopplungen. Diese werden entsprechend der allgemeinen Strategie des optimalen, ausgewogenen und proportionalen Wirtschaftswachstums vom Leitungssystem entwickelt und kontrolliert. Durch eine gründliche Analyse der im Weltwirtschaftsraum auftretenden Erscheinungen sichert das System der internationalen Wirtschaftsbeziehungen eine optimale Beteiligung an der internationalen Arbeitsteilung im Sinne des gegenseitigen Vorteils und eine Steigerung der Arbeitsproduktivität sowie der wirksamen Nutzung des Arbeitszeitbestandes der Nation. Es trägt zur Optimierung der nationalen Wirtschaftszeit bei, insbesondere durch spezifische Mechanismen zur Beschleunigung des wissenschaftlich-technischen Fortschritts und durch Erweiterung des Handels mit Lizenzen und Patenten. Der Export von Patenten und Lizenzen bietet die Möglichkeit zur schnelleren Rückgewinnung der vom System der wissenschaftlichen Forschung und technologischen Entwicklung für Projekte getätigten Ausgaben und auf dieser Grundlage zur Weiterführung der Forschungsarbeit auf einer höheren Ebene.

Das System der internationalen Wirtschaftsbeziehungen übt auf das System des gesellschaftlichen Gesamtproduktes und des Nationaleinkommens über den Saldo der Handelsbilanz einen Einfluß aus, der sich auf die Größe des verfügbaren Nationaleinkommens und damit auf die Konsumtion und Akkumulation auswirkt. Entsprechend der Stellung des Systems der internationalen Wirtschaftsbeziehungen im Gesamtsystem gehört es zu seinen Aufgaben, Störungen im Weltwirtschaftsraum frühzeitig zu erkennen und Kompensationsmöglichkeiten zu erarbeiten, so daß ein optimales, ausgewogenes und proportionales Wirtschaftswachstum gesichert ist.

17.2. Ökonomisch-mathematische Modelle

Das System der internationalen Wirtschaftsbeziehungen bedient sich zahlreicher ökonomisch-kybernetischer Modelle, insbesondere zur Prognose der Entwicklungstendenzen der wichtigsten Erscheinungen und Mechanismen im Weltwirtschaftsraum, zur Bestimmung der Wege und Mittel für die Sicherung einer positiven Zahlungsbilanz, zur Optimierung des Umfangs und der Struktur des Außenhandels, zur Zusammenarbeit in der Produktion sowie in Wissenschaft und Technik u. a. Solche Modelle ermöglichen mit Hilfe von Elektronenrechnern die Nachbildung zahlreicher Varianten der Steuerung von Export- und Importströmen, der Preisentwicklung auf dem Weltmarkt, des Auftretens von Störgrößen im Weltwirtschaftsraum infolge sich ankündigender Krisen u. a.

Ein wichtiger Komplex von Modellen betrifft die Ausarbeitung optimaler Strategien für die Zusammenarbeit in der Produktion sowie in Wissenschaft und Technik. Bei diesen Modellen findet die Theorie der strategischen Spiele, insbesondere die der dynamischen Spiele, Anwendung.

17.2.1. Ein ökonomisch-kybernetisches Modell zur Zahlungsbilanz

Das ökonomisch-kybernetische Modell zur Zahlungsbilanz ist eng verbunden mit Modellen anderer Systeme des Volkswirtschaftsraumes, insbesondere mit dem logistischen Leitungsmodell, den Modellen des Systems der materiellen Produktion und der Dienstleistungen und des Systems des gesellschaftlichen Gesamtproduktes und des Nationaleinkommens. Die Ergebnisse aus dem Modell zur Zahlungsbilanz werden an das System der Leitung weitergeleitet, das im Zusammenhang mit den anderen sich im Volkswirtschaftsraum entwickelnden Systemen die erforderlichen Entscheidungen fällt (vgl. Abb. 17.1.).

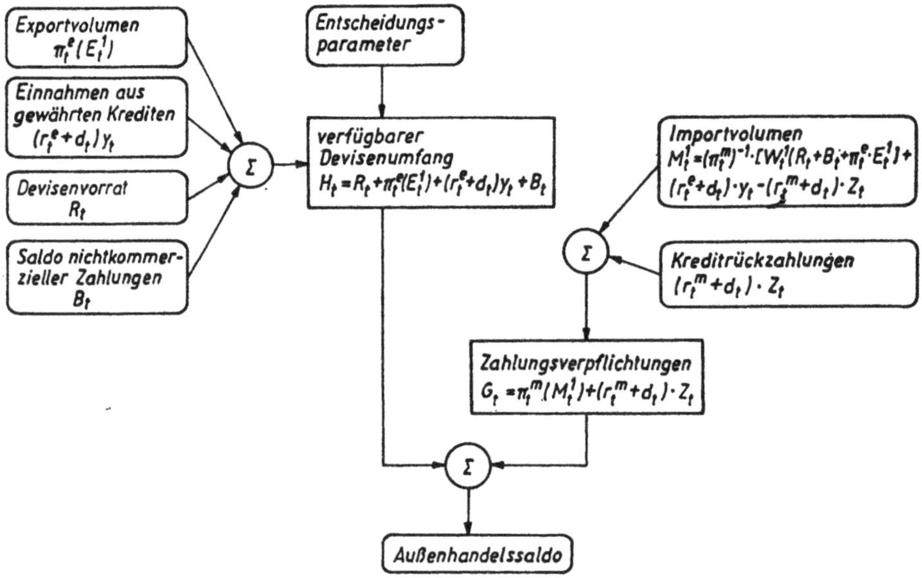

Abb. 17.1. Modell zur Zahlungsbilanz

Im ökonomisch-kybernetischen Modell zur Optimierung der Zahlungsbilanz bedeuten:

E_t — Gesamtumfang des Exports im Jahre t, davon:

E_t^1 — Umfang des kommerziellen Exports, der sofort zu bezahlen ist,
E_t^2 — Umfang des auf Kredit getätigten Exports,

M_t — Gesamtumfang des Imports im Jahre t, davon:

M_t^1 — Umfang des kommerziellen Imports, der sofort zu bezahlen ist,
M_t^2 — Umfang des auf Kredit getätigten Imports,

$\Pi_t^e(E_t)$ — Funktion, die den Wert des Exports im Jahr t in Valuta-Lei angibt,
$\Pi_t^m(M_t)$ — Funktion, die den Wert des Imports im Jahre t in Valuta-Lei angibt.

Wenn wir mit R_t den Devisenvorrat zum Jahresbeginn t in Valuta-Lei bezeichnen, so ergibt sich für den Umfang der verfügbaren Devisen H_t im Laufe des Jahres:

$$H_t = R_t + \Pi_t^e(E_t^1) + (r_t^e + d_t)\, y_t + B_t.$$

Hierbei sind:

H_t — verfügbare Devisen im Laufe des Jahres t (Valuta-Lei),
B_t — Saldo der nichtkommerziellen Zahlungen einschließlich des Fremdenverkehrs (Valuta-Lei),
y_t — Umfang der gewährten Kredite (Valuta-Lei),
r_t^e — Anteil von gewährten Krediten, die im Jahre t zurückzuzahlen sind,
d_t — Höhe der Zinsen für gewährte Kredite.

Der Umfang der im Laufe des Jahres t zu tätigenden Devisenzahlungen G_t berechnet sich nach:

$$G_t = \Pi_t^m(M_t^1) + (v_t^m + d_t)\, z_t.$$

Hierbei bedeutet:

G_t — Umfang der im Laufe des Jahres t zu tätigenden Zahlungen in Valuta-Lei,
z_t — Umfang der empfangenen Kredite (Valuta-Lei),
r_t^m — Anteil der im Laufe des Jahres t zurückzuzahlenden empfangenen Kredite.
d_t — Höhe der Zinsen für empfangene Kredite.

Für den Umfang der zu tätigenden Zahlungen gelte:

$$G_t = w_t^1 H_t,$$

dann läßt sich dafür auch schreiben

$$\Pi_t^m(M_t^1) + (r_t^m + d_t)\, z_t = w_t^1[R + \Pi_t^e(E_t^1) + (r_t^e + d_t)\, y_t + B_t].$$

Die Steuergröße w_t^1 wird vom System der Leitung festgelegt. Für ihre Größe gilt

$$0 \leqq w_t^1 \leqq 1.$$

Aus der oben abgeleiteten Gleichung geht hervor, daß der Umfang des kommerziellen Imports, der im Laufe des Jahres t zu tätigen ist, folgendermaßen ausgedrückt werden kann.

$$M_t^1 = (\Pi_t^m)^{-1}\, \{w_t^1[R_t + \Pi_t^e(E_t^1) + (r_t^e + d_t)\, y_t + B_t] - (r_t^m + d_t)\, z_t\}.$$

Darin wurde mit $(\Pi_t^m)^{-1}$ die Umkehrfunktion der Funktion Π_t^m bezeichnet.

Die Analyse der oben vorgelegten Gleichung verdeutlicht, daß die Größe des kommerziellen Imports M_t^1 wesentlich von dem Wert abhängt, der für die Steuergröße w_t^1 festgelegt wurde. Die obige Gleichung läßt sich allgemein folgendermaßen schreiben:

$$M_t^1 = \varphi_t^{m,1}(E_t^1, R_t, B_t, y_t, z_t, w_t^1).$$

In bezug auf den Umfang des auf Kreditgrundlage zu tätigenden Imports M_t^2 wird angenommen, daß dieser vom Umfang des kommerziellen Imports und vom Umfang der noch nicht zurückgezahlten Kredite abhängt, also

$$M_t^2 = w_t^2 \phi_t^{m,2}(M_t^1, z_t).$$

Mit $\phi_t^{m,2}$ bezeichneten wir den oberen Grenzwert der im Laufe des Jahres t zu erlangenden Kredite und mit w_t^2 den tatsächlich beantragten Anteil $(0 \leqq w_t^2 \leqq 1)$.

In bezug auf die Wechselbeziehung zwischen dem kommerziellen (E_t^1) und dem auf Kreditgrundlage (E_t^2) zu tätigenden Export wird angenommen, daß gilt

$$E_t^2 = \phi_t^{e,2}(E_t^1).$$

Für den Gesamtumfang des Exports ergibt sich somit

$$E_t = E_t^1 + E_t^2 = E_t^1 + \phi_t^{e,2}(E_t^1),$$

während für den Import gilt:

$$M_t = M_t^1 + M_t^2 = \varphi_t^{m,1}(E_t^1, R_t, B_t, y_t, z_t, w_t^1) + w_t^2\varphi_t^{m,2}(M_t^1, z_t).$$

Bezeichnen wir mit V_t den Umfang des im Laufe des Jahres t geschaffenen Nationaleinkommens und mit U_t^0 den Anteil des Exports daran, so ergibt sich folgende Exportgleichung:

$$E_t = E_t^1 + \phi_t^{e,2}(E_t^1) = U_t^0 V_t.$$

Aus der obigen Gleichung ergibt sich:

$$E_t^1 = \phi_t^{e,1}(V_t, U_t^0)$$

woraus folgt:

$$E_t^2 = \phi_t^{e,2}\big(\varphi_t^{e,1}(V_t, U_t^0)\big) = \varphi_t^{e,2}(V_t, U_t^0).$$

Unter Berücksichtigung seiner Verwendung wurde der Import unterteilt in:

— Rohstoff- und Materialimporte für die Produktion einschließlich für die wissenschaftliche Forschung,
— Importe von Maschinen und Anlagen als Investitionen für die Produktionstätigkeit,
— Importe von Konsumtionsgütern,
— Importe für Investitionen in gesellschaftlichen und kulturellen Bereichen.

Wir gehen davon aus, daß der Bedarf an importiertem Rohstoff und Material des Zweiges i dem Produktionsumfang X_i^t dieses Zweiges proportional ist, d. h., der Rohstoff- und Materialbedarf ergibt sich als

$$m_i^t X_i^t,$$

wobei m_i^t der Material- und Rohstoffbedarf (Import) je Erzeugniseinheit des Zweiges i ist. Der Bedarf an importierten Maschinen und Anlagen im Zweig i ist ein Teil der zu tätigenden Investitionen I_i^t im Zweig i, also:

$$\delta_i^t I_i^t.$$

Was den Import für den Bevölkerungsbedarf betrifft, so wird angenommen, daß dieser einen bestimmten Anteil ε_i^t bzw. ε_2^t am Gesamtumfang der individuellen Konsumtion $\overline{C}_t$ bzw. der gesellschaftlichen Konsumtion D_t ausmacht. Die Größe des Imports für die Konsumtion ist dem entsprechend:

$$\varepsilon_1^t \overline{C}_t + \varepsilon_2^t \overline{D}_t.$$

Der Gesamtumfang des im Jahre t zu tätigenden Imports ist somit:

$$M_t = \sum_{i=1}^{n} m_i^t X_i^t + \sum_{i=1}^{n} \delta_i^t I_i^t + \varepsilon_1^t \overline{C}_t + \varepsilon_2^t \overline{D}_t + \overline{Q}_t.$$

Mit $\overline{Q}_t$ wird der Import für das System Wissenschaft und Technik und sonstige Bereiche der Volkswirtschaft bezeichnet.

In dem vorgelegten ökonomisch-kybernetischen Modell werden Informationen, so die Größen X_i^t aus dem System der materiellen Produktion und der Dienstleistungen, I_i^t aus dem System des gesellschaftlichen Gesamtproduktes und des Nationaleinkommens, $\overline{C}_t$ und $\overline{D}_t$ aus dem System des Volkswohlstandes, $\overline{Q}_t$ aus dem System Wissenschaft und Technik verwendet. Auf diese Weise werden die vielfältigen Verbindungen zwischen dem ökonomisch-mathematischen Modell der Zahlungsbilanz und Modellen anderer Bestandteile des kybernetischen Gesamtsystems der Volkswirtschaft sichtbar.

Für den Import läßt sich zusammenfassend schreiben:

$$\varphi_t^{m,1}(E_t^1, R_t, B_t, y_t, z_t, w_t^1) + M_t^2 = \sum_{i=1}^{n} m_i^t X_i^t + \sum_{i=1}^{n} \delta_i^t I_i^t + \varepsilon_1^t \overline{C}_t + \varepsilon_2 \overline{D}_t + \overline{Q}_t.$$

Aus der obigen Gleichung ergibt sich

$$M_t^2 = \varphi_t^{m,2}(E_t^1, R_t, B_t, y_t, z_t, w_t^1, X_t, I_t, \overline{C}_t, \overline{D}_t, \overline{Q}_t).$$

Die Größe M_t^2 unterliegt dabei der folgenden Beschränkung

$$M_t^2 \leqq w_t^2 \phi_t^{m,2}(M_t^1, z_t).$$

Nun können die für die Zahlungsbilanz notwendigen Entwicklungsgleichungen aufgestellt werden

— Gleichung für die Entwicklung der Devisenvorräte:

$$R_{t+1} = (1 - w_t^1)\left[R_t + \Pi_t^e\left(\varphi_t^{e,1}(V_t, U_t^0)\right) + (r_t^e + d_t)\, y_t\right],$$

— Gleichung für die Einnahmen aus gewährten Krediten

$$y_{t+1} = (1 - r_t^e)\, y_t + \Pi_t^e\left(\varphi_t^{e,2}(V_t, U_t^0)\right),$$

— Gleichung für die Zurückzahlung von empfangenen Krediten

$$z_{t+1} = (1 - r_t^m)\, z_t + \Pi_t^m(M_t^2).$$

Für die Entwicklungsgleichung für die Zahlungsbilanz ergibt sich damit

$$P_{t+1} = R_{t+1} + y_{t+1} - z_{t+1}.$$

Wenn man die Entwicklungsgleichung der Zahlungsbilanz mit den Hauptkenngrößen koppelt, die das planmäßige Wirtschaftswachstum kennzeichnen, so lassen sich mit Hilfe der modernen Rechentechnik die Varianten nachbilden, die eine positive Bilanz gewährleisten.

17.2.2. Ein ökonomisch-mathematisches Modell zur Optimierung von Umfang und Struktur des Außenhandels

Dieses Modell beinhaltet mehrere Gruppen von Gleichungen. Sie beziehen sich

- auf die maximalen Exportmöglichkeiten der Volkswirtschaft bei Berücksichtigung des Inlandsbedarfs,
- auf die Aufnahmefähigkeit der verschiedenen Märkte für die zu exportierenden Erzeugnisse,
- auf die Sicherung notwendiger zu importierender Rohstoffe, Materialien u. a.,
- auf die Wahrung ausgeglichener Zahlungsbilanzen mit allen Partnern und insgesamt.

Im ökonomisch-mathematischen Modell werden folgende Kurzbezeichnungen verwendet:

n — Anzahl der Erzeugnisse;
a_{ij} — Menge des Erzeugnisses i zur Herstellung einer Einheit des Erzeugnisses j $(i, j = 1, 2, \ldots, n)$,
m_i — Bedarf an importiertem Rohstoff und Material je Einheit des Erzeugnisses i $(i = 1, 2, \ldots, n)$,
α_i — Menge des Erzeugnisses i, das durch die Inlandsproduktion bereitgestellt werden muß,
β_i — maximale Produktionskapazität der Volkswirtschaft für das Erzeugnis i $(i = 1, 2, \ldots, n)$,
K — Anzahl der ausländischen Absatz- bzw. Versorgungsmärkte;
p^e_{ik} — Auslandspreis (in Valuta-Lei) für eine Einheit des Erzeugnisses i, das auf dem Markt k verkauft wird;
p^e_{jk} — Auslandspreis (in Valuta-Lei) für eine Einheit des Erzeugnisses j, das auf dem Markt k verkauft wird;
γ^e_{ik} — maximale Aufnahmefähigkeit des Außenmarktes k für das Erzeugnis i;
γ^m_{jk} — maximales Angebot des Erzeugnisses j auf dem Außenmarkt k;
M_j — Menge des Erzeugnisses j, die für die Investitionstätigkeit, den Bevölkerungsbedarf u. a. importiert werden muß.

Die konkreten Angaben zu diesen Kennziffern kommen aus dem System der Leitung, dem System der materiellen Produktion und der Dienstleistungen sowie aus anderen Bestandteilen der Volkswirtschaft (Abb. 17.2.).

Die Angaben, die sich auf die Aufnahmefähigkeit der verschiedenen Außenmärkte, auf die zu erzielenden Preise sowie auf die Erzeugnisangebote beziehen, gewinnt man auf Grund von Konjunkturuntersuchungen, der Marktforschung u. a. In derartige Untersuchungen müssen auch einbezogen werden Zolltarife und mengenmäßige Beschränkungen, Gütepräferenzen, Standards sowie entstehende Transportkosten und Be- bzw. Entladungsmöglichkeiten usw. Die zu bestimmenden Größen mit Hilfe des ökonomisch-mathematischen Modells sind:

X_i Umfang der Inlandsproduktion für das Erzeugnis i $(i = 1, 2, \ldots, n)$,
X^e_{ik} Umfang des Exports des Erzeugnisses i auf den Außenmarkt k $(i = 1, 2, \ldots, n;\ k = 1, 2, \ldots, K)$,
X^m_{jk} Umfang des Imports des Erzeugnisses j von dem Außenmarkt k $(j = 1, 2, \ldots, n;\ k = 1, 2, \ldots, K)$.

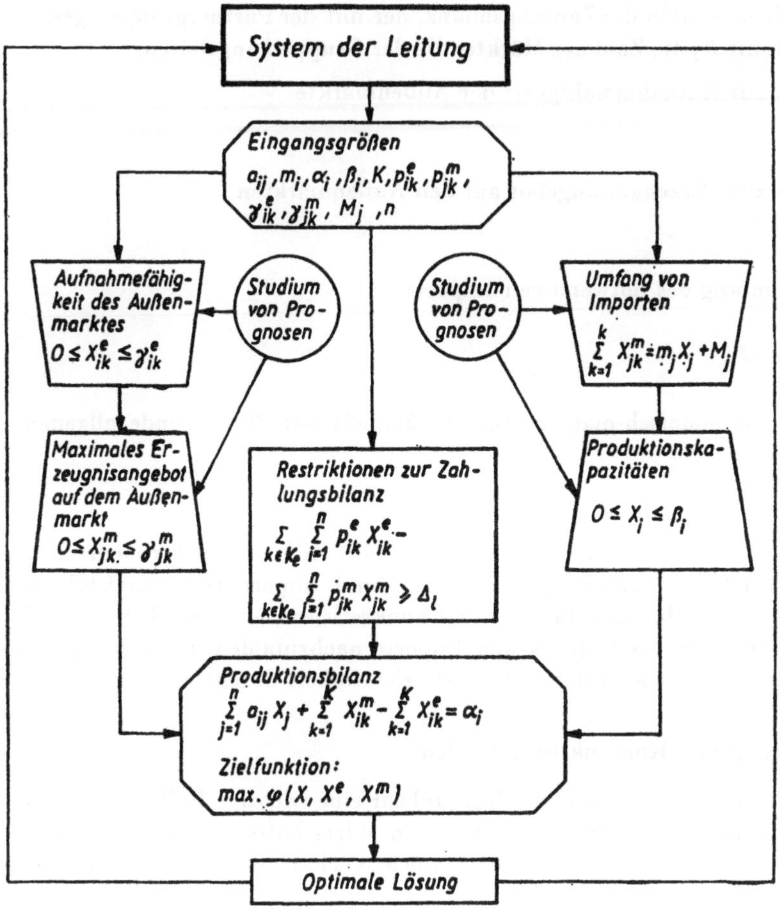

Abb. 17.2. Modell für den Umfang und die Struktur des Außenhandels

Das Modell hat die folgenden Gleichungen bzw. Ungleichungen:

— Gleichung der Produktionsbilanz

$$\sum_{j=1}^{n} a_{ij} X_j + \sum_{k=1}^{K} X_{ik}^m - \sum_{k=1}^{K} X_{ik}^e = \alpha_i,$$

— Einschränkungen zu den Produktionskapazitäten:

$$0 \leqq X_i \leqq \beta_i,$$

— Einschränkungen zur Zahlungsbilanz nach Partnergruppen:

$$\sum_{k \in K_l} \sum_{i=1}^{n} p_{ik}^e X_{ik}^e - \sum_{k \in K_l} \sum_{j=1}^{n} p_{jk}^m X_{jk}^m \leqq \Delta_l.$$

Mit Δ_l bezeichnen wir den Saldo der Zahlungsbilanz, der mit der Partnergruppe l gewährleistet sein muß, und mit K_l die Zahl der Märkte, die der Gruppe l angehören.

— Einschränkungen zur Aufnahmefähigkeit der Außenmärkte

$$0 \leqq X_{ik}^e \leqq \gamma_{ik}^e,$$

— Einschränkungen zum Erzeugnisangebot auf den Außenmärkten

$$0 \leqq X_{jk}^m \leqq \gamma_{jk}^m,$$

— Gleichung zum Umfang des notwendigen Imports:

$$\sum_{k=1}^{K} X_{jk}^m = m_j X_j + M_j.$$

Die Zielfunktion des ökonomisch-mathematischen Modells hat die folgende allgemeine Form

$$\varphi(X, X^e, X^m) \to \max!$$

Das ausgearbeitete Modell läßt sich auch verwenden, um mit Hilfe von Elektronenrechnern verschiedene Varianten für die Lenkung der Export- und Importströme nachzubilden. Indem man das vorliegende Modell detailliert und konkretisiert, ist es möglich, mit Hilfe der Rechentechnik Varianten des Exports und Imports nachzubilden und eine Optimierung des Umfangs und der Struktur der Außenhandelstätigkeit durchzuführen.

17.2.3. Zur Modellierung von Konjunkturzuständen

Davon ausgehend, daß im Welthandel die Konjunktur eine wichtige Rolle spielt, ergibt sich die Sachlage, daß im System der internationalen Wirtschaftsbeziehungen auch die Konjunkturzustände des Weltwirtschaftsraumes sowie vorhandene Zufallselemente beschrieben werden müssen.

Jeder Konjunkturzustand wird bestimmt durch die auf dem Weltmarkt üblichen Preise, von den Formen der bestehenden Handelsbeziehungen, vom Verfahren der Kreditgewährung, von der Höhe der Zinsen u. a. Jedem Konjunkturzustand $C_1, \ldots, C_m$ entsprechen die Strategien $S_1, \ldots, S_n$, Strategien, die den Entscheidungsvarianten der Außenhandelstätigkeit entsprechen.

Eine bestimmte Konjunkturlage im Zusammenhang mit einer bestimmten Strategie führt in einem gewissen Maße zu Entscheidungen bezüglich der Außenhandelstätigkeit. Die Effektivität einer Strategie ist natürlich vom Konjunkturzustand abhängig. Wir bezeichnen mit S_{ij} die Effektivität der Strategie S_i bei der Konjunkturlage C_j. Das führt zur Spielmatrix:

Strategie	Konjunkturzustand		
	C_1	$C_2 \cdots$	C_m
S_1	S_{11}	$S_{12} \cdots$	S_{1m}
S_2	S_{21}	S_{22}	S_{2m}
$\vdots$	$\vdots$	$\vdots$	$\vdots$
S_n	S_{n1}	$S_{n2} \cdots$	S_{nm}

Die Elemente S_{ij} der Spielmatrix sollen die Effektivität der Außenhandelstätigkeit entsprechend der Strategie i und dem Konjunkturzustand j quantifizieren. Das Problem besteht in der Bestimmung einer optimalen Strategie. Innerhalb des Modells können die folgenden operativen Kriterien in Betracht kommen:

1. Das Kriterium der höchsten Vorsicht.

Falls die Wahrscheinlichkeiten für das Auftreten der einzelnen Konjunkturzustände nicht bekannt sind, sollte man wie folgt vorgehen: Zu jeder Strategie S_i wird die kleinste Effektivität S_{ij} ermittelt, d. h.,

$$\delta_i = \min_j S_{ij}.$$

Von diesen n minimalen Effektivitäten wird jetzt die maximale Effektivität ausgewählt, also

$$\hat{\delta} = \max_i \delta_i = \max_i \min_j S_{ij}.$$

Auf dieser Grundlage ergibt sich eine Strategie S^* mit der Effektivität $\hat{\delta}$, wobei die Effektivität unabhängig vom Konjunkturzustand realisiert werden kann.

2. Das Kriterium der mittleren Wirkung.

Falls die Konjunkturzustände gleichwahrscheinlich sind, also $p = 1/m$ ist, ergibt sich als mittlere Effektivität der Strategie S_i

$$h_{s_i} = \frac{1}{m} \sum_{j=1}^{m} S_{ij}.$$

Von diesen n mittleren Effektivitäten h_{s_i} wird die maximale mittlere Effektivät ausgewählt

$$\hat{h} = \max_i h_{s_i}$$

und damit die unter diesem Gesichtspunkt beste Strategie S^* gefunden.

Wenn die Wahrscheinlichkeiten des Auftretens der einzelnen Konjunkturzustände bekannt sind, d. h.

$$0 \leqq p_j \leqq 1 \qquad \text{bei} \qquad \sum_{j=1}^{m} p_j = 1,$$

so kann der Mittelwert der Effektivitäten zu jeder Strategie gebildet werden

$$\sum_{j=1}^{m} p_j S_{ij}.$$

Die optimale Strategie ist dann diejenige, zu der der größte Mittelwert gehört

$$\max_i \sum_{j=1}^{m} p_j S_{ij}.$$

3. Das Kriterium des kontrollierten Risikos.

Im Unterschied zum Kriterium der höchsten Vorsicht beinhaltet das Kriterium des kontrollierten Risikos die Einbeziehung eines festgelegten Risikofaktors. Wir bezeichnen mit α_i und β_i die maximale bzw. die minimale Effektivität der Strategie S_i, also

$$\alpha_i = \max_j S_{ij},$$

$$\beta_i = \min_j S_{ij}.$$

Die Wahrscheinlichkeit des Auftretens des günstigsten Konjunkturzustandes bezeichnen wir mit λ. Die mittlere Effektivität der Strategie S_i ergibt sich in diesem Falle als:

$$q_i = \lambda\alpha_i + (1 - \lambda)\,\beta_i.$$

Es wird nun die Strategie ausgewählt, für die die Effektivität maximal ist,

$$\hat{q} = \max_i\,[\lambda\alpha_i + (1 - \lambda)\,\beta_i].$$

Abschließend muß erwähnt werden, daß jedes der vorgelegten Verfahren im allgemeinen zu unterschiedlichen Ergebnissen führt. Die Wahl dieses oder jenes Kriteriums hängt ganz wesentlich von der wissenschaftlichen Kenntnis der Weltmarktmechanismen ab.

18. Das System des gesellschaftlichen Gesamtproduktes und des Nationaleinkommens

Das System des gesellschaftlichen Gesamtproduktes und des Nationaleinkommens faßt die quantitativen und qualitativen Ergebnisse der materiellen Produktion und Dienstleistungen im Volkswirtschaftsraum zusammen. Es sichtet die Bestandteile des gesellschaftlichen Gesamtproduktes, verteilt die neu geschaffenen Werte und lenkt auf Grund der vom Leitungssystem getroffenen Entscheidungen die Nutzung aller Ressourcen, die für die Entwicklung der Volkswirtschaft und für die Anhebung des Lebensstandards bestimmt sind.

Zwischen dem System des gesellschaftlichen Gesamtproduktes und des Nationaleinkommens sowie dem Leitungssystem existieren zahlreiche Verbindungen. Sie ermöglichen die Erarbeitung der allgemeinen Strategie zur wirtschaftlichen und gesellschaftlichen Entwicklung des Landes durch die Leitung des Staates, die Ableitung von Hauptentscheidungen zur Verwirklichung des Programms des optimalen Wirtschaftswachstums und betreffen strukturelle Veränderungen der Produktionszweige, die Senkung des Anteils der Materialkosten am Bruttoprodukt, die Optimierung des Verhältnisses zwischen Akkumulation und Konsumtion, die Bildung und die Nutzung des Nationalfonds für die wirtschaftliche und gesellschaftliche Entwicklung, die Verteilung der Investitionen auf die Volkswirtschaftszweige, die Verwirklichung des Programms zur Anhebung des Lebenstandards usw.

18.1. Charakteristika des Systems

Die Analyse der Rolle und der Funktionen des Systems des gesellschaftlichen Gesamtproduktes und des Nationaleinkommens im Wirtschaftsmechanismus verdeutlicht die Notwendigkeit, das System in eng miteinander verbundene Teilsysteme zu zerlegen:

— Teilsystem des produzierten Nationaleinkommens,
— Teilsystem der Verteilung des Nationaleinkommens,
— Teilsystem der Verwendung des Nationaleinkommens,
— Teilsystem der Bildung und Verteilung des Nationalfonds der wirtschaftlichen und gesellschaftlichen Entwicklung.

18.1.1. Das Teilsystem des produzierten Nationaleinkommens

In diesem Teilsystem wird der Mechanismus der Bildung des Nationaleinkommens beschrieben als ein Vorgang, der die quantitativen und qualitativen Ergebnisse aller im System der materiellen Produktion ablaufenden Prozesse zusammenfaßt, gemessen durch die Nettoproduktion der Industrie, der Landwirtschaft, Bauwesen, Verkehrswesen, Handels sowie sonstiger produzierender Zweige und Bereiche.

Eine besondere Bedeutung für die dynamische Entwicklung des Teilsystems des produzierten Nationaleinkommens, wie im übrigen für das ganze System, hat die Zerlegung des gesellschaftlichen Gesamtproduktes. Sie dient dazu, den Anteil der Materialkosten am gesellschaftlichen Gesamtprodukt auszuweisen, in diesem Rahmen ist die Erarbeitung leistungsfähiger Lösungen anzuregen und damit in der Richtung zu wirken, daß der neu geschaffene Wert wächst.

Bei Berücksichtigung der Einflüsse aus dem Export und Import entsteht als Ergebnisgröße im Teilsystem des produzierten Nationaleinkommens die Eingangsgröße für das Teilsystem der Verteilung des Nationaleinkommens, das verteilbare oder verwendbare Nationaleinkommen.

18.1.2. Das Teilsystem der Verteilung des Nationaleinkommens

Das zweite Teilsystem zeigt den komplexen Mechanismus der Entstehung der Endeinkünfte des Staates, der Genossenschaften und der Bevölkerung. In einer ersten Phase ist der Prozeß der Verteilung des Nationaleinkommens gekennzeichnet durch ein Bündel von Primäreinkommensströmen, den Löhnen der unmittelbar produktiv Tätigen im System der materiellen Produktion und der Dienstleistungen. Dieser Verteilung folgt die Neuverteilung des Nationaleinkommens, damit die Arbeit aller Bestandteile des Wirtschaftsorganismus gewährleistet ist. Sie wird durch das Finanz- und Preissystem erreicht, das eine Hauptrolle bei der Verteilung und Konzentration der vielfältigen Finanzströme von und zu der Bevölkerung, von und zu den Produktionsbetrieben sowie von und zu den gesellschaftlichen und kulturellen Einrichtungen spielt. Infolge dieses Prozesses bildet sich ein Neuverteilungssaldo, getrennt für den staatlichen, den genossenschaftlichen und den Bevölkerungsbereich.

Tabelle 18.1: Zur Verteilung des Nationaleinkommens

Teil A

		Gesamtprodukt	Materialkosten	Nationaleinkommen	Primärverteilung des Nationaleinkommens		
					Staatshaushalt	Genossenschaften	Bevölkerung
produzierende Bereiche	Industrie	X_1	θ_1	Y_1	Y_{11}	Y_{12}	Y_{13}
	Landwirtschaft	X_2	θ_2	Y_2	Y_{21}	Y_{22}	Y_{23}
	Bauwesen	X_3	θ_3	Y_3	Y_{31}	Y_{32}	Y_{33}
	Transport- u. Verkehrswesen	X_4	θ_4	Y_4	Y_{41}	Y_{42}	Y_{43}
	Handel	X_5	θ_5	Y_5	Y_{51}	Y_{52}	Y_{53}
	sonstige Zweige	X_6	θ_6	Y_6	Y_{61}	Y_{62}	Y_{63}
Gesamt		ΣX_i	$\Sigma \theta_i$	ΣY_i	ΣY_{i1}	ΣY_{i2}	ΣY_{i3}

Teil B

Nr.		Primärverteilung	Verteilung			Endeinkünfte des Staates, der Genossenschaften u. d. Bevölkerung	Verwendung des Nationaleinkommens	
			Einnahmen des Systems der Finanzen und Preise	Ausgaben des Systems der Finanzen und Preise	Differenz		Konsumtionsfonds	Entwicklungsfonds
	Produzierende Bereiche							
1	— Staatshaushalt	$Y_S{}^1$	Q_1	H_1	Δ_1	V_1	—	D_1
2	— Genossenschaften	$Y_C{}^1$	Q_2	H_2	Δ_2	V_2	—	D_2
	Nichtproduzierender Bereiche							
3	— Staatshaushalt	—	Q_3	H_3	Δ_3	V_3	—	D_3
4	— Genossenschaften	—	Q_4	H_4	Δ_4	V_4	—	D_4
5	Bevölkerung gesamt	$Y_p{}^1$	Q_5	H_5	Δ_5	V_5	C_5	D_5

18.1.3. Das Teilsystem der Verwendung des Nationaleinkommens

Die dritte Phase der Verteilung des Nationaleinkommens zeigt die Verschmelzung der Primäreinnahmen mit dem Neuverteilungssaldo, so daß auf diese Weise die Endeinkünfte des Staates, der Genossenschaften und der Bevölkerung entstehen. Die Bildung der Endeinkünfte, bei deren Zustandekommen das Finanz- und Preissystem eine große Bedeutung hat, wird wiedergegeben als Bilanz der Schaffung, Verteilung und Endnutzung des Nationaleinkommens (Tab. 18.1). Teil A der Tabelle beschreibt die Beteiligung der Zweige an der Schaffung des Gesamtprodukts und des Nationaleinkommens sowie deren Primärverteilung auf diejenigen, die unmittelbar an ihrer Schaffung beteiligt sind. Der Teil B der Tabelle zeigt die Erscheinungen bei der Neuverteilung des Nationaleinkommens, seine Verwendung bzw. die Bildung des Konsumtionsfonds und des Fonds für die wirtschaftliche und gesellschaftliche Entwicklung.

Die Verbindungen zwischen den Endeinkünften und der Nutzung des Nationaleinkommens für Konsumtion und Akkumulation erfordern als objektive Notwendigkeit die Schaffung einer entsprechenden stofflichen Zusammensetzung (Produktionsmittel und Konsumtionsgüter) des Gesamtproduktes und des Nationaleinkommens. So muß die stoffliche Form des Konsumfonds in Umfang und Zusammensetzung mit den von der Bevölkerung gefragten Waren übereinstimmen. Ebenso bringen der Umfang und die Zusammensetzung des Akkumulationsfonds eine bestimmte stoffliche Zusammensetzung des Gesamtprodukts bzw. einen bestimmten Umfang an Maschinen, Anlagen, Baustoffen u. a. mit sich.

Das Teilsystem der Verwendung des Nationaleinkommens stellt die Verbindung zum System des Volkswohlstandes über den Konsumtionsfonds und zum System des Nationalreichtums über den Akkumulationsfonds her.

18.1.4. Das Teilsystem der Bildung und Verteilung des Nationalfonds für die wirtschaftliche und gesellschaftliche Entwicklung

Eine starke Verbindung zwischen Akkumulation und Nationalreichtum ist gegeben durch Bildung und Verteilung des Nationalfonds für die wirtschaftliche und gesellschaftliche Entwicklung. Bildung und Verteilung des Nationalfonds der Entwicklung besitzen eine große Bedeutung für die Erweiterung des Reproduktionsumfangs und das Wachstum aller Bestandteile des Nationalreichtums.

Der Nationalfonds wird gebildet aus dem Akkumulations- und dem Amortisationsfonds (Abb. 18.1.). Ausgangsgrößen des Teilsystems der Bildung und Verteilung des Nationalfonds sind die drei Hauptströme:

- Investitionen für die Zweige der materiellen Produktion,
- Investitionen für den gesellschaftlichen und kulturellen Bereich und für den Wohnungsbau und
- die Vergrößerung der Bestände und Reserven.

Die Verteilung des nationalen Entwicklungsfonds erfolgt gemäß den strategischen Entscheidungen der Leitung der Volkswirtschaft, die ihren Ausdruck in den Plänen der wirtschaftlichen und gesellschaftlichen Entwicklung des Landes finden.

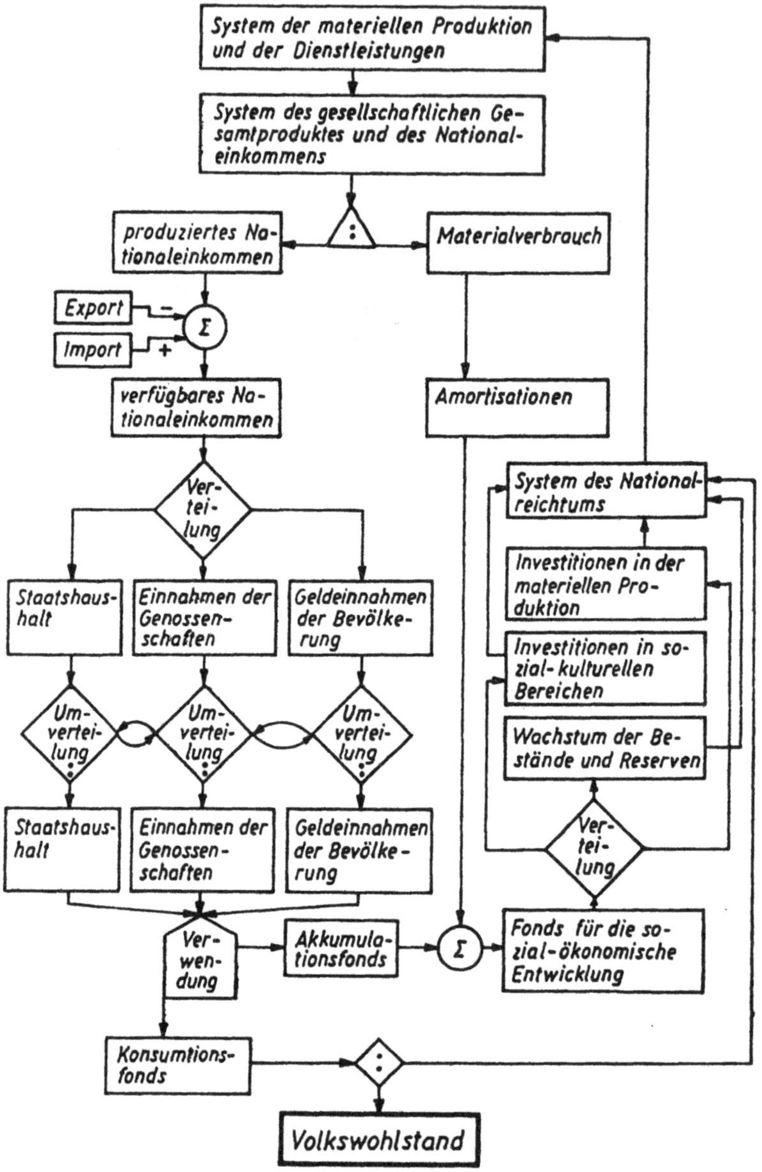

Abb. 18.1. Verteilung des gesellschaftlichen Gesamtproduktes

18.2. *Ein ökonomisch-kybernetisches Modell zur optimalen Verteilung des Nationaleinkommens bezüglich der Akkumulation und Konsumtion*

Die komplexen Prozesse, die innerhalb des Systems des gesellschaftlichen Gesamtprodukts und des Nationaleinkommens stattfinden und die die quantitativen und qualitativen Ergebnisse aller sich im Volkswirtschaftsraum vollziehenden Tätigkeiten zusammenfassen, werden von einer Reihe ökonomisch-kybernetischer Modelle beschrieben und für den Entwurf der Trajektorien für ein planmäßiges Wirtschaftswachstum genutzt. Unter diesen Modellen nimmt das kybernetische Modell zur optimalen Verteilung des Nationaleinkommens bezüglich der Akkumulation und Konsumtion einen bedeutsamen Platz ein. Alle ökonomisch-mathematischen Modelle zum Problem der Verteilung des Nationaleinkommens zeigen mit großer Deutlichkeit die unmittelbare Verbindung und enge Wechselbeziehung zwischen einer hohen Akkumulationsrate und einer Vergrößerung des Nationaleinkommens, des Nationalreichtums und auf dieser Grundlage des Volkswohlstandes.

Bei der Ausarbeitung des folgenden Modells wurde von der kybernetischen Gesamtstruktur des volkswirtschaftlichen Gesamtsystems ausgegangen, wobei die wichtigsten

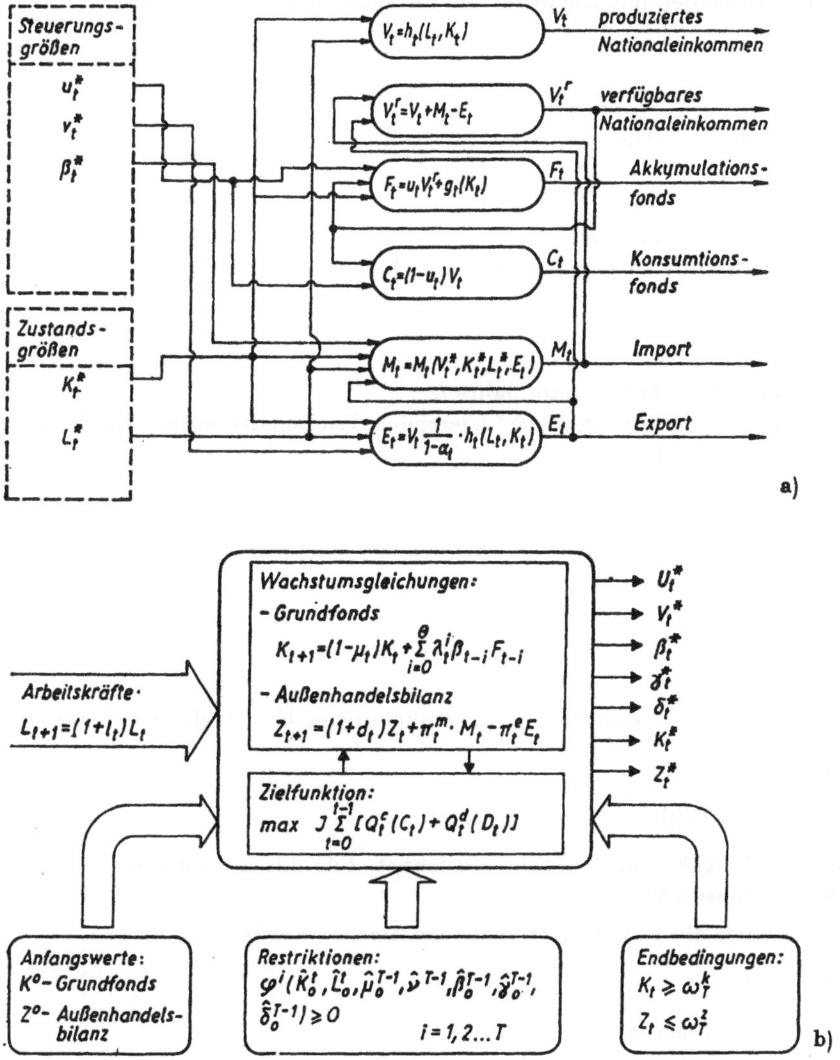

Abb. 18.2. Modell zur Verteilung des gesellschaftlichen Gesamtproduktes

a) Grundmodell

b) Hauptzusammenhänge

Ströme und Verbindungen im Volkswirtschaftsraum berücksichtigt wurden (Abb. 18.2a) und b)). Zu ihnen gehörten:

— das gesellschaftliche Gesamtprodukt

$$P_t = V_t + \theta_t.$$

Darin bezeichnen wir mit

P_t — Umfang des Gesamtprodukts im Jahre t,
V_t — Umfang des produzierten Nationaleinkommens im Jahre t,
θ_t — Umfang der Materialkosten im Jahre t.

Mit α_t wollen wir den Anteil der Materialkosten am Gesamtprodukt bezeichnen

$$\alpha_t = \frac{\theta_t}{P_t}.$$

In diesem Falle ergibt sich die folgende Relation

$$V_t = (1 - \alpha_t)\, P_t,$$

— das produzierte Nationaleinkommen.

Es wird bestimmt mit Hilfe einer makroökonomischen Produktionsfunktion, d. h., es wird geschätzt durch

$$V_t = h_t(L_t, K_t)$$

V_t — produziertes Nationaleinkommen im Jahre t,
L_t — Umfang der Arbeitskräfte in den produzierenden Wirtschaftszweigen im Jahre t,
K_t — Umfang der Grundmittel im Jahre t,

— das verteilbare Nationaleinkommen.

Es ergibt sich aus dem produzierten Nationaleinkommen und dem Saldo zwischen Import (M_t) und Export (E_t)

$$V_t^r = V_t + M_t - E_t \quad \text{bzw.}$$

$$V_t^r = h_t(L_t, K_t) + M_t - E_t,$$

— der Akkumulationsfonds als Teil des Nationaleinkommens. Er berechnet sich nach:

$$B_t = u_t V_t^r \quad \text{bzw.}$$

$$B_t = u_t\big(h_t(L_t, K_t) + M_t - E_t\big).$$

Darin wurde mit u_t die Akkumulationsrate bezeichnet. Für das untersuchte Modell ist u_t eine grundlegende Steuergröße,

— der Konsumtionsfonds als Teil des Nationaleinkommens. Für ihn gilt

$$C_t = (1 - u_t)\, V_t^r \quad \text{bzw.}$$

$$C_t = (1 - u_t)\, [h_t(L_t, K_t) + M_t - E_t],$$

— der Nationalfonds für die wirtschaftliche und gesellschaftliche Entwicklung

$$F_t = B_t + A_t.$$

Darin wurde mit A_t der Umfang der Amortisationen bezeichnet. Dieser wird bestimmt als Funktion der Grundfonds:

$$A_t = g_t(K_t),$$

— die Investitionen für das System der materiellen Produktion und Dienstleistungen

$$I_t = \beta_t F_t \quad \text{oder}$$

$$I_t = \beta_t\{u_t[h_t(L_t, K_t) + M_t - E_t] + g_t(K_t)\}.$$

Darin ist β_t der Anteil der für das System der materiellen Produktion und Dienstleistungen vorgesehenen Investitionen, bezogen auf den Nationalfonds für die wirtschaftliche und gesellschaftliche Entwicklung,
— die Vergrößerung der Bestände und Reserven

$$\Delta S_t = \gamma_t F_t \quad \text{oder}$$

$$\Delta S_t = \gamma_t\{u_t[h_t(L_t, K_t) + M_t - E_t] + g_t(K_t)\},$$

— die Investitionen für den gesellschaftlichen und kulturellen Bereich sowie für den Wohnungsbau

$$D_t = \delta_t E_t \quad \text{oder}$$

$$D_t = \delta_t\{u_t[h_t(L_t, K_t) + M_t - E_t] + g_t(K_t)\}.$$

Mit δ_t bezeichneten wir den Anteil der Investitionen für den gesellschaftlichen und kulturellen Bereich sowie für den Wohnungsbau, bezogen auf den Nationalfonds für die wirtschaftliche und gesellschaftliche Entwicklung,
— die Inbetriebnahme neuer Grundmittel,

Dabei ergeben sich die Grundmittel K_t^* auf Grund von Investitionsmaßnahmen I_{t-i}

$$K_t^* = \sum_{i=0}^{\theta} \lambda_i I_{t-i} \quad \text{bzw.}$$

$$K_t^* = \sum_{i=0}^{\theta} \lambda_i \beta_{t-i} F_{t-i}.$$

Die λ_i sind Verzögerungskoeffizienten, θ ist die längste Zeit bis zum Wirksamwerden der Investitionsmaßnahmen,
— der Export.

Er wird beschrieben durch:

$$E_t = v_t P_t,$$

$$E_t = v_t \cdot \frac{1}{1 - \alpha_t} \cdot V_t$$

oder

$$E_t = v_t \cdot \frac{1}{1 - \alpha_t} \cdot h_t(L_t, K_{t,}).$$

Mit v_t bezeichneten wir den Anteil des Exports am Gesamtprodukt im Jahre t. v_t ist eine Steuergröße,

der Import.

Der Umfang M_t des Imports ergibt sich als Summe der Importe an Maschinen und Anlagen im Jahre t (M_t^1), Materialien und Rohstoffen im Jahre t (M_t^2) und Gütern für die individuelle und gesellschaftliche Konsumtion (M_t^3) im Jahre t.

Hierzu werden folgende Hypothesen aufgestellt: Der Umfang des im Jahre t zu tätigenden Imports an Maschinen und Anlagen ist proportional dem Gesamtumfang der im betreffenden Jahr in Betrieb gesetzten Grundmittel, der Umfang des Imports an Rohstoffen und Material ist proportional dem Gesamtprodukt und schließlich wird angenommen, daß der Import an Gütern für die individuelle und gesellschaftliche Konsumtion ein Teil η_t^3 des Konsumtionsfonds C_t und ein Teil η_t^4 des Fonds für Investitionen in gesellschaftlichen und kulturellen Bereichen ausmacht, d. h., es gelte

$$M_t^1 = \eta_t^1 K_t^*,$$

$$M_t^2 = \eta_t^2 P_t \quad \text{und}$$

$$M_t^3 = \eta_t^3 C_t + \eta_t^4 D_t$$

und damit

$$M_t = \eta_t^1 K_t^* = \eta_t^2 P_t + \eta_t^3 C_t + \eta_t^4 D_t.$$

Zu den Zustandsgrößen, den Grundmitteln K_t, den Arbeitskräften L_t und dem Saldo der Zahlungsbilanz Z_t lassen sich die Entwicklungsgleichungen aufstellen für

— die Arbeitskräfte

$$L_{t+1} = (1 + l_t)\, L_t$$

— die Grundmittel

$$K_{t+1} = (1 - \mu_t)\, K_t + \sum_{i=0}^{\theta} \lambda_i \beta_{t-i} F_{t-i}$$

— den Saldo der Zahlungsbilanz

$$Z_{t+1} = (1 + d_t)\, Z_t + \Pi_t^m M_t - \Pi_t^e E_t.$$

Hierbei bedeuten:

l_t Wachstumsrate der Arbeitskräfte in der materiellen Produktion,
μ_t Aussonderungsquote im Jahre t,
d_t durchschnittliche Zinsen für empfangene bzw. gewährte Kredite,
Π_t^m Importkosten im Jahre t,
Π_t^e Exportkosten im Jahre t.

Die Einschränkungen des Modells lassen sich in Form von Gleichungen als eine Reihe verbindlicher zu erfüllender Forderungen wiedergeben.

Die Zielfunktion des Modells muß das Grundziel der Politik der Partei, die Erhöhung des Volkswohlstandes, widerspiegeln. Das ist durch den erweiterten Konsumtionsfonds möglich, der die Gesamtheit der Ressourcen aus dem Nationaleinkommen darstellt, die für die Anhebung des Lebensstandards bestimmt sind. Er wird ermittelt, indem man zu dem Konsumtionsfonds die Investitionen für Wohnungen und für gesellschaftliche und kulturelle Einrichtungen, zum Beispiel Bildungswesen, Kultur, Gesundheitswesen, hinzufügt. Somit erhält die Zielfunktion folgenden allgemeinen Ausdruck

$$I = \sum_{t=0}^{T-1} Q_t^c(C_t) + Q_t^d(D_t).$$

Darin sind Q_t^c und Q_t^d Funktionen, durch die eine Bewertung der Konsumtion bzw. der Investitionen in gesellschaftlichen und kulturellen Einrichtungen sowie für den Wohnungsbau bezüglich des erreichten allgemeinen Wohlstandes erfolgt.

Damit läßt sich das Modell charakterisieren durch

a) Zustandsgrößen
- L_t Arbeitskräfte in der materiellen Produktion im Jahre t,
- K_t Grundmittel in der materiellen Produktion,
- Z_t Saldo der Zahlungsbilanz im Jahre t,

b) Entscheidungsgrößen
- Akkumulationsrate u_t,
- Anteil des Exports am Gesamtprodukt v_t,
- Anteil der produktiven Investitionen am Entwicklungsfonds β_t,
- Anteil zur Vergrößerung der Bestände und Reserven des Entwicklungsfonds γ_t,
- Anteil der gesellschaftlichen und kulturellen Investitionen und der Investitionen für den Wohnungsbau am Umfang des Entwicklungsfonds δ_t,

c) Ergebnisgrößen
- gesellschaftliches Gesamtprodukt P_t,
- produziertes Nationaleinkommen V_t,
- verteilbares Nationaleinkommen V_t^r,
- Nationalfonds für die wirtschaftliche und gesellschaftliche Entwicklung F_t,
- Konsumtionsfonds C_t,
- Umfang des Exports,
- Umfang des Imports.

Wenn man das Maximumprinzip für dynamische Systeme anwendet, so kann das zu optimalen Wachstumstrajektorien führen. Es soll hervorgehoben werden, daß das Gesamtmodell zur optimalen Verteilung des Nationaleinkommens die Aufgabe hat, einige spezifische Mechanismen des untersuchten Systems sichtbar zu machen. Von besonderer Bedeutung für die Entscheidungsfindung sind Untersuchungen zur Empfindlichkeit bei der Veränderung von Modellparametern, beispielsweise des Koeffizienten der Grundmitteleffektivität, der Exportkostenhöhe u. a. und ihre Auswirkung auf das gesamte Wirtschaftswachstum. Die hierbei erzielten Ergebnisse lassen sich beim Entwurf optimaler Wachstumstrajektorien nutzen.

In den nun folgenden Ausführungen sollen noch zwei Varianten zur Modellierung des gesellschaftlichen Gesamtprodukts und des Nationaleinkommens vorgestellt werden:

- Variante A

  Es wird angenommen, daß die makroökonomische Produktionsfunktion linear ist

  $$V_t = (1 - \alpha_t)\, e_t K_t.$$

Darin ist e_t der Koeffizient der Grundmitteleffektivität

$$e_t = \frac{P_t}{K_t}.$$

Im Modell werden keine verzögerten Veränderlichen eingeführt. Entsprechend der aufgestellten Arbeitshypothese bezüglich V_t ergibt sich für den Nationalfonds für die wirtschaftliche und gesellschaftliche Entwicklung in Abhängigkeit von den Akkumulationsrate, der Grundmitteleffektivität und dem Grundmittelumfang

$$\begin{aligned} F_t &= u_t \cdot V_t + A_t \\ &= u_t(1 - \alpha_t)\, e_t K_t + a_t K_t \end{aligned}$$

$$F_t = [(1 - \alpha_t)\, u_t e_t + a_t] \cdot K_t.$$

Darin wurde mit a_t der Anteil der abgeschriebenen Grundmittel bezeichnet.

Der Umfang der für das System der materiellen Produktion bestimmten Investitionen ergibt sich aus dem folgenden Ausdruck:

$$I_t = \beta_t \cdot F_t = \beta_t[(1 - \alpha_t)\, u_t e_t + a_t]\, K_t.$$

Die Entwicklungsgleichung für die Grundmittel lautet nun:

$$K_{t+1} = K_t - \mu_t K_t + I_t.$$

Wenn man I_t durch den oben gewonnenen Ausdruck ersetzt, so erhält man:

$$K_{t+1} = (1 - \mu_t)\, K_t + \beta_t[(1 - \alpha_t)\, u_t e_t + a_t]\, K_t$$

oder

$$K_{t+1} = \{(1 - \mu_t) + \beta_t[(1 - \alpha_t)\, u_t e_t + a_t]\}\, K_t.$$

Die obige Gleichung verdeutlicht die Entwicklung der produktiven Grundmittel in Abhängigkeit von

— der Akkumulationsrate u_t,
— der Grundmitteleffektivität e_t,
— dem Anteil der für die materielle Produktion bestimmten Investitionen bezüglich des Nationalfonds β_t,
— dem Anteil der Amortisationen a_t,
— der Abschreibungsquote μ_t.

Falls angenommen wird, daß die Größen in der Gleichung zeitinvariant sind, so ergibt sich die folgende Entwicklung der Grundmittel:

$$K_t = \{(1 - \mu) + \beta[(1 - \alpha)\, ue + a]\}_t\, K_0.$$

Darin wurde mit K_0 der Anfangswert der Grundmittel bezeichnet.

Das Wachstum der Volkswirtschaft kann damit erfaßt werden durch:

Wachstum des Gesamtprodukts

$$P_t = \{(1 - \mu) + \beta[(1 - \alpha)\, ue + a]\}_t \cdot eK_0,$$

Wachstum des Nationaleinkommens

$$V_t = \{(1 - \mu) + \beta[(1 - \alpha)\, ue + a]\}_t\, (1 - \alpha)\, eK_0,$$

Wachstum des nationalen Entwicklungsfonds

$$C_t = \{(1 - \mu) + \beta[(1 - \alpha)\, ue + a]\}_t\, (1 - u)\, (1 - \alpha)\, eK_0$$

sowie Wachstum des Konsumtionsfonds

$$F_t = \{(1 - \mu) + \beta[(1 - \alpha)\, ue + a)\}_t\, [(1 - \alpha)\, ue + a]\, K_0.$$

Eine Kenngröße, die das Wachstum des Volkswohlstandes vollständiger zum Ausdruck bringt, ist der „erweiterte Konsumtionsfonds".

Wenn man diese Kenngröße mit G_t bezeichnet, kann man schreiben:

$$G_t = C_t + \delta_t F_t.$$

Darin ist δ_t der Anteil der Investitionen für den gesellschaftlichen und kulturellen Bereich und für den Wohnungsbau bezüglich des Entwicklungsfonds. Für das Wachstum des erweiterten Konsumtionsfonds gilt

$$G_t\{(1 - u)\, (1 - \alpha)\, e + \delta_t[(1 - \alpha)\, ue + a]\}\, \{[1 - /) + \beta[(1 - \alpha)\, ue + a]\}_t\, K_0.$$

Aus den obigen Formeln geht deutlich hervor, daß das Wachstum des Gesamtprodukts, des Nationaleinkommens, des Konsumtionsfonds und der übrigen Kenngrößen der Volkswirtschaft in strenger Abhängigkeit von der Akkumulationsrate, vom Anteil der produktiven Investitionen, der Grundmitteleffektivität erfolgt. Ebenso ergibt sich aus der Modellanalyse, daß das Wachstum der Kennziffern zunimmt, wenn der Anteil der Materialkosten am Gesamtprodukt sinkt.

Durch die Analyse der Variante A des Gesamtmodells kann man eine Reihe von Vorinformationen über die Arbeitsweise des Gesamtmodells gewinnen.

Variante B

Bei dieser Variante werden einige Arbeitshypothesen zur Zusammensetzung der für die materielle Produktion bestimmten Grundmittel aufgestellt. In Anbetracht ihrer großen Bedeutung werden zwei Kategorien von Grundmitteln berücksichtigt,

— Maschinen und Anlagen sowie
— Gebäude und bauliche Spezialanlagen.

Diese Einteilung wurde gewählt, weil sie in der Produktion eine unterschiedliche Rolle spielen und weil der Anteil der Grundmittel der ersten Kategorie an den Gesamtgrundmitteln weitgehend vom Wachstum des Nationaleinkommens, des Nationalreichtums und des Volkswohlstandes abhängt. Sie sind der wirksamste Bestandteil im Produktionsprozeß.

Man kann durchaus annehmen, daß durch die Zerlegung der Grundmittel in zwei Kategorien und durch die Ausarbeitung makroökonomischer Produktionsfunktionen, die diese beiden Bestandteile berücksichtigen, die Wirklichkeit des Volkswirtschaftsraumes besser widergespiegelt wird. Dies gilt um so mehr, als der wissenschaftlich-technische Fortschritt auf diese beiden Grundmittelarten unterschiedlich wirksam wird.

Wir bezeichnen mit

K_t^1 — Grundmittel in Form von Maschinen und Anlagen,
K_t^2 — Grundmittel in Form von Gebäuden u. ä.,
$\bar{e}_t$ — Grundmitteleffektivität von Maschinen und Anlagen,
a_t^1 — Abschreibungsquote für Maschinen und Anlagen,
a_t^2 — Abschreibungsquote für Gebäude u. ä.,
γ_t — Anteil der Vergrößerung von Beständen und Reserven bezüglich des Nationalfonds.

Unter Verwendung der eingeführten Kurzbezeichnungen kann man schreiben:

— Umfang des Amortisationsfonds

$$A_t = a_t^1 K_t^1 + a_t^2 K_t^2,$$

— Umfang des Nationalfonds für die wirtschaftliche und gesellschaftliche Entwicklung

$$F_t = B_t + A_t = u_t(\bar{e}_t K_t^1 + M_t - E_t) + a_t^1 K_t^1 + a_t^2 K_t^2,$$

— Investitionen für das System der materiellen Produktion und der Dienstleistungen

$$I_t = \beta_t F_t = \beta_t[u_t(\bar{e}_t K_t^1 + M_t - E_t) + a_t^1 K_t^1 + a_t^2 K_t^2],$$

— Vergrößerung der Bestände und Reserven

$$\Delta S = \gamma_t F_t = \gamma_t[u_t(\bar{e}_t K_t^1 + M_t - E_t) + a_t^1 K_t^1 + a_t^2 K_t^2],$$

— Investitionen für den gesellschaftlichen und kulturellen Bereich sowie für den Wohnungsbau

$$D_t = \delta_t F_t = \delta_t[u_t(\bar{e}_t K_t^1 + M_t - E_t) + a_t^1 L_t^1 + a_t^2 K_t^2].$$

Um das Wachstum der Grundmittel zu beschreiben, bezeichnen wir mit

I_t^1 — Investitionen für Maschinen und Anlagen,
I_t^2 — Investitionen für Gebäude, bauliche Spezialanlagen u. ä.,
r_t — Anteil der Investitionen für Grundmittel der ersten Kategorie an den Gesamtinvestitionen für die materielle Produktion,
μ_t^1 — Ausgesonderter Teil von Grundmitteln der ersten Kategorie,
μ_t^2 — Ausgesonderter Teil von Grundmitteln der zweiten Kategorie,
$b_t^1 = 1 - \mu_t^1$ — Grundmittel der ersten Kategorie nach Abzug der ausgesonderten Grundmittel,
$b_t^2 = 1 - \mu_t^2$ — Grundmittel der zweiten Kategorie nach Abzug der ausgesonderten Grundmittel.

Die folgende Formel gibt den Umfang der Grundmittelinvestitionen in Form von Maschinen und Anlagen an

$$I_t^1 = r_1 I_t = r_t \beta_t F_t$$
$$= r_t \beta_t [u_t(\bar{e}_t K_t^1 + M_t - E_t) + a_t^1 K_t^1 + a_t^2 K_t^2].$$

Es können die folgenden Entwicklungsgleichungen geschrieben werden:

— Wachstumsgleichung für Grundmittel in Form von Maschinen und Anlagen:

$$K_{t+1}^1 = b_t^1 K_t^1 + I_t^1,$$

— Wachstumsgleichung für Grundmittel in Form von Gebäuden, baulichen Spezialanlagen

$$K_{t+2}^2 = b_t^2 K_t^2 + I_t^2.$$

Das Modell läßt sich nun charakterisieren durch

a) Zustandsgrößen K_t^1 und K_t^2,

b) Entscheidungsgrößen:
- — Akkumulationsrate u_t,
- — Anteil der für das System der materiellen Produktion bestimmten Investitionen am Nationalfonds β_t,
- — Anteil der Investitionen für Grundmittel der ersten Kategorie bezüglich der für die materielle Produktion bestimmten Gesamtinvestitionen r_t,
- — Umfang des Imports M_t,
- — Umfang des Exports E_t,

c) Ergebnisgrößen
- — Gesellschaftliches Gesamtprodukt,
- — Nationaleinkommen,
- — Nationalfonds für die wirtschaftliche und gesellschaftliche Entwicklung,
- — Konsumtionsfonds,
- — erweiterter Konsumtionsfonds.

Einige der Entscheidungsgrößen werden vom Leitungssystem festgelegt.

Weitere Modelle des Systems des gesellschaftlichen Gesamtproduktes und des Nationaleinkommens, auf die hier nicht eingegangen werden kann, beschreiben die Verteilung und Neuverteilung des Nationaleinkommens und die damit verbundene Abstimmung mit anderen Systemen, insbesondere dem System des Volkswohlstandes.

19. Das System des Nationalreichtums

Der gesamte Volkswirtschaftsraum ist zu vergleichen mit einem Stromnetz, dessen Ströme vom System des Nationalreichtums ausgehen oder auf dieses System gerichtet sind. Es ist ein System, das das menschliche Potential sowie die Gesamtheit der materiellen, wissenschaftlichen und kulturellen Werte der Nation beinhaltet. Neben dem System der Bevölkerung und der Arbeitskräfte stellt das System des Nationalreichtums das „Energiereservoir" dar, von dem die Dynamik des Wachstums des Gesamtsystems der Volkswirtschaft abhängt.

19.1. Charakteristika des Systems

Die Struktur und der Umfang der Bestandteile des Systems des Nationalreichtums haben einen starken Einfluß auf die Wachstumstrajektorien des Systems der materiellen Produktion und der Dienstleistungen sowie auf das System der internationalen Wirtschaftsbeziehungen und damit auf das System des gesellschaftlichen Gesamtprodukts und des

Nationaleinkommens; sie sind ein entscheidender Faktor für die Vergrößerung des Volkswohlstandes. Struktur und Umfang des Systems des Nationalreichtums widerspiegeln die Ergebnisse der Tätigkeiten der Nation.

Die Ergebnisse der laufenden Tätigkeit werden den von früheren Generationen erzielten hinzugefügt; in dieser Hinsicht ist das System eine Art Summator für die Wirtschaftsgeschichte. Daraus ergibt sich auch der historische Charakter des Begriffes „Nationalreichtum". Zum System des Nationalreichtums gehören die Teilsysteme:

— der menschlichen Ressourcen,
— der natürlichen Ressourcen,
— der akkumulierten materiellen Güter,
— der schöpferischen Fähigkeiten der Nation.

Zwischen diesen Teilsystemen gibt es sowohl Kopplungen und Rückkopplungen, mittelbar als auch unmittelbar, die sich auf dem Wege über die anderen Systeme im Volkswirtschaftsraum vollziehen.

19.1.1. Das Teilsystem der menschlichen Ressourcen

Das Teilsystem der menschlichen Ressourcen erschließt als wichtigster Bestandteil des Systems des Nationalreichtums die natürlichen Ressourcen und akkumulierten materiellen Güter in den Produktionsprozessen und macht sie nutzbar. Ebenso bestimmt und erweitert dieses Teilsystem die schöpferischen Fähigkeiten der Nation. Das Teilsystem der menschlichen Ressourcen ist stark und vielfältig mit den anderen Systemen und Teilsystemen des Gesamtsystems der Volkswirtschaft verbunden, mit dem System der Arbeitsproduktivität, dem System der Bevölkerung und der Arbeitskräfte, dem System Wissenschaft und Technik, dem System des gesellschaftlichen Gesamtprodukts und des Nationaleinkommens, dem System des Volkswohlstandes. Unter den gegenwärtigen Bedingungen wird die Bedeutung des Systems der menschlichen Ressourcen in der Dynamik des Gesamtsystems der Volkswirtschaft noch dadurch erhöht, daß die organische Eingliederung der Forschungs- und Bildungstätigkeit in die Produktion vorangetrieben wird, daß das wissenschaftliche Können auf die Lösung großer Probleme gerichtet wird, auf den Aufbau einer vielseitig entwickelten sozialistischen Gesellschaft.

19.1.2. Das Teilsystem der natürlichen Ressourcen

Das Teilsystem der natürlichen Ressourcen umfaßt zahlreiche Bestandteile: Primärbrennstoffe, Mineralien, Bodenbestand, Wein- und Obstanpflanzungen, Waldbestand, Viehbestand, Wild- und Fischbestand, Wasservorräte, u. a. Eine besondere Stellung im untersuchten Teilsystem nimmt der Boden ein, der ein unerläßliches Element für die in der Volkswirtschaft ablaufenden Prozesse sowie für die Landwirtschaft der Arbeitsgegenstand ist. Vom Teilsystem der natürlichen Ressourcen gehen Ströme in das System der materiellen Produktion und der Dienstleistungen, insbesondere in die Industrie und die Landwirtschaft sowie in das System der wissenschaftlichen Forschung und technologischen Entwicklung. Das Teilsystem der natürlichen Ressourcen hat auf Grund der vorhandenen Bodenschätze einen Einfluß auf die industrielle Entwicklung sowie bestimmte außenwirtschaftliche Beziehungen.

Die ausgeprägte Modernisierung des industriellen Gefüges steht in einem engen Zusammenhang zur effektiven Nutzung der Bestandteile des Teilsystems der natürlichen Ressourcen. Andererseits schafft die Industrie Voraussetzungen für eine rationelle Bewirtschaftung und eine Erweiterung der Bestandteile des Teilsystems der natürlichen Ressourcen, zum Beispiel durch Tiefbohranlagen, Anlagen zur Nutzung des Meeresbodens u. a.

Die Charakterisierung des Zustandes der natürlichen Ressourcen wirft eine Reihe verwickelter Probleme auf. Um die natürlichen Ressourcen genau quantifizieren zu können, müßten sie sowohl mengen- als auch wertmäßig gemessen werden. In Anbetracht dessen wäre es logisch, einen Zustandsvektor einzuführen. Die Komponenten dieses Vektors müssen zu jedem Zeitpunkt die vorhandenen Mengen der wichtigsten natürlichen Ressourcen wiedergeben. Bei der Charakterisierung des Bodens ergeben sich mehrere vielschichtige Probleme, so die richtige Widerspiegelung der Ertragsfähigkeit in Abhängigkeit von Düngung und Bewässerung, umfassenden Meliorationsarbeiten, der Mechanisierung u. a.

19.1.3. Das Teilsystem der akkumulierten materiellen Güter

Im Teilsystem der akkumulierten materiellen Güter lassen sich unterscheiden: Grundmittel für Produktion und Dienstleistungen, Wohnraumbestand und kommunalwirtschaftliche Anlagen, Grundmittel für Wissenschaft, technologische Entwicklung, Bildungswesen, Kultur, Gesundheitswesen und Fremdenverkehr, Material- und Devisenbestände, Haushaltsinventar der Bevölkerung, nationales Kultur- und Wissenschaftserbe.

Dieses Teilsystem spielt eine entscheidende Rolle im System des Nationalreichtums, weil es dessen dynamischster Bestandteil und zugleich eine lebenswichtige Stütze für die Arbeitsweise des Systems der materiellen Produktion und der Dienstleistungen, des Systems Wissenschaft und Technik u. a. ist. Auf Grund seiner Bestandteile, wie Wohnraumbestand, kommunalwirtschaftliche Anlagen, Einrichtungen des Bildungswesens, des Gesundheitswesens u. a. ist es besonders wichtig für die ordnungsgemäße Arbeitsweise des Systems des Volkswohlstandes und für die Verbesserung der Lebensqualität.

Die Eingabeströme in das Teilsystem, vergegenständlicht in materiellen Gütern, kommen aus dem System der materiellen Produktion und der Dienstleistungen sowie aus dem System der internationalen Wirtschaftsbeziehungen. Ihre Stärke wird entscheidend bestimmt von der Art und Weise, wie das Nationaleinkommen bezüglich der Konsumtion und Akkumulation verteilt wird. Dieses Teilsystem vereinigt die materiellen Ergebnisse aller Tätigkeiten, die im Volkswirtschaftsraum stattfinden. Hieraus ergibt sich, daß zwischen diesem Teilsystem und allen anderen Systemen und Teilsystemen des Gesamtsystems der Volkswirtschaft starke und vielfältige Verbindungen bestehen.

Kennzeichnend für das Teilsystem der akkumulierten materiellen Güter ist es, daß sich auch zwischen seinen Bestandteilen vielfältige Verbindungen herausbilden, erzeugt von den Proportionen, die zwischen diesen bestehen müssen. Praktisch haben alle Wechselbeziehungen, die beim optimalen, ausgewogenen und proportionalen Wachstum des Systems der materiellen Produktion zwischen diesem und den übrigen Systemen einzuhalten sind, die Grundmittel zur Hauptstütze.

Um das Wachstum der Grundmittel verfolgen zu können, bezeichnen wir mit $\boldsymbol{K}_t$ den Zustandsvektor, der dieses wichtige Element des Teilsystems der akkumulierten materiellen Güter kennzeichnet. Die Komponenten des Vektors $\boldsymbol{K}_t$ geben Umfang und Zusammensetzung der Grundmittel für die Industrie, die Landwirtschaft, das Bauwesen, das Verkehrswesen, den Handel und sonstige produzierende Zweige sowie für die wissenschaftliche Forschung, das Bildungs- und Gesundheitswesen sowie andere Bestandteile der Volkswirtschaft wieder.

Um die Wachstumsgleichung dieses Bestandteils des Nationalreichtums abzuleiten, gehen wir davon aus, daß der Umfang der Grundmittel im Jahre $t + 1$ gleich dem des Jahres t ist, jedoch unter Hinzufügung neuer Grundmittel und unter Abzug der ausgesonderten Grundmittel. Unter Berücksichtigung der unterschiedlichen Laufzeit von Investitionsmaßnahmen in den einzelnen Wirtschaftszweigen werden Verzögerungskoeffizienten $\Lambda_{t-\tau,t}$ eingeführt. Diese geben den Anteil der im Jahre $t - \tau$ getätigten Investitionen an, die im laufenden Jahre t in Betrieb gesetzt werden (vgl. Abb. 19.1.).

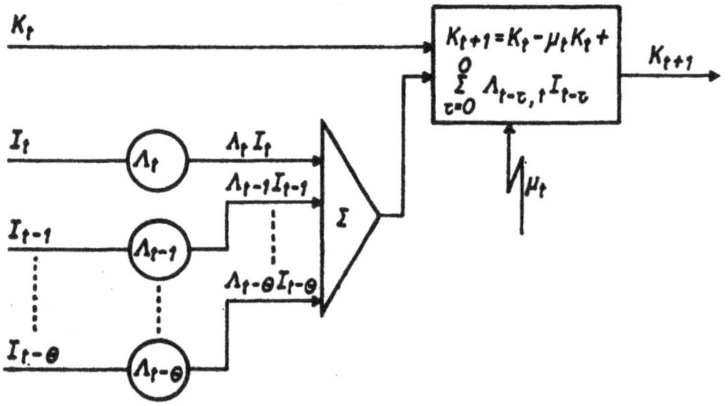

Abb. 19.1. Modell zum Wachstum der Grundmittel

In Vektorschreibweise lautet die Gleichung für das Grundmittelwachstum folgendermaßen:

$$\boldsymbol{K}_{t+1} = \boldsymbol{K}_t - \mu_t \boldsymbol{K}_t + \sum_{\tau=0}^{\theta} \Lambda_{t-\tau,t} \boldsymbol{I}_{t-\tau}.$$

Darin bezeichnen wir mit

$\boldsymbol{I}_{t-\tau}$ — Vektor der Investitionen nach Zweigen im Jahre $t - \tau$,
μ_t — Diagonalmatrix der Aussonderungsquote nach Zweigen,
$\Lambda_{t-\tau,t}$ — Diagonalmatrix der Verzögerungskoeffizienten nach Zweigen.

Um den zweiten wichtigen Bestandteil des Teilsystems der akkumulierten materiellen Güter, d. h. die Rohstoff- und Materialbestände sowie den Umfang der unvollendeten Investitionen zu quantifizieren, bezeichnen wir mit J_t die entsprechende Zustandsveränderliche. Die Entwicklungsgleichung dieser Veränderlichen lautet folgendermaßen:

$$\boldsymbol{I}_{t+1} = \boldsymbol{I}_t + \varrho_t f_t(L_t, K_t) + \sum_{\tau=0}^{\theta} \Lambda_{t+1,t+\theta} \cdot \boldsymbol{I}_{t+1-\theta+\tau}.$$

Die obige Gleichung zeigt, daß die Größe der untersuchten Zustandsveränderlichen im Jahre $t + 1$ gleich dem Umfang der Bestände und Reserven im Jahre t, vermehrt um die im Jahre $t + 1$ unvollendeten Investitionen, ist.

19.1.4. Das Teilsystem der schöpferischen Fähigkeiten der Nation

Der vierte Bestandteil des Systems des Nationalreichtums, die schöpferischen Fähigkeiten der Nation, ist besonders wichtig für die Sicherung des planmäßigen Wirtschaftswachstums. Er beinhaltet das Bildungswesen, Wissenschaft und Technik, Kultur und Zivilisation, das Gesundheitswesen sowie das Informationswesen.

Das Teilsystem wirkt positiv stimulierend auf die Effektivität und die Entwicklung aller Systeme und Teilsysteme des Volkswirtschaftsraumes. So beeinflussen Bildung, Wissenschaft und Technik sowie Information unmittelbar die Tätigkeiten des Systems der materiellen Produktion und der Dienstleistungen, des Systems Wissenschaft und Technik, des Leitungssystems u. a. Die Tätigkeiten im System Wissenschaft und Technik und im System des Volkswohlstandes tragen ihrerseits wieder unmittelbar zur Erweiterung von Wissenschaft, Technologie, Bildung usw. bei.

Eine starke Überlagerung besteht zwischen Gesundheitswesen, Bildung und Zivilisation, die einen wesentlichen Beitrag zum Wachstum des Volkswohlstandes leisten. Gleichzeitig finden die im System des Volkswohlstandes ablaufenden Tätigkeiten ihren Niederschlag in einer Zunahme von Kultur und Bildung und in einer Stärkung des Gesundheitswesens.

Eine besondere Bedeutung bei der Analyse des komplexen Prozesses des Wachstums des Gesamtnationalreichtums hat die Rückkopplung, die zwischen dem System des Nationalreichtums, dem System der materiellen Produktion und der Dienstleistungen und dem System des gesellschaftlichen Gesamtprodukts und des Nationaleinkommens besteht. Diese Kopplung wird erzeugt durch Grundmittel-, Rohstoff- und Materialströme, die vom System des Nationalreichtums ausgehen und auf das System der materiellen Produktion gerichtet sind. Das System des Nationalreichtums wiederum erhält vom System der materiellen Produktion und der Dienstleistungen über den Verteilungsmechanismus des Nationaleinkommens Leistungen, die eine Erweiterung des Nationalreichtums mit sich bringen.

Die beschriebene Rückkopplung macht sichtbar, daß das System der materiellen Produktion und der Dienstleistungen der Motor und Mittel für das Wachstum des Nationalreichtums und des Volkswohlstandes ist.

19.2. Ökonomisch-mathematische Modelle zum Nationalreichtum

Die Bedeutung des Nationalreichtums für ein optimales, ausgewogenes und proportionales Wirtschaftswachstum liegt darin, daß der Nationalreichtum auf Grund seiner Bestandteile das entscheidende Element ist, das den Fortgang aller im Volkswirtschaftsraum stattfindenden Tätigkeiten gewährleistet und sein Wachstum deren Effektivität und Rentabilität zum Ausdruck bringt.

Ziel der ökonomisch-mathematischen Modellierung ist in diesem Zusammenhang eine möglichst genaue Quantifizierung des Umfangs und Wachstums des Nationalreichtums.

Das Wachstum des Nationalreichtums charakterisiert die Wirtschaftskraft der Nation, die Dynamik beim Wachstum des Gesamtsystems der Volkswirtschaft und die Effektivität und Rentabilität, mit der die Hauptbestandteile des Nationalreichtums genutzt werden, das heißt, die menschlichen Ressourcen und schöpferischen Fähigkeiten der Nation, die natürlichen Ressourcen in Form von Boden und von Bodenschätzen sowie die akkumulierten Güter in Form von Grundmitteln, Materialbeständen usw.

Um die komplexe Erscheinung des Wachstums des Nationalreichtums zu beschreiben, müssen wir vom Begriff der dynamischen Quantifizierung ausgehen. Diese gilt sowohl für die Grundmittel als auch für die übrigen Bestandteile des Nationalreichtums. Bei der Beschreibung des Wachstums der Grundmittel werden Koeffizienten verwendet, die die Wirkung des wissenschaftlich-technischen Fortschritts quantifizieren. Diese verdeutlichen die höhere Effektivität neuer Grundmittel.

Ein weiterer Gesichtspunkt im Zusammenhang mit der dynamischen Quantifizierung betrifft die Unterteilung der Grundmittel in Maschinen und Anlagen als aktivster Bestandteil des Produktionsprozesses und in Gebäude und sonstige bauliche Anlagen. Beim Entwerfen der Trajektorien für ein planmäßiges Wirtschaftswachstum ist die Sicherung eines optimalen Verhältnisses zwischen diesen beiden Grundmittelgruppen wichtig. Falls die in Gebäuden und baulichen Anlagen vergegenständlichten Grundmittel einen bestimmten Anteil an den Gesamtgrundmitteln überschreiten, vermehren sie zwar deren absolute Masse, leisten jedoch keinen aktiven Beitrag zum Produktionsprozeß. Ein weiteres wichtiges Problem im Zusammenhang mit der dynamischen Quantifizierung der Grundmittel betrifft die Grundmittelausstattung der einzelnen Zweige.

Bei der Beschreibung des Wachstums des Nationalreichtums beginnen wir mit den Grundmitteln. Mit $K_t^{i,j}$ bezeichnen wir die Grundmittel des Zweiges oder Bereiches i, der Art j (Maschinen und Anlagen, falls $j = 1$ ist und Gebäude, bauliche Anlagen, falls $j = 2$ ist) im Jahre t. Im Volkswirtschaftsraum betrachten wir:

— Industrie	$K_t^{1,1}$, $K_t^{1,2}$,
— Landwirtschaft	$K_t^{2,1}$, $K_t^{2,2}$,
— Bauwesen	$K_t^{3,1}$, $K_t^{3,2}$,
— Verkehrs- und Transportwesen	$K_t^{4,1}$, $K_t^{4,2}$,
— Handel	$K_t^{5,1}$, $K_t^{5,2}$,
— sonstige Zweige des Systems der materiellen Produktion und der Dienstleistungen	$K_t^{6,1}$, $K_t^{6,2}$,
— Wissenschaft und technologische Entwicklung	$K_t^{7,1}$, $K_t^{7,2}$,
— Bildungswesen	$K_t^{8,1}$, $K_t^{8,2}$,
— Gesundheitswesen	$K_t^{9,1}$, $K_t^{9,2}$,
— Kultur und Kunst	$K_t^{10,1}$, $K_t^{10,2}$.

Für jeden Zweig ist entsprechend seiner Spezifik ein optimales Verhältnis zwischen den beiden Grundmittelarten festzulegen. Für den Umfang der Grundmittel ergibt sich:

— Maschinen und Anlagen des Systems der materiellen Produktion und der Dienstleistungen

$$K_t^{p,1} = \sum_{i=1}^{6} K_t^{i,1},$$

— Gebäude und bauliche Anlagen des Systems der materiellen Produktion und der Dienstleistungen

$$K_t^{p,2} = \sum_{i=1}^{6} K_t^{i,2},$$

— Maschinen und Anlagen des Systems des Volkswohlstandes

$$K_t^{b,1} = \sum_{i=8}^{10} K_t^{i,1},$$

— Gebäude und bauliche Anlagen des Systems des Volkswohlstandes

$$K_t^{b,2} = \sum_{i=8}^{10} K_t^{i,1},$$

— Gesamtumfang der Grundmittel der Wirtschaft

$$\bar{K}_t = \sum_{i=1}^{10} \sum_{j=1}^{2} K_t^{i,j}.$$

Die Wachstumsgleichungen nach Zweigen und Grundmittelarten lauten

$$K_{t+1}^{i,j} = (1 - \mu_t^{i,j})\, K_t^{i,j} + \alpha_t^{i,j} W_t^{i,j} \quad \text{mit} \quad i = 1, \ldots, 10; \; j = 1, 2.$$

Wir bezeichnen mit $\mu_t^{i,j}$ die Aussonderungsquote, mit $\alpha_t^{i,j}$ die Koeffizienten des wissenschaftlich-technischen Fortschritts und mit $W_t^{i,j}$ den Umfang neuer, im Jahre t inbetriebgenommenen Grundmittel im Zweig i von der Art j. Im allgemeinen sind in jedem Zweig sowohl die Koeffizienten des wissenschaftlich-technischen Fortschritts als auch die Aussonderungsquote für Maschinen und Anlagen größer als für Gebäude und bauliche Anlagen. Für die Industrie gilt

$$\mu_t^{1,1} > \mu_t^{1,2} \quad \text{und} \quad \mu_t^{1,1} > \mu_t^{1,2}.$$

Was die Neuinbetriebnahme von Grundmitteln betrifft, so hängt deren Umfang sowohl von den im laufenden Jahre als auch von den in früheren Jahren getätigten Investitionen ab. Sie läßt sich beschreiben durch

$$W_t^{i,1} = \sum_{\tau=0}^{\theta_t^1} \lambda_{t-\tau}^{i,1} \cdot I_{t-\tau}^{i,1} \quad \text{bzw.}$$

$$W_t^{i,2} = \sum_{\tau=0}^{\theta_t^2} \lambda_{t-\tau}^{i,2} \cdot I_{t-\tau}^{i,2}.$$

Mit $I_{t-\tau}^{i,1}$ und $I_{t-\tau}^{i,2}$ bezeichnen wir den in Grundmitteln angelegten Investitionsumfang im Jahre $t - \tau$ und mit $\lambda_{t-\tau}^{i,1}$ und $\lambda_{t-\tau}^{i,2}$ die betreffenden Vergrößerungskoeffizienten. Die für jeden Tätigkeitsbereich bestimmten Investitionen machen dabei einen Teil $\beta_t^{i,j}$ am Gesamtumfang des Nationalfonds F_t aus

$$I_t^{i,j} = \beta_t^{i,j} F_t, \quad i = 1, \ldots, 10 \quad \text{und} \quad j = 1, 2.$$

Um die Gleichung für den Nationalfonds der wirtschaftlichen und gesellschaftlichen Entwicklung abzuleiten, gehen wir vom Umfang des Nationaleinkommens im Jahre t aus:

$$V_t = f_t(K_t, L_t).$$

Oben bezeichnen wir mit L_t den Teil der Arbeitskräfte, der die Arbeitskräfteverteilung auf die einzelnen Tätigkeitsbereiche im Jahre t ausdrückt. Damit kann der Nationalfonds folgendermaßen geschrieben werden

$$F_t = u_t[f_t(K_t, L_t) + M_t - E_t] + \sum_i \sum_j a_t^{i,j} K_t^{i,j}.$$

Darin bezeichnen wir mit

u_t den für den Nationalfonds bestimmten Anteil des Nationaleinkommens,
M_t den Umfang des Imports im Jahre t,
E_t den Umfang des Exports im Jahre t,
$a_t^{i,j}$ die Abschreibungskoeffizienten der Grundmittel.

Unter Verwendung der abgeleiteten Formeln lassen sich die Wachstumsgleichungen der Grundmittel aufstellen

$$K_{t+1}^{i,j} = (1 - \mu_t^{i,j}) \cdot K_t^{i,j}$$
$$+ \alpha_t^{i,j} \sum_{\tau=0}^{\theta_t^{j}} \lambda_{t-\tau,t}^{i,j} \cdot \beta_{t-\tau}^{i,j} \left\{u_{t-\tau}[f_{t-\tau}(K_{t-\tau}; L_{t-\tau}) + M_{t-\tau} - E_{t-\tau}] + \sum_i \sum_j a_{t-\tau}^{i,j} \cdot K_{t-\tau}^{i,j}\right\}.$$

Für das Wachstum der Grundmittel insgesamt ergibt sich

$$\bar{K}_{t+1} = \sum_{i=1}^{10} \sum_{j=1}^{2} \Bigg[(1 - \mu_t^{i,j}) K_t^{i,j} + \alpha_t^{i,j} \sum_{\tau=0}^{\theta_t^{j}} \lambda_{t-\tau,t}^{i,j} \cdot \beta_{t-\tau}^{i,j} \Big\{u_{t-\tau}[f_{t-\tau}(K_{t-\tau}; L_{t-\tau}) + M_{t-\tau} - E_{t-\tau}]$$
$$+ \sum_i \sum_j a_{t-\tau}^{i,j} \cdot K_{t-\tau}^{i,j}\Big\}\Bigg].$$

Die Entwicklung des Rohstoff- und Materialbestandes, der Reserven und der nicht fertiggestellten Investitionen wird durch die folgende Entwicklungsgleichung verdeutlicht

$$I_{t+1} = I_t + \varrho_t f_t(K_t; L_t) + \sum_{k=0}^{\theta} \sum_{i=1}^{10} \sum_{j=1}^{2} \lambda_{t+1-\theta+k,t+k}^{i,j} \cdot \beta_{t+1-\theta+k}^{i,j}$$
$$\times \Big\{u_{t+1-\theta+k}[f_{t+1-\theta+k}(K_{t+1-\theta+k}; L_{t+1-\theta+k})$$
$$+ M_{t+1-\theta+k} - E_{t+1-\theta+k}] + \sum_i \sum_j a_{t+1-\theta-k}^{i,j} \cdot K_{t+1-\theta+k}^{i,j}\Big\}.$$

Der Umfang des hauswirtschaftlichen Inventars der Bevölkerung als dritter Bestandteil des Teilsystems der akkumulierten materiellen Güter wird im Jahre t mit C_t bezeichnet. Die Zunahme des hauswirtschaftlichen Inventars der Bevölkerung läßt sich beschreiben durch:

$$C_{t+1} = C_t - \bar{\mu}_t C_t + N_t P_t(V_t^*, \ldots, V_{t-\theta}^*).$$

Wir bezeichnen mit $\bar{\mu}_t$ den Koeffizienten der Außerdienststellung hauswirtschaftlicher Gegenstände, mit V_t^* die Durchschnittseinkünfte je Familie im Jahre t, mit P_t die funktionelle Abhängigkeit zwischen dem Umfang der im Jahre t von der Bevölkerung erworbenen Waren und den Durchschnittseinkünften je Familie in den letzten Jahren und mit N_t die Anzahl der Familien im Jahre t.

V_t^* in der Gleichung wird vom System des Gesamtprodukts und des Nationaleinkommens bestimmt. N_t gewinnt man anhand demographischer Prognosen, die im System der Bevölkerung und der Arbeitskräfte ausgearbeitet werden. Und die mathematischen Funktionen P_t werden anhand statistisch-mathematischer und ökonometrischer Verfahren geschätzt.

Es muß darauf hingewiesen werden, daß sich auch für die natürlichen Ressourcen die Anwendung der dynamischen Quantifizierung erforderlich macht. Das gilt um so mehr, als sich gegenwärtig im Weltmaßstab eine starke Rohstoffverknappung bemerkbar macht. Um den Beitrag des Bodens zum Wachstum des Nationalreichtums sichtbar zu machen, gehen wir von den nachstehenden Entwicklungsgleichungen für verschiedene Bodenkategorien aus

$$A_{t+1}^1 = A_t^1 - \sum_{j>1} S_t^{1,j}(M_t) \cdot A_t^1 + D_t^{2,1} \cdot A_t^2,$$

$$A_{t+1}^i = A_t^i + \sum_{j<i} S_t^{j,i}(M_t) \cdot A_t^j - \sum_{j>i} S_t^{i,j}(M_t) \cdot A_t^i + D_t^{i+1,i} \cdot A_t^{i+1} - D_t^{i,i-1} \cdot A_t^i \quad \text{und}$$

$$A_{t+1}^r = A_t^r + \sum_{j<r} S_t^{j,r}(M_t) \cdot A_t^j - D_t^{r,r-1} \cdot A_t^r; \quad i = 2, 3, \ldots, r-1.$$

Mit A_t^i bezeichnen wir die im Jahre t vorhandene Fläche des Bodentyps „i“ in ha, mit $S_t^{i,j}(M_t)$ die Funktion des Übergangs einer Fläche von der Fruchtbarkeitskategorie j in eine höhere Fruchtbarkeitskategorie i $(j < i)$ infolge von Bodenmeliorationsarbeiten. Diese Funktion ist abhängig von verschiedenartigen Bodenmeliorationsarbeiten, die durch den Vektor M_t quantifiziert werden. Mit $D_t^{i+1,i}$ bzw. $D_t^{i,i-1}$ bezeichnen wir die Koeffizienten des Übergangs eines Teils der Flächen in die Kategorie $i+1$ bzw. die Kategorie i.

Wenn wir mit p_t^i den Wert eines Hektars der Bodenkategorie i bezeichnen, so leistet der gesamte Bodenbestand A_t folgenden Beitrag zum Nationalreichtum:

$$\bar{A}_t = \sum_{i=1}^{r} p_t^i A_t^i.$$

Die Wachstumsgleichung des Bodenwertes (beeinflußbar durch Düngung und Melioration) lautet folgendermaßen

$$\begin{aligned}\bar{A}_{t+1}^i = {} & p_{t+1}^1 \cdot \Big[A_t^1 - \sum_{j>1} S_t^{1,j}(M_t) \cdot A_t^1 + D_t^{2,1} \cdot A_t^2\Big] \\ & + \sum_{i=2}^{r} p_{t+1}^i \Big[A_t^i + \sum_{j<i} S_t^{j,i}(M_t) \cdot A_t^j - \sum_{j>i} S_t^{i,j}(M_t) \cdot A_t^j \\ & + D_t^{i+1,i} \cdot A_t^{i+1} - D_t^{i,i-1} \cdot A_t^i\Big] + p_{t+1}^r \Big[A_t^r + \sum_{j<r} S_t^{j,r}(M_t) \cdot A_t^j - D_t^{r,r-1} \cdot A_t^r\Big].\end{aligned}$$

Wenn wir mit $\boldsymbol{R}_t$ den Vektor der Reserven an Mineralien und Primärbrennstoffen bezeichnen, so wird deren Entwicklung durch die folgende Vektorgleichung sichtbar gemacht:

$$\boldsymbol{R}_{t+1} = \boldsymbol{R}_t - \xi_t[f_t(K_t, L_t) + \eta_t(B_{t-1}, \ldots, B_{t-\theta}, \gamma_t)].$$

Wir bezeichnen mit

- ξ_t Verbrauchsfunktion von Mineralien im System der materiellen Produktion und Primärbrennstoffen,
- η_t Funktion zur Neuerschließung von Vorkommen,
- B_t Umfang der Tätigkeiten bei der geologischen Erkundung,
- γ_t Stand der Tätigkeiten im System der wissenschaftlichen Forschung und technologischen Entwicklung.

Diese Gleichung sagt aus, daß die im Jahre $t + 1$ vorhandene Menge an Mineralien und Brennstoffen gleich der des vorangegangenen Jahres ist, von der der Verbrauch abgesetzt und der Umfang durch Neuerschließungen hinzugesetzt wird. Dieser letztgenannte Umfang ist abhängig vom Umfang der Erschließungstätigkeiten der letzten Jahre sowie vom Stand der Erkenntnisse im System der wissenschaftlichen Forschung und technologischen Entwicklung.

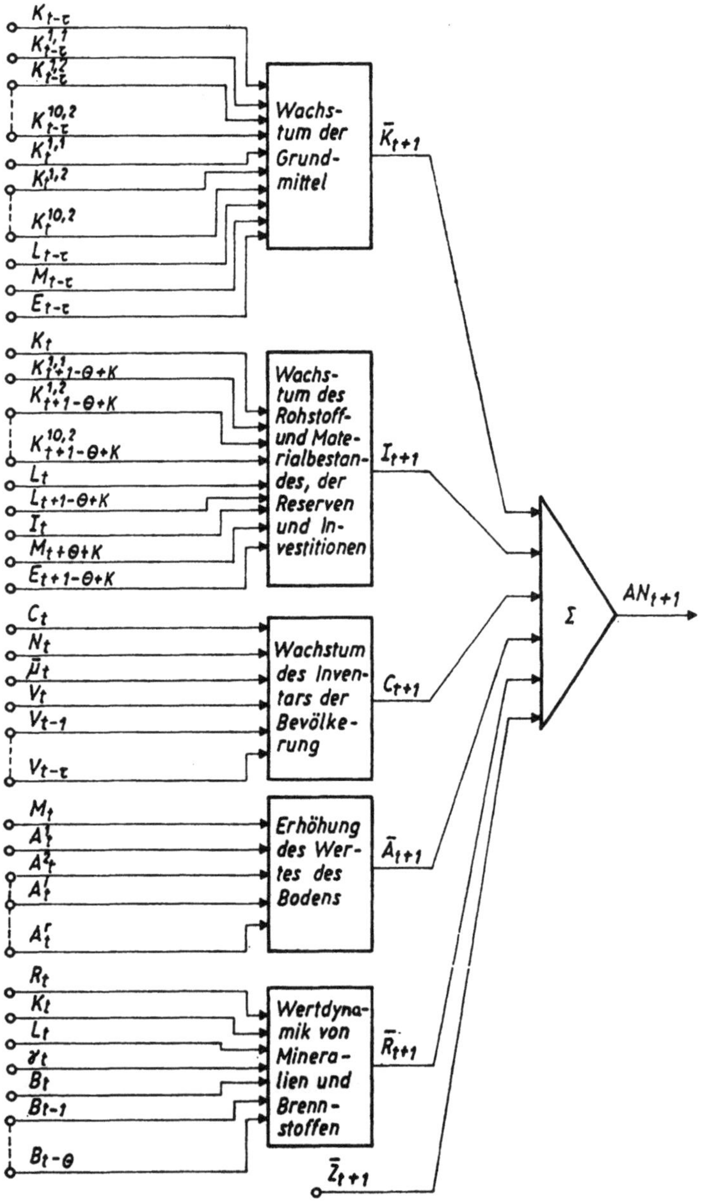

Abb. 19.2. Wachstum des Nationalreichtums

Wenn wir mit $\boldsymbol{p}_t{}^r$ den Preisvektor der Mineralien und Primärbrennstoffe bezeichnen, so wird der Gesamtwert von dem nachstehenden Skalarprodukt bestimmt

$$\bar{\boldsymbol{R}}_t = \boldsymbol{p}_t{}^r \boldsymbol{R}_t .$$

Die Gleichung der Wertdynamik von Mineralien und Primärbrennstoffen lautet dementsprechend

$$\bar{R}_{t+1} = p^r_{t+1}\left[R_t - \xi\big(f_t, (K_t, L_t)\big) + \eta_t(B_t, B_{t-1}, \ldots, B_{t-\theta}, \gamma_t)\right].$$

Die obige Analyse gestattet die nachstehende Darstellung des Gesamtnationalreichtums

$$AN_t = \bar{K}_t + I_t + C_t + \bar{A}_t + \bar{R}_t + \bar{Z}_t .$$

Es wurden folgende Kurzbezeichnungen verwendet:

AN_t Gesamtnationalreichtum im Jahre t,
$\bar{K}_t$ Gesamtwert der im Jahre t in der Wirtschaft vorhandenen Grundmittel,
I_t Wert der Rohstoff- und Materialbestände und der Reserven sowie unvollendeten Investitionen im Jahre t,
C_t Wert des im Jahre t vorhandenen Hauswirtschaftsinventars der Bevölkerung,
$\bar{A}_t$ Wert des Bodenbestandes,
$\bar{R}_t$ Wert der Mineral- und Primärbrennstoffreserven,
$\bar{Z}_t$ Wert, den die übrigen Bestandteile des Systems zum Nationalvermögen beitragen.

Unter Berücksichtigung der Bestandteile des Systems des Nationalreichtums und ihrer Wachstumsgleichungen kann das Wachstum des Gesamtnationalreichtums beschrieben werden durch die Wachstumsgleichung des Nationalreichtums (vgl. Abb. 19.2).

$$\begin{aligned}
AN_{t+1} = {} & \sum_{i=1}^{10} \sum_{j=1}^{2} \Bigg[(1 - \mu_t{}^{i,j})\, K_t{}^{i,j} + \alpha_t{}^{i,j} \sum_{\tau=0}^{\theta_t{}^j} \lambda^{i,j}_{t-\tau,t} && \text{Grundfonds} \\
& \times \beta^{i,j}_{t-\tau} \Big\{u_{t-\tau}[f_{t-\tau}(K_{t-\tau}; L_{t-\tau}) + M_{t-\tau} - E_{t-\tau}] + \sum_i \sum_j a^{i,j}_{t-\tau} K^{i,j}_{t-\tau}\Big\}\Bigg] + I_t \\
& + \varrho_t f_t(K_t, L_t) + \sum_{k=0}^{\theta} \sum_{i=1}^{10} \sum_{j=1}^{2} \lambda^{i,j}_{t+1-\theta-k,t+k} && \text{Bestände} \\
& \times \beta^{i,j}_{t+1-\theta+k} \cdot \Big\{u_{t+1-\theta+k}[f_{t+1-\theta+k}(K_{t+1-\theta+k}; L_{t+1-\theta+k}) \\
& + M_{t+1-\theta+k} - E_{t+1-\theta+k}] + \sum_i \sum_j a^{i,j}_{t+1-\theta+k} \cdot K^{i,j}_{t+1-\theta+k}\Big\} \\
& + (1 - \bar{\mu}_t)\, C_t + N_t \cdot P_t(V_t; V_{t-1}; \ldots; V_{t-\bar{\theta}}) && \text{Hauswirtschaft} \\
& + p^1_{t+1}\Big[A_t{}^1 - \sum_{j>1} S_t{}^{1,j}(M_t)\, A_t{}^1 + D_t{}^{2,1} \cdot A_t{}^2\Big] && \text{Boden} \\
& + \sum_{i=2} p^i_{t+1}\Big[A_t{}^i + \sum_{j<i} S_t{}^{j,i}(M_t) \cdot A_t{}^j \\
& - \sum_{j>i} S_t{}^{i,j}(M_t) \cdot A_t{}^i + D_t{}^{i+1,i} \cdot A_t{}^{i+1} - D_t{}^{i,i-1} \cdot A_t{}^i\Big] \\
& + p^r_{t+1}\Big[A_t{}^r + \sum_{j<r} S_t{}^{j,r}(M_t) \cdot A_t{}^j - D_t{}^{r,r-1} \cdot A_t{}^r\Big] \\
& + p^r_{t+1}\big[R_t - \xi_t\big(f_t(K_t; L_t)\big) && \text{Rohstoffe} \\
& + \eta_t(B_t; B_{t-1}; \ldots; B_{t-\theta}; \gamma_t)\big] + \bar{Z}_{t+1}
\end{aligned}$$

Die Wachstumsgleichung des Nationalreichtums — eine stark zusammengefaßte Darstellung — drückt besonders wichtige Gesichtspunkte der allgemeinen Entwicklung des Gesamtsystems der Volkswirtschaft auf dem Weg zu Fortschritt und Wohlstand aus. Gleichzeitig verdeutlicht sie das Wachstumsvermögen der Volkswirtschaft sowie aller in den Systemen und Teilsystemen sich vollziehenden Tätigkeiten.

20. Das System des Volkswohlstandes

20.1. Charakteristika des Systems

Unter Berücksichtigung der entscheidenden Rolle, die der ständigen Vergrößerung des Volkswohlstandes in der Gesamtstrategie der wirtschaftlichen und gesellschaftlichen Entwicklung des Landes zufällt, wurden das System des Volkswohlstandes und seine zentrale Stellung im Volkswirtschaftsraum untersucht. Das System des Volkswohlstandes umfaßt die Zweckbindung aller Wachstumstrajektorien und vereint deren Einwirkung auf die Anhebung des materiellen und kulturellen Lebensstandards der Bevölkerung. Die Zusammensetzung und die Arbeitsweise des Systems des Volkswohlstandes innerhalb des planmäßigen Wirtschaftswachstums widerspiegeln zahlreiche Kopplungen und Rückkopplungen zu allen Bestandteilen des Volkswirtschaftsraumes. Praktisch sind alle Systeme durch zahlreiche Ströme mit dem System des Volkswohlstandes verbunden.

Die kybernetische Analyse der Mechanismen im System des Volkswohlstandes führen zu zwei eng verbundenen Teilsystemen,

— dem Teilsystem des materiellen Lebensstandards und
— dem Teilsystem des kulturellen Lebensstandards.

Diese beiden Bestandteile des Systems des Volkswohlstandes widerspiegeln untrennbare Gesichtspunkte des Lebensstandards, der Befriedigung der materiellen und kulturellen Bedürfnisse der Bevölkerung.

Innerhalb eines jeden dieser beiden Teilsysteme entstehen zahlreiche Abhängigkeiten, die von der Struktur und der Dynamik der Verbrauchsbedürfnisse der Bevölkerung bestimmt werden. So widerspiegelt sich im Teilsystem des materiellen Lebensstandards die Abhängigkeit zwischen dem Gebrauch von Waren und der Inanspruchnahme von Dienstleistungen, da zum Beispiel bestimmte langlebige Güter (Kraftwagen, Rundfunkgeräte, Fernsehgeräte, Waschmaschinen usw.) auch bestimmte Dienstleistungen u. ä. erfordern.

Bestimmend für das Wachstum des gesamten Systems des Volkswohlstandes und für die Schaffung einer optimalen Struktur sind die volkswirtschaftlichen Entscheidungen zur Verteilung des Nationaleinkommens bezüglich der Konsumtion und Akkumulation, zu den Geldeinnahmen der Bevölkerung und der gesellschaftlichen Konsumtion usw. Vielfältige Beziehungen existieren zwischen dem System des Volkswohlstandes und dem der Finanzen und Preise. Über den Staatshaushalt werden Mittel für die Erhöhung des Volkswohlstandes bereitgestellt, für das Bildungs- und Gesundheitswesen, für kulturelle Einrichtungen u. a. Durch eine gezielte Preispolitik, durch die Herstellung richtiger Beziehungen zwischen den Preisen für verschiedene Erzeugnisse und durch Maßnahmen, die eine Stabilität der Preise gewährleisten, ist das System der Finanzen und Preise an der Erhöhung des Volkswohlstandes beteiligt.

Die vom System des Volkswohlstandes erzeugten Ströme fließen in einer Richtung, zum System der Bevölkerung und der Arbeitskräfte. Auf dem Wege über den Makrostrom „Konsumtionsfonds“, der sowohl unter seiner wertmäßigen als auch unter seiner stofflichen Zusammensetzung zu betrachten ist, wird die Verbindung zwischen dem System des Volkswohlstandes und dem System der materiellen Produktion und der Dienstleistungen sichtbar.

Industrie und Landwirtschaft als Hauptbestandteile des Systems der materiellen Produktion und der Dienstleistungen sind die Grundwirtschaftszweige, die den erforderlichen Stand und die erforderliche Struktur der Konsumtion gewährleisten. Gleichzeitig ist das System der materiellen Produktion und der Dienstleistungen der Hauptlieferant für das Verkehrswesen, das Fernmeldewesen, für die Wartung und die Reparatur des Wohnraumbestandes, für industrielle Dienstleistungen und die Wartung langlebiger Konsumgüter usw.

Die Steuerung des Makrostromes „Konsumtionsfonds“ erfolgt innerhalb des Systems des gesellschaftlichen Gesamtprodukts und des Nationaleinkommens in Verbindung mit dem System des Volkswohlstandes. Es ist zu unterstreichen, daß zwischen dem Nationalreichtum und der Anhebung des Lebensstandards eine enge Beziehung besteht, jede Vergrößerung des Nationalreichtums verstärkt das Potential für die Vergrößerung des Volkswohlstandes. Die Vergrößerung dieses Potentials ist unter einem zweifachen Gesichtspunkt zu sehen: Vergrößerung des akkumulierten Nationalreichtums in Form von Grundmitteln, die mit einer Anhebung des Lebensstandards unmittelbar zusammenhängen (Wohnungen, kommunalwirtschaftliche Anlagen, Grundmittel des Bildungs- und Gesundheitswesens, der Kultur, des Fremdenverkehrs usw.); Vergrößerung des Umfangs an Grundmitteln im System der materiellen Produktion, die eine lebenswichtige Stütze für die Vergrößerung des Nationaleinkommens und damit des Konsumtionsfonds ist.

Es muß auch hervorgehoben werden, daß vom System des Volkswohlstandes mehrere Ströme ausgehen, die Eingangsgrößen in das System des Nationalreichtums sind. So verkörpern langlebige Konsumgüter einen Strom, der den Bestand an akkumulierten Gütern vergrößert. Gleichzeitig beeinflussen die Einrichtungen des Bildungswesens, der Kultur, der Kunst usw. durch ihre Tätigkeiten die schöpferischen Fähigkeiten der Nation, leisten einen Beitrag zur Erhöhung des Nationalreichtums.

Das System des Volkswohlstandes ist Bestandteil der zentralen Rückkopplung zwischen den Bestandteilen des Gesamtsystems der Volkswirtschaft, die das Endziel aller wirtschaftlichen und gesellschaftlichen Tätigkeiten sichtbar macht, die ständige Anhebung des materiellen und kulturellen Lebensstandards der Bevölkerung.

20.2. Ökonomisch-kybernetische Modelle

Der Entwurf optimaler Wachstumstrajektorien des Volkswohlstandes — die im Gesamtsystem der Volkswirtschaft eine zentrale Stellung einnehmen — bedingt die Ausarbeitung eines ganzen Komplexes von Modellen.

20.2.1. Ein kybernetisches Modell zum Bevölkerungsbedarf

Die Untersuchung des Bedarfs ist ein wesentliches Moment beim Entwurf der Wachstumstrajektorien des Gesamtsystems der Volkswirtschaft. Die Konsumtion hat einen entscheidenden Einfluß sowohl auf das System der Bevölkerung und der Arbeitskräfte als auch auf Profil und Struktur des Systems der materiellen Produktion. Der Reproduktionsprozeß kann sich nur dann normal abwickeln, wenn die hergestellten Erzeugnisse den gerechtfertigten Bedürfnissen der Bevölkerung entsprechen. Zwischen den beiden Hauptphasen der Reproduktion — der Produktion und Konsumtion — gibt es eine starke Rückkopplungsbeziehung.

Die Modellierung des Bedarfs wirft eine Reihe äußerst komplexer Probleme auf, da er eine stark aufgefächerte Erscheinung ist, an der eine große Zahl von Verbrauchern beteiligt ist, die sich nach Geschlecht, Alter, Gewohnheiten usw. unterscheiden. Hinzu kommen ebenfalls Elemente, die den Verbrauch im Hinblick auf die Bezugszeitdauer (Nahrungsgüter, langlebige Waren usw.) abstufen.

Im kybernetischen Modell werden alle Konsumgüter und Dienstleistungen nach Bedürfnissen in q Gruppen eingeteilt

$$A_1, A_2, \ldots, A_q.$$

Darin aufgenommen sind Erzeugnisgruppen und Dienstleistungen unterschiedlicher Kategorien, zum Beispiel Nahrungsgüter, Industriewaren, Waren des täglichen Bedarfs, langlebige Konsumgüter, Verkehrs-, Wartungs- und Reparaturleistungen usw.

Die Bevölkerung wird nach verschiedenen Kriterien (Geschlecht, Alter, territorialen Besonderheiten usw.) in s Gruppen unterteilt

$$R_1, R_2, \ldots, R_s.$$

Wir bezeichnen mit

$$X_t^1, X_t^2, \ldots, X_t^q$$

den Umfang der q Erzeugnisgruppen, die vom System der materiellen Produktion und der Dienstleistungen sowie von anderen Systemen des Volkswirtschaftsraumes im Jahre t bereitgestellt werden müssen.

Wenn wir mit $m_t^{i,j}$ den Bedarf einer Person der Gruppe R_j im Jahre t an Waren oder Dienstleistungen der Kategorie A_i bezeichnen, so umfaßt das Modell die folgenden Gleichungen

$$\sum_{j=1}^{s} m_t^{i,j} \cdot L_t^j + X_t^i \quad \text{mit} \quad i = 1, \ldots, q.$$

Darin bezeichnet L_t^j die Anzahl der Personen der Gruppe R_j im Jahre t.

Da die Nachfrage der Bevölkerung nach langlebigen Gütern im Zusammenhang mit dem hauswirtschaftlichen Inventar der Bevölkerung als Bestandteil des Nationalreichtums zu sehen ist, soll sie im Modell berücksichtigt werden. Wenn wir mit $\hat{C}_t$ den Vektor des hauswirtschaftlichen Inventars der Bevölkerung bezeichnen, so lautet seine Wachstumsgleichung

$$\hat{C}_{t+1} = \hat{C}_t - \mu_t \hat{C}_t + \xi_t.$$

Es wurden oben die folgenden Kurzbezeichnungen verwendet:

ξ_t — Vektor der Neuanschaffungen der Bevölkerung im Jahre t, die das hauswirtschaftliche Inventar vergrößern;

μ_t — Koeffizienten der Außerdienststellung hauswirtschaftlicher Gegenstände (Diagonalmatrix).

Um die Faktoren auszuweisen, die die Größe der Komponenten des Vektors ξ_t beeinflussen, wird die Bevölkerung nach verschiedenen Gesichtspunkten unterteilt, nach Größe des Haushalts, Höhe der Einkünfte, städtische oder ländliche Lebensumgebung, verbrauchsbezogene Traditionen usw. Wenn wir mit H die Anzahl der Familiengruppen bezeichnen, so kann der Vektor ξ_t charakterisiert werden als Funktion

$$\xi_t = \xi_t(N_t^h, D_t^h, C_t^h) \quad \text{mit} \quad h = 1, \ldots, H.$$

Es bedeuten:

N_t^h — Anzahl der Familien in der Gruppe h ($h = 1, \ldots, H$),
D_t^h — durchschnittlich verfügbares Einkommen einer Familie der Gruppe h im Jahre t,
$\hat{C}_t^h$ — durchschnittliche Größe des hauswirtschaftlichen Inventars einer Familie der Gruppe h im Jahre t.

Hervorzuheben wäre, daß der Umfang neuerworbener langlebiger Konsumgüter im Zusammenhang mit dem verfügbaren Geld der Familie und nicht nur zu ihren laufenden Einkünften in Beziehung gesehen werden darf, da der Kauf langlebiger Güter sowohl von den laufenden Einkünften als auch von den Geldrücklagen früherer Jahre bestritten wird.

Die Entwicklungsgleichung der verfügbaren Geldeinnahmen einer Familie der Gruppe h lautet folgendermaßen:

$$D_{t+1}^h = D_t^h + \alpha_t^h V_t^h - \gamma_t^h.$$

In der obigen Gleichung wurden die folgenden Kurzbezeichnungen verwendet:

α_t^h durchschnittliche Anzahl der Familienmitglieder mit einem Einkommen,
V_t^h durchschnittliches Jahreseinkommen eines Mitgliedes einer Familie der Gruppe h,
γ_t^h mittlere Jahresausgaben einer Familie der Gruppe h.

Die Wachstumsgleichung des hauswirtschaftlichen Inventars einer Familie der Gruppe h lautet folgendermaßen:

$$\hat{C}_{t+1}^h = \hat{C}_t^h - \mu_t \hat{C}_t^h + P_t^h(D_t^h, \hat{C}_t^h).$$

Hierbei ist P_t^h eine Funktion, die den Zusammenhang von verfügbaren finanziellen Mitteln, vorhandenem Hausrat und Neuanschaffungen angibt.

Die Größen X_t^i und ξ_t sind wichtige Größen für das Modell des Systems der materiellen Produktion und der Dienstleistungen, das die Aufgabe hat, die Güter und Dienstleistungen bereitzustellen, die die Bevölkerung benötigt.

20.2.2. Zum Wachstum des Volkswohlstandes

Die Untersuchung des Bedarfs ist ein erstes Moment bei der Analyse der komplexen Erscheinungen, die mit dem Volkswohlstand zusammenhängen. Tatsächlich werden sie bestimmt vom Stand der Bedürfnisbefriedigung und von einer Reihe anderer Faktoren, die dem vielseitigen Charakter entspricht, den die sozialistische Gesellschaft der Kategorie des Wohlstandes zuordnet; dazu gehören auch gesellschafliche und kulturelle Ausgaben des Staates, Umfang und Güte der Dienstleistungen für die Bevölkerung, Entwicklung des Bildungs- und Gesundheitswesens, des Rundfunk- und Fernsehnetzes, der Presse, des Theaters, der Filmkunst, der Freizeit für die Wiederherstellung der Arbeitskraft, der Erhöhung des wissenschaftlichen und kulturellen Bildungsstandes, dem Urbanisierungsgrad, den Wohnverhältnissen usw.

Um die vielfältigen Koordinaten des Volkswohlstandes zu beschreiben, benutzen wir die folgenden Kurzbezeichnungen:

B_t Kennwert zum Volkswohlstand im Jahre t,
$\boldsymbol{X}_t$ Vektor der von der Bevölkerung im Jahre t erworbenen Güter,
$\hat{\boldsymbol{C}}_t$ Vektor des hauswirtschaftlichen Inventars der Bevölkerung,
V_t^B Umfang der Geldeinnahmen der Bevölkerung,
$\boldsymbol{Q}_t$ Vektor der in nichtproduktiven Bereichen Tätigen,
S_t Umfang der für die Bevölkerung erbrachten Dienstleistungen,
D_t Freizeit.

Unter Verwendung der angewandten Kurzbezeichnungen kann das Wachstum des Volkswohlstandes aufgefaßt werden als eine Funktion

$$B_{t+1} = \varphi_t(B_t, \boldsymbol{X}_t, \hat{\boldsymbol{C}}_t, V_t^B, \boldsymbol{Q}_t, S_t, D_t).$$

Diese Funktion zu analysieren, ist sehr schwierig.

Die Geldeinnahmen V_t^B der Bevölkerung können als Gesamteinkünfte, als Einkünfte je Familie und als Einkünfte je Einwohner betrachtet werden. Jede dieser Kategorien kann dazu verwendet werden, um spezifische Gesichtspunkte der im Volkswirtschaftsraum auftretenden Prozesse und Erscheinungen zu beschreiben. So drücken die Gesamteinkünfte zusammenfassend die Stärke der Finanzströme zwischen dem System des gesellschaftlichen Gesamtprodukts und des Nationaleinkommens und dem Teilsystem des Lebensstandards (das heißt des materiellen Lebensstandards) aus. Werden sie als Einkünfte je Familie oder je Einwohner analysiert, so drücken sie die spezifische Stärke der genannten Ströme aus, mit deren Hilfe sich eine Reihe anderer Gesichtspunkte des Volkswohlstandes beschreiben lassen. Der Vektor $\boldsymbol{Q}_t$ der in nichtproduktiven Bereichen Tätigen liefert Aussagen zum Bildungs- und Gesundheitswesen, zur Kultur und Kunst usw.

Die Analyse dieser Bestandteile des Volkswohlstandes erfolgt mit Hilfe von Kennwerten, die die Ausgaben des Staates dazu beinhalten. Die Analyse der Ausgaben für geistig-kulturelle Leistungen je Familie drückt Gesichtspunkte des allgemeinen Wohlstandes aus und macht Kopplungen und Rückkopplungen zum System der Bevölkerung und der Arbeitskräfte sichtbar.

Der nichtproduzierende Bereich der Volkswirtschaft ist sehr groß und schließt die Tätigkeiten des Bildungswesens, des Gesundheitswesens, der Kultur, der Kommunalwirtschaft u. a. ein. Mit Hilfe von Vektoren und ihren Komponenten können Aussagen zu diesen Tätigkeiten bzw. Kapazitäten erfaßt werden, zum Beispiel: Anzahl der Krankenhäuser und Fachkliniken, Bettenzahl, Wert der medizinischen Anlagen, Anzahl der Ärzte oder Anzahl der Theater und Filmtheater, Anzahl der Besucher, jährliche Zahl der Sendestunden für Ferseh- und Rundfunkprogramme, Auflagenhöhe der Tageszeitungen usw.

Die Quantifizierung der Bestandteile des Lebensstandards, der zwischen ihnen bestehenden Wechselbeziehungen und der zwischen dem System des Volkswohlstandes und den übrigen Systemen des Volkswirtschaftsraumes entstehenden Ströme mit Hilfe ökonomisch-kybernetischer Modelle ist äußerst schwierig, hat aber eine besondere Bedeutung für die noch gründlichere Kenntnis und Steuerung des Wirtschaftsmechanismus und als Element für den Entwurf von Trajektorien für ein optimales, ausgewogenes und proportionales Wirtschaftswachstum.

Literaturverzeichnis

1. Adirim, I. G., Iwanow, I. A. u. Popis, R. I. (Адирим, И. Г./Иванов, И. А./Попис, Р. И.): Системы моделей прогнозирования экономического роста народного хозяйства, изд. Знание, Рига, 1976
2. Allen, R. G. D.: Macro-Economic Theory, London—New York 1967
3. Altăr, M.: Un model de Prognoză a creşterii economice cu variabile discrete avînd funkţia de producţie liniară. Studii şi cercetări de calcul economic şi cibernetică economică, nr. 1, 1975
4. —: Model dinamic deschis al legăturilor dintre ramuri. Studii şi cercetări de calcul economic şi cibernetică economică, nr. 4, 1975
5. —: Optimisation Algorithm and Qualitativ Properties of one-Sctor Growth Modeles With Discrete Variables. Economic Computation and Economic Cybernetics Studies and Research, no. 2, 1975
6. Anziskin, A. I. (Анцискин, А. И.): Прогнозирование роста социалистической экономики, изд. Экономика, Москва, 1973
7. Anders, H.-D., Schwarz, K.: Modelle zur Ermittlung eines optimalen Verhältnisses von Akkumulation und Konsumtion, Akademie-Verlag Berlin 1976
8. Apostol, P.: Cibernetică cunoaştere acţiune. Contribuţia la metodologia „actiune-cunoaştere", Editura politică, Bucureşti, 1969
9. Arsene, S., Danciu, C., Rausser, V.: Conducerea planificată a economiei naţionale, Editura didactică şi pedagogică, Bucureşti, 1973
10. Ashby, W. R.: An Introduction to Cybernetics, London 1956
11. Autorenkollektiv: Capital and Development Planning, The MIT Press Cambridge, Mass., 1969
12. Кибернетика на службу коммунизма, т. 6, изд. Энергия, Москва, 1971
13. Autorenkollektiv: Economie politică. Socialismul, Editura didactică şi pedagogică, Bucureşti, 1976 (editia a III—a)
14. Экономическая кибернетика, ч. I — Основы теории хозяйственных систем, изд. Ленинградского университета, Ленинград, 1974
15. Энциклопедия кибернетики, т. 1 и 2, Киев, 1974 (dt. Übersetzung: Lexikon der Kybernetik Bd. A—E, F—L, M—R, S—Z, Akademie-Verlag Berlin 1980, 1981
16. Autorenkollektiv: Evolution, Welfare and Time in Economics Lexington Books, Toronto, 1976
17. Autorenkollektiv: Introducere în ştiinţa conducerii societăţii socialiste, Editura politică, Bucureşti, 1974
18. Autorenkollektiv: Intensiv erweiterte Reproduktion und Sozialismus, Akademie-Verlag Berlin 1975
19. Autorenkollektiv: Leitung der sozialistischen Produktion (aus dem Russischen: Управление социалистическим производством, изд. Экономика, Москва, 1975) Verlag Die Wirtschaft Berlin 1977
20. Autorenkollektiv: Leitung der sozialistischen Wirtschaft, Verlag Die Wirtschaft Berlin 1979

21. Autorenkollektiv: Lexikon der Wirtschaft — Volkswirtschaftsplanung, Verlag Die Wirtschaft Berlin 1980
22. Autorenkollektiv: Mathematical Systems Theory and Economics (vol. I, II), Springer-Verlag, Berlin, Heidelberg, New York, 1969
23. Autorenkollektiv: Metoda cercetării sistemice, Editura ştiinţifică, Bucureşti, 1974
24. Autorenkollektiv: Probleme ale planificării optimale şi conducerea economiei naţionale, Editura Academiei de ştiinţe din R. P. Bulgaria, Sofia, 1974
25. Проблемы кибернетики, изд. Наука, Москва, 1973
26. Autorenkollektiv: Scientific Papers of T.C. Koopmans, Springer Verlag, Berlin—Heidelberg—New York 1970
27. Autorenkollektiv: Verflechtungsbilanzen — Erfahrungen sozialistischer Länder bei ihrer Anwendung in Planung und Statistik, Verlag Die Wirtschaft Berlin 1966
28. Autorenkollektiv: Volkswirtschaftliche Proportionen, Verlag Die Wirtschaft Berlin 1979
29. Autorenkollektiv: Die Volkswirtschaft der DDR, Verlag Die Wirtschaft Berlin 1979
30. Autorenkollektiv: Volkswirtschaftsplanung — Lehrbuch Verlag Die Wirtschaft Berlin 1978
31. Autorenkollektiv: Wachstum, Effektivität, Intensivierung, Akademie-Verlag Berlin 1974
32. Bagrinowski, K. A. (Багриновский, К. А.): Модели и методы экономической кибернетики, изд. Экономика, Москва, 1973 (Dt. Übersetzung: Bagrinowski, K. A.: Methoden und Modelle der ökonomischen Kybernetik, Verlag Die Wirtschaft, Berlin, 1975)
33. Beer, S. S.: Cybernetics and Management, London 1959 (Deutsche Übersetzung: Kybernetik und Management, Frankfurt: S. Fischer 1963)
34. Bilciu, C., Homescu, R.: Integrarea învăţămîntului cu cercetarea şi producţia pentru pregătirea cadrelor în domeniul ciberneticii şi informacii economice. Studii şi cercetări de calcul economic şi cibernetică economică, nr. 3, 1975
35. Bilciu, C., Rose, J. (Hrsg.): Modern trends in Cybernetics and Systems, Springer Verlag, 1977 (vol. I., II, III)
36. Bîrlea, St : Iniţiere în cibernetică sistemelor industriale, Editura tehnică, Bucureşti, 1975
37. —: Tehnici cibernetice de proiectare şi analiza activităţii unităţilor economice. Revista Economică, nr. 33, 15 august 1975
38. Boldeanu, D., Stroe, R., Zaharia, G.: Aspecte metodologice şi tehnici pentru prognoza dezvoltării producţiei industriale în profil teritorial. Studii şi cercetări de calcul economic şi cibernetică economică, nr. 1, 1975
39. Boldur, G., Ciobanu, G., Băncilă, I.: Cartea analistului de sisteme, Editura ştiinţifică şi enciclopedică, Bucureşti, 1976
40. Boyer, R., Mazier, J., Olive, G.: Un nouveau modèle de prévision macroéconomique: STAR, Economie et Statistique, noiembre, 1974
41. Boyer, R.: La croissance française de l'après-quere et les modèles macroéconomiques, Revue Economique, vol. XXVII, no. 5, septembrie, 1976
42. Brody, A.: Proportions, Prices and Planning, North Holland Publishing, 1970
43. Bulgaru, M.: Populaţie şi dezvoltare economică, Editura politică, Bucureşti, 1974
44. Burmeister, E., Rodney, D. A.: Mathematical Theories of Economic Growth, The McMillan Company, London 1970
45. Carre, J. J., Dubois, P., Malinvaud, E.: La croissance française: un essai d'analyse causale, Seuil, 1972
46. Cass, D.: Duality — A Symmetric Approach from the Economist's Vantage Point, Carnegie — Mellon University, Pittsburgh, Pennsylvania, 1974
47. Ceaucescu, N.: Mesaj adresat celui de-al III-lea Congres de Cibernetică şi Sisteme — Bucureşti, 26 august 1975. România pe drumul construirii societăţii socialiste multilateral dezvoltate, vol. II, Editura politică, Bucureşti, 1975
48. Constantinescu, P.: Sistemul informatic pentru conducere, Academia „Stefan Gheorghiu", Bucureşti, 1976

49. Danciu, C.: Coordinate ale conducerii planificate a activităţii economico-sociale în România, Editura Academiei RSR, Bucureşti, 1976
50. Desmireanu, I., Topală, E.: Model macroeconomic unisectorial pentru dezvoltarea economiei naţionale în perioda 1976—1990. Revista de statistică, nr. 3, 1974
51. Dobell, A. R., Hoy, C.: Optimal Investment Policy: An Example of a Control Problem in Economic Theory. IEEE Trans. Automatic Control, Volume AG-12, 1967
52. Dobrescu, E.: Ritmul creşterii economice, Editura politică, Bucureşti, 1968
53. —: Corelaţia dintre acumulare şi consum, Editura politică, Bucureşti, 1971
54. —: Optimul economiei socialiste, Editura politică, Bucureşti, 1976
55. Dorfman, R., Samuelson, P. A., Solow, R. M.: Linear Programming and Economic Analysis, McGraw Hill Book Company, Inc., New York, Toronto, London 1958
56. Drăgănescu, M.: Sistem şi civilizaţie, Editura politică, Bucureşti, 1976
57. Enache, M.: Modele matematice în sistematizare, Editura tehnică, Bucureşti, 1977
58. Eykhoff, P.: Identificarea sistemelor, Editura tehnică, Bucureşti, 1977
59. Fedorenko, N. P. (Федоренко, Н. П.): Проблемы оптимального функционирования социалистического хозяйства, изд. Наука, Москва, 1972
60. Fedorenko, N. P. (Федоренко, Н. П. под ред.): Математика и кинбернетика в экономике, изд. Экономика, Москва 1971
(Dt. Übersetzung: Mathematik und Kybernetik in der Ökonomie, Verlag Die Wirtschaft Berlin 1973)
61. Gale, D.: On Optimal Development in a Multi-Sector Economy, Review of Economic Studies, XXXIV, January, 1967
62. Georgescu, M., Năstăsel, E.: Analiza problemelor de conducere, Academie „Stefan Gheorghiu", Bucureşti 1977
63. Georgescu-Roegen, N.: Analytical Economics, Cambridge, Mass. Harvard University Press, 1966
64. —: The Entropy Law and the Economic Process, Harvard University Press, Cambridge, Massachusetts, 1971
65. Godunov, S. K., Reabenki, V. S.: Scheme de calcul cu diferenţe finite, Editura tehnică, Bucureşti, 1977
66. Golenko, D. I., Lauenroth, H. G., Schultze, H., Schulze, G.: Kybernetik zur Steuerung ökonomischer Prozesse, Akademie-Verlag, Berlin, 1977
67. Gutstein, A. I. (Гутштейн, А. И.): Кибернетика в экономическом регулировании, изд. Экономика, Москва, 1972
68. Halanay, A., u. a.: Teoria calitativă a sistemelor cu impulsuri, Editura Academiei RSR, Bucureşti, 1968
69. Halanay, A., Altăr, M., Arsene, C., Stroe, R.: Un model liniar pentru planificarea dzsvoltării economice în profil teritorial. Studii şi cercetări de calcul economic şi cibernetică economică, nr. 3, 1975
70. Haret, S.: Mecanica socială, Editura ştiinţifică, Bucureşti, 1969
71. Helmer, Jean-Yves,: La commande optimale en economie, Dunod, Paris, 1972
72. Iancu, A.: Creşterea economică şi resursele naturale, Editura politică, Bucureşti, 1976
73. Inagaki, M.: Optimal Economic Growth, North-Holland Publishing Company, Amsterdam—London, 1970
74. Ionescu, C.: Preocupări privind activitatea de prognoză economico-socială in ţara noastră. Studii şi cercetări de calcul economic şi cibernetică economică, nr. 3, 1976
75. Kalecki, M.: Zarys teorii wrostu gospodarki sozialitycznej, PWN Warschau 1963
76. Kalman, R. E., Falb, P. L., Arbib, M. A.: Teoria sistemelor dinamice, Bucureşti, Editura tehnică, 1975
77. Känel, v., S.: Einführung in die Kybernetik für Ökonomen, Verlag Die Wirtschaft Berlin 1972

78. KANTOROWITSCH, L. W. (КАНТОРОВИЧ, Л. В.): Экономический расчет наилучшего использования ресурсов. Москва, 1959
79. KÄMMERER, W.: Einführung in mathematische Methoden in der Kybernetik, Akademie-Verlag Berlin 1975
80. KLAUS, G.: Kybernetik und Gesellschaft, VEB Dt. Verlag der Wissenschaften Berlin 1973
81. KNOBLOCH, G.: Bedürfnisbefriedigung, Produktionsstruktur, Grundproportionen, Akademie-Verlag Berlin 1974
82. KOBRINSKI, N. E., MAIMINAS, E. S., SMIRNOW, A. D. (КОБРИНСКИЙ, Н. Е., МАЙМИНАС, Е. З., СМИРНОВ, А. Д.): Введение в экономическую кибернетику, изд. Экономика, Москва, 1975
83. KORNAY, J.: Anti-equiliterium, Amsterdam 1971
84. KOSSOW, W. W.: Verflechtungsbilanzierung, Verlag Die Wirtschaft Berlin 1975
85. KOZIOLEK, H.: Reproduktion und Nationaleinkommen, Probleme und Zusammenhänge, Verlag Die Wirtschaft Berlin 1979
86. KRASS, I. A. (КРАСС, И. А.): Математические модели экономической динамики, Советское радио, Москва, 1976
87. LANGE, O.: Wstep do cybernetyki economicznej, PWN Warschau 1965 (Deutsche Übersetzung: Einführung in die ökonomische Kybernetik, Akademie-Verlag Berlin 1968)
88. —: Optymalne decyzje, PWN Warschau 1964 (Dt. Übersetzung: Optimale Entscheidungen, Akademie-Verlag, Berlin 1968)
89. LAUENROTH, H.-G., BÖHM, K. (Hrsg.): Kybernetik in der industriellen Organisation, VEB Verlag Technik, Berlin 1979
90. LENIN, W. I.: Werke, Band 18, Dietz Verlag, Berlin 1962
91. LEONTIEF, W.: Analiza input-output. Teoria interdependenţei ramurilor economice, Bucureşti, Editura ştiinţifică, 1970
92. MAKAROV, V. L.: Asymptotic Solutions for Linear Dynamic Models of Economic Systems with Discret Time, Soviet Matematics, nr. 6, 1965
93. MALITA, M., ZIDĂROIU, C.: Matematica organizării, Bucureşti, Editura tehnică, 1971
94. —: Modele matematice ale sistemului educaţional, Editura didactică şi pedagogică, Bucureşti, 1972
95. MĂNESCU, M. (unter Leitung): Calculul economic, Editura Academiei R.S.R., Bucureşti, 1964
96. —: Preocupări ştiinţifice în domeniul tehnicii calculului economic şi al ciberneticii economice Studii şi cercetări de calcul economic şi cibernetică economică, nr. 1, 1969
97. —: Preocupări cu privire la tehnica de elaborare a modelelor cibernetice în economie. Studii şi cercetări de calcul economic şi cibernetică economică, nr. 2, 1967
98. —: Orientări şi tendinţe în cibernetică economică, nr. 1, 1968
99. —: Directions and Trends in Economic Cybernetics. Economic Computation and Economic Cybernetics Studies and Research, no. 1, 1968
100. —: Consideraţii privind aplicarea principiilor cibernetice în economie. Studii şi cercetări de calcul economic şi cibernetică economică, nr. 5, 1968
101. —: Retlecţii cu privire la cibernetica economică, Bucureşti, 1969
102. —: Notes on the Application of Cybernetic Concepts in Economy. Economic Computation and Economic Cybernetics Studies and Research, no. 1, 1969
103. —: Modelarea economico-matematică. Studii şi cercetări de calcul economic şi cibernetică economică. nr. 3, 1970
104. —: Progresul economic-social al României socialiste. Contribuţii la dezvoltarea problemelor teoretice ale economiei socialiste, vol. 2, Editura politică, Bucureşti, 1971
105. —: Dezvoltarea economică a României. Preocupări actuale şi de perspectivă. Belgien, Juli 1971
106. —: Cuantificarea economică. Viitorul social, nr. 2, 1972
107. —: Cybernetic Concepts and Techniques in Forecasting the Romanian Social Economic Development. Internationaler Kybernetik Kongreß in Oxford, 1972

108. MANESCU, M.: Prognoza dezvoltării econimice şi sociale a României socialiste. Viitorul social, nr. 1, 1972
109. —: Dezvoltarea economico-socială planificată a României. Lupta de clasă, nr. 8, 1972
110. —: Rolul planului naţional unic în dezvoltarea economică şi socială a României. Studii şi cercetări de calcul economic şi cibernetică economică, nr. 3, 1974
111. —: Prezentul şi viitorul social al României. Era socialistă, nr. 16, 1974
112. —: Cuvînt la Congresul al XI-lea al Partidului Comunist Român, 25—28 noiembrie 1974. Congresul al XI-lea al Partidului Communist Român (volum), Editura politică, Bucureşti, 1975
113. —: Avuţia naţională a României socialiste, Era socialistă, nr. 11 si 12, 1975
114. —: Cibernetica economică. Studii si cercetări de calcul economic şi cibernetică economică, nr. 4, 1975
115. —: Economic Cybernetics. Economic Computation and Economic Cybernetics Studies and Research no. 4, 1975
116. —: România deceniului 8. Studii şi cercetări de calcul economic şi cibernetică economică, nr. 3, 1976
117. —: Expunere la proiectul de lege pentru adoptarea planului national unic de dezvoltare economico-socială a Republicii Socialiste România pe perioda 1976—1980, Scînteia, 2. Juli 1976
118. —: Cuvînt la Conferinţa Naţională a Partidului Comunist Român, Scînteia, 9. Dezember 1977
119. —: Romania's National Wealth, Bucureşti, 1977
120. MANESCU, M. u. Kollektiv: Mecanizarea şi automatizarea lucrărilor de calcul statistic, Bucureşti. Editura didactică şi pedagogică, 1966
121. MANESCU, M. u. a.: Maşini de calcul pentru mecanizarea şi automatizarea lucrărilor economice şi administrative, Bucureşti, Editura tehnică, 1966
122. —: Metode matematice moderne aplicate în organizarea şi planificarea lucrărilor de construcţii şi montaj, Bucureşti, Editura Academiei RSR, 1969
123. —: Programarea matematică in industria petrolieră, Bucureşti, Editura Academei RSR, 1970
124. MÂNESCU, M.: Eseuri ecomice — 1957—1977 (Colecţie de expuneri, prelegeri şi cuvîntări), Bucureşti, 1977
125. MARX, K., ENGELS, F.: Werke, Bd. 23—25, Dietz Verlag Berlin 1969
126. MARX, K. (MAPKC, K.): Математические рукописи, изд. Наука, Москва, 1968
127. MATEEV, E.: Automated System for National Economic Management, Publishing House of the Bulgarian Academy of Sciences, Sofia, 1975
128. MEADOWS, D. H., u. a.: The Limits to Growth, Universe Books, New York, 1972
129. MESAROVIC, M., PESTEL, E.: Omenirea la răspîntie, Bucureşti, Editura politică, 1975
130. MESAROVIC, M. D., MACKO, D., TAKAHORA, Y.: Theory of hierarchical, multilevel, systems, Academic Press New York, 1970
131. MICLESCU, T., BAZACLIU, G.: Optiizări în sisteme energetice, Editura didactică şi pedagogică, Bucureşti, 1977
132. MIHALEVSKI, B. N.: Sistemul de modele ale planificării economiei pe termen mijlociu, Editura ştiinţifica şi enciclopedică, Bucureşti, 1976
133. MIHOC, G., MUJA, A., DIATCU, I.: Bazele matematica ale teoriei fiabilităţii, Editura Dacia, Cluj-Napoca, 1976
134. MORISHIMA, M.: Marx in the light of Economics, Cambridge University Press 1969
135. MÜLLER, E.: Volkswirtschaftlicher Reproduktionsprozeß und dynamische Modelle, Verlag Die Wirtschaft Berlin 1973
136. NEGOIŢĂ, C. V.: Consideraţii privind folosirea modelor dinamice în sisteme informatice pentru conducere. Studii şi cercetări de calcul economic şi cibernetică economică, nr. 3, 1975
137. NICOLAU, E., BALACEANU, C.: Cibernetica, Editura ştiinţifică, Bucureşti, 1961
138. NICOLAU, E.: Analogie modelare, simulare cibernetică, Editura ştiinţifică şi enciclopedică, Bucureşti, 1977

139. NICULESCU, E.: Cibernetica şi aplicaţiile ei în tehnică şi economia industriei, Editura Academiei RSR, Bucureşti, 1973
140. NIKOLOV, I.: Cibernetica şi economia, Editura politică, Bucureşti, 1973
141. ONICESCU, O.: Strategia jocurilor, Editura Academiei RSR, Bucureşti, 1961
142. —: Procese stohastice, Editura tehnică, Bucureşti, 1973
143. PERROUX, F.: Tehnicile cantitative ale planificării, Editura Academiei RSR, Bucureşti, 1969
144. PERVOZVANSKI, A. A.: Căutarea deciziei optime, Editura encoclopediă română, Bucureşti, 1974
145. PESCARU, V. u. Kollektiv: Aplicaţii ale ciberneticii economice în industria chimică, Editura Academiei RSR, Bucureşti, 1973
146. PESCARU, V.: Perfecţionarea sistemului informaţional, a planificării într — o concepţie sistemică. Revista economică, nr. 32—33, 1976
147. PYKA, I.: Programowanie optymalnych podzialów inwestycyjnych, PWN, Warschau 1975
148. QUESNAY, F.: Ökonomische Schriften (in zwei Bänden), Akademie-Verlag Berlin 1971
149. ROSE, J.: The Cybernetic Revolution, Paul Elek Ltd., London, 1974
150. —: Progress of cybernetics Proceedings of the first international congress of cybernetics, London — 1969, Gordon and Breach Science Publishers, 1970
151. —: Advances in cybernetics and systems, Gordon and Breach Science Publishers, 1974
152. ROSEN, A.: Creşterea rolului balanţei venitului national în planificare. Probleme economice, nr. 8, 1973
153. —: Creşterea rapidă şi repartizarea raţională a venitului naţional. Revista economică, nr. 31, 1976
154. SAMUELSON, P. A., SOLOW, R. M.: A complete Capital Model Involving Heterogenous Capital Goods, Quarterly Journal of Economics, no. 70, 1956
155. SAMUELSON, P. A.: The General Saddlepoint Property of Optimal Control Motions, Journal of Economic Theory, no. 5, 1972
156. SHELL, K. (Hrsg.): Essay's on the Theory of Optimal Economic Growth, Cambridge, Mass. MIT Press, 1967
157. SMIRNOW, A. D. (Смирнов, А. Д.): Моделирование и прогнозирование социалистического спроизводства, изд. Экономика, Москва, 1970
158. STOLERU, L.: L'equilibre et la croisance économique. Principes de macroéconomie, Dunod, Paris, 1967
159. STROE, R.: Intercorelarea prognoză-planificare în profil teritorial. Studii şi cercetări de calcul economic şi cibernetică economică, nr. 2, 1977
160. —: Dinamica omogenizării dezvoltării teritoriale Studii şi cercetări de calcul economic şi cibernetică economică, nr. 3, 1977
161. TĂMAS, S.: Cercetarea viitorului, Editura politică, Bucureşti, 1976
162. TINBERGEN, J., BOSS, H. C.: Modeles mathematiques de croissance économique, Paris, Gauthier-Villars, 1969
163. TINBERGEN, J., DOLMAN, A. J., ETTINGER, J.: Reshaping the International Order, A Report of the Club of Rome, Editura Dutton & Co., Inc., New York, 1976
164. ZSUSUKI, J.: Turnpike Theorem in a Generalized Dynamic Input-Output System, Econometrica, vol. 34, 1966
165. UZAWA, H., ARROW, K. J., HURWICZ, L.: Studies in Linear and Non-linear Programming, Stanford University Press, Stanford, California, 1958
166. WIENER, N.: Cybernetics or control and communication in the animal and the machine, MIT 1948 (Dt. Übersetzung: Kybernetik — Regelung und Nachrichtenübertragung im Lebewesen und in der Maschine, Econ-Verlag, Düsseldorf u. Wien, 1963)
167. —: I Am a Mathematican, Verlag Doubleday & Company 1956, (Dt. Übersetzung: Mathematik mein Leben, Econ-Verlag, Düsseldorf u. Wien 1962)
168. WÖLFLING, M.: Ein Ökonometrisches Modell der Volkswirtschaft der DDR, Akademie-Verlag Berlin 1977
169. ZADEH, L. A., POLAK, E.: System Theory, New York 1969

Sachwortverzeichnis

Bei Fragen zur Produktsicherheit wenden Sie sich bitte an:
If you have any questions regarding product safety,
please contact:

Walter de Gruyter GmbH
Genthiner Straße 13
10785 Berlin
productsafety@degruyterbrill.com